U0904967

廉政文化学

林月恩　主编

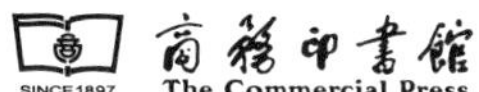

内容简介

本书是普通高等教育纪检监察学科教材，也是以文化为媒讲好中国廉政故事的创新学术著作。内容包括：绪论、廉政文化概述、廉政文化的特征与功能、中国传统廉政文化的发展历程、中国共产党的廉政文化建设历程、廉政教育文化、廉政制度文化、廉政监督文化、廉政治理文化、廉政精神文化、廉政文化建设等。全书致力践行习近平文化思想，肩负新时代文化使命；着眼文化传承发展，推进国家廉政治理现代化；立足新时代伟大实践，推进廉政学理论创新。

本书为普通高等学校“廉政文化学”专业课程教材用书，为纪检监察学及相关专业学生提供学习资料，还可作为纪检监察学科建设、理论研究和实践探索的参考资料。

编委会

顾　问：吴付来

主　编：林月恩

副主编：施志源　林艺芳

编　委：陈超凡　陈金章　杨垠红　盛子同
田振洪　陈清波　朱　丹　李治莹
丘启林　洪钟贤　邱子键　黄永茂
肖　恒

目　录

绪 论

一、廉政文化学研究的现实需要

（一）党的自我革命永远在路上

党的二十大报告指出：“全面从严治党永远在路上，党的自我革命永远在路上。”[①] 党的十八大以来，以习近平同志为核心的党中央深入推进全面从严治党，持续推动党风廉政建设和反腐败斗争，以自我革命的勇气着力解决自身存在的突出问题，取得了一系列理论创新、实践创新、制度创新成果，构建起全面从严治党体系，开启了百年大党自我革命新境界。

全面从严治党是新时代党的自我革命的伟大实践，加强廉政文化建设，是全面从严治党的内在要求。坚持思想建党与制度建党相结合，并将思想建党放在首位，是中国共产党自身建设的显著特点和特有优势。全面从严治党，必须加强思想建设，首先要解决思想问题。推进廉政文化建设，发挥廉政教育基础作用，是纵深推进全面从严治党的必然要求和题中应有之义。习近平同志在谈到廉政文化建设的作用时强调，从思想道德抓起具有基础性作用，思想纯洁是马克思主义政党保持纯洁性的根本，道德高尚是领导干部做到清正廉洁的基础。[②] 我们要通过推进廉政文化建设，加强党员、干部的思想教育工作，教育引导广大党员、干部坚定理想信

① 习近平:《高举中国特色社会主义伟大旗帜 为全面建设社会主义现代化国家而团结奋斗》,《人民日报》2022 年 10 月 26 日，第 1 版。

② 习近平:《借鉴历史上优秀廉政文化 不断提高拒腐防变能力》，人民网，2013 年 4 月 21 日。

念、坚守共产党人精神家园，以理想信念固根本，以高尚道德砺品格，筑牢全面从严治党的思想基础。

反腐败是最彻底的自我革命，廉政文化建设是着眼“三不腐”一体推进、解决“不想腐”的重要支撑。腐败问题的滋生严重危害了党的生命力和战斗力，严重影响到党同人民群众之间的联系，是我们党面临的最大威胁。党的十八大以来，以习近平同志为核心的党中央高度重视党风廉政建设和反腐败斗争，以系统施治、标本兼治的理念正风肃纪反腐。习近平同志指出，必须保持反腐败政治定力，深化标本兼治、系统治理，一体推进不敢腐、不能腐、不想腐。一体推进不敢腐、不能腐、不想腐，是反腐败斗争的基本方针，也是新时代全面从严治党的重要方略。① 标本兼治之“本”的重要内容包含党员、干部自身的思想情操与道德素养。加强廉政文化建设，有利于促进党员、干部党性修养教育，传播健康向上、清正廉洁的价值观念，引导广大党员、干部增强不想腐的自觉，营造以廉为荣、以贪为耻的文化氛围，形成廉洁从政、干净干事的政治风气。

（二）建设新时代纪检监察学科

纪检监察学科建设与我国纪检监察工作实践的需求、变革和发展密切相关。党的十一届三中全会以后，理论界开始关注纪检监察工作的实践问题。20 世纪 90 年代末以来，一些高校、党校和社科院系统先后成立专门的廉政研究机构，展开相应的理论和政策研究。随着党风廉政建设和反腐败斗争的深入开展，纪检监察工作在党和国家工作大局中的地位越来越突出，相关的理论和实践研究日益受到重视和广泛关注。2009 年中央纪委监察部发布的《2009 — 2013 年全国纪检监察干部教育培训工作规划》明确提出，要加强纪检监察学科体系建设。此后，一些高校开始组织相关教材编写工作，并依托法学门类下的一级学科，设置纪检监察相关研究专业

① 中共中央宣传部：《习近平新时代中国特色社会主义思想学习纲要》，学习出版社、人民出版社 2023 年版，第 137 — 138 页。

方向，招收硕士生、博士生，探索建设纪检监察学科。

进入新时代，党中央把全面从严治党纳入“四个全面”战略布局，以前所未有的勇气和定力推进党风廉政建设和反腐败斗争。党的十八届三中全会对深化党的纪律检查体制改革做出部署。2017 年，党的十九大做出了反腐败斗争取得了压倒性胜利并全面巩固，但“反腐败斗争形势依然严峻复杂”的论断，提出“健全党和国家监督体系”，决定深化国家监察体制改革，要求组建国家、省、市、县监察委员会，同党的纪律检查机关合署办公，改革纪检监察机构，实现对所有行使公权力的公职人员监察全覆盖。习近平总书记在二十届中央纪委四次全会上指出：当前反腐败斗争形势仍然严峻复杂。腐败存量尚未清除，增量还在持续发生，铲除腐败滋生土壤和条件任务仍然艰巨繁重。随着纪律检查体制改革、国家监察体制改革和纪检监察机构改革的不断深入，纪检监察工作职能定位、领导体制、理念思路、监督方式、工作机制等发生了历史性变革，监督执纪执法面临许多新情况新问题。解决这些实践问题，迫切需要从理论上做出回答，进行科学的理论指导。习近平同志指出，当代中国正经历着我国历史上最为广泛而深刻的社会变革和实践创新，这是一个需要理论而且一定能够产生理论的时代，这是一个需要思想而且一定能够产生思想的时代。① 新时代纪检监察工作的伟大实践，迫切需要相应的科学知识体系和学理阐释为其提供理论支撑，独立设置纪检监察学科的呼声越来越高。2022 年 2 月，教育部宣布增设纪检监察学本科专业。同年 9 月，国务院学位委员会公布的研究生教育学科专业目录中，在法学门类增设纪检监察学一级学科。至此，纪检监察学科“获得了国家认证的独立学科身份”②，学科发展迈入新阶段。

纪检监察学正式被列为一级学科后，如何开展学科建设成为备受关

① 习近平:《在哲学社会科学工作座谈会上的讲话》，人民出版社 2016 年版，第 16 页。

② 刘练军:《纪检监察学“三大体系”论纲》,《中国法学》2024 年第 1 期。

注的重要课题。2024 年 1 月，国务院学位委员会第八届学科评议组、全国专业学位研究生教育指导委员会编修《研究生教育学科专业简介及其学位基本要求（试行版）》，设置了纪检监察学科框架，明确纪检监察学下设的二级学科主要有纪检监察理论、党的纪律学、监察法学、廉政学。同时，对这些学科的研究方向进行提炼，对研究范围进行界定，为学科建设、课程设置和教材编写提供了科学依据。其中，廉政学主要研究党风廉政建设和反腐败斗争的理论、制度与对策，并将廉政理论、党风廉政建设、腐败治理等列为具体研究方向。这些方向都涉及廉政文化相关内容，因此需要把廉政文化学作为廉政学建设的一项重要课题和学科项目，持续深入开展研究，推动构建中国特色纪检监察学科体系、学术体系、话语体系。

二、廉政文化学内容体系架构

研究廉政文化既是加强廉政文化建设的必然要求，也是推进纪检监察学科建设的现实需要。廉政文化学是研究廉政文化的一门学问，是坚持以建立廉洁政府、廉洁政治，以及规范公职人员从政行为为目标，综合研究廉政文化的基本原理、发展规律、主要构成，以及廉政文化建设的内在机理而形成的知识体系。基于此，廉政文化学的研究对象可以归结为廉政文化的原理、历史、体系、实践四个方面，其内容体系架构分为基本理论、历史发展、体系构成、实践建设四大板块。

（一）廉政文化的基本理论

廉政文化的基本理论是廉政文化理论体系构成的重要内容，主要是从中外廉政文化现象中抽象和概括出来的，由一系列概念、范畴、原理、原则所构成的基本理论体系。总体而言，廉政文化的基本理论知识主要是结合时代发展阐释廉政文化的内涵和外延，具体包括廉政文化的概念、范畴、特征、本质、样态、功能等内容。该板块内容主要从理论层面回答了“什么是廉政文化”“廉政文化是一种什么样的社会文化”“廉政文化的价值与功用是什么”等相关问题，揭示了廉政文化学最一般、最基本的原理。

（二）廉政文化的历史发展

中国廉政文化的历史发展可以分为传统和当代两大部分。中华文明历史悠久、绵延不绝，在漫长历史演进中创造了博大精深的优秀传统文化，廉政文化就是中华优秀传统文化的重要组成部分。直到近代，随着西方列强的入侵，西方文化的输入和传播，迫使中国传统廉政文化开启了向近代转型之路。当代廉政文化是中国共产党领导全国人民进行中国革命、建设和改革实践过程中创造的新文化形态的重要组成部分。该部分内容主要梳理中国廉政文化发展的历史脉络，探索揭示中国廉政文化发展的特点与内在规律，总结中国历史上廉政文化建设的经验和教训，为新时代廉政文化建设服务。

（三）廉政文化的体系构成

文化是复杂的整体，廉政文化作为一种社会文化类型，也是包含多种形式要素的综合体。廉政文化的形成与发展有着特殊的社会、政治、经济和文化背景，因而它也是一个由政治、制度、思想、教育等诸方面元素相互联系、有机结合、相互影响的整体与系统。总体来说，廉政文化的体系构成主要包括以下五个方面：一是廉政教育文化。廉政教育文化是对廉政教育进行思想、行为、知识层面的总结和提炼，是廉政文化在教育层面的体现。教育是廉政的基础，是廉政文化体系的本源。二是廉政制度文化。廉政制度文化是通过制度化的手段，将廉政价值观念转化为行为规范所形成的文化体系，是廉政文化在制度上的体现，是廉政文化体系的主体。三是廉政监督文化。廉政监督文化是围绕廉政监督行为所形成的思想观念，是廉政文化在监督上的表现，在廉政文化体系中占据重要地位。四是廉政精神文化。它是关于廉政理念的集合，是廉政文化在思想层面的体现，决定了整个廉政文化的性质，因此是廉政文化体系的核心。五是廉政治理文化。它是围绕廉政治理所形成的思想理念，是国家治理文化的一部分。廉政治理是新时代国家治理体系的重要组成部分，廉政治理文化体现的是新时代廉政文化水平的深化和创新。

在上述文化结构中，廉政治理是目的，廉政教育、制度、监督等都是廉政治理的措施和手段，廉政教育文化、制度文化、监督文化、精神文化是为廉政治理文化服务的。具体而言，教育可以筑牢拒腐防变的思想道德防线，因此，廉政教育文化是其他廉政文化结构的基础。制度是保证，只有完善制度，才能保证教育、监督实施，促进廉政治理实现，因此廉政制度文化是其他廉政文化结构的重要支撑。监督是关键，监督文化将推动廉政文化整体结构向规定的整体目标发展，发挥廉政文化的最大功能和作用。精神是内涵，廉政理念、思想、意识所构成的精神文化，将对人们的行为起着导向性作用，从而决定了廉政文化结构的整体性质和发展方向。

（四）廉政文化的实践建设

廉政文化源于实践，又作用于廉政实践。我们要准确把握新时代廉政文化的内涵特点和实践要求，充分研究廉政文化建设规律，采取有效方式推进廉政文化实践建设。对此，该板块内容主要从以下方面开展研究：一是廉政文化建设的重要性。廉政文化建设是持续深化不敢腐、不能腐、不想腐一体推进的基础性工程，是纵深推进全面从严治党和解决党风廉政问题的治本之道。二是廉政文化建设的主要内容。围绕“四清”目标要求，重点在培育廉政价值理念、完善廉政制度体系、厚植廉政文化土壤等方面持续发力。三是廉政文化建设的科学化水平。廉政文化建设要把握时代脉搏、顺应时代潮流，建立廉政文化新机制，在廉政文化建设内容、形式、方法、载体等方面锐意创新，增强廉政文化建设的针对性和实效性。

廉政文化的基本理论、历史发展、体系构成、实践建设是一个有着内在联系的统一整体。廉政文化的基本原理是学科内容基础，为其他板块内容提供理论支撑。廉政文化的历史发展内容，为学习其他内容提供思想资源。廉政文化构成体系侧重对廉政文化内容的“静态”描述，而廉政文化实践建设，重点在于“建设”，是将廉政思想、理念、价值、规范等内容

落到实处的过程，它考察的是廉政文化内容的“动态”建构。

三、学习和研究廉政文化学的基本方法

廉政文化学顺应纪检监察事业发展的时代需求和纪检监察学科建设的需要而产生，其研究尚处于起步阶段。在学习和研究廉政文化学的过程中，我们应当注意掌握观察问题的正确立场、观点，运用科学的方法，才能取得事半功倍的效果。

（一）马克思主义分析方法

学习和研究廉政文化学，首先必须以马克思主义作为基本的立场、观点、方法。马克思主义研究方法的核心是辩证唯物主义和历史唯物主义，坚持马克思主义分析方法，就是要求我们运用辩证唯物主义和历史唯物主义的世界观和方法论去建构廉政文化的基本理论、阐述廉政文化现象、研究廉政文化发展规律。具体而言，要着重把握以下基本原则：一是客观性原则。一切从实际出发，是唯物主义的基本要求。坚持客观性原则就是要求我们按照客观世界的本来面目去认识和理解廉政文化现象，实事求是分析和探讨廉政文化建设路径。二是具体性原则。马克思主义活的灵魂在于具体问题具体分析，反对简单化、绝对化。在矛盾普遍性原理的指导下，具体分析矛盾的特殊性，并找出解决矛盾的正确方法。例如，在廉政制度文化方面，尽管一些先进国家根据自身国情形成了一套较成熟的做法和经验，值得我们学习借鉴，但我们不能简单模仿照搬。三是发展性原则。事物作为过程而存在，都处在运动和发展的过程之中。学习和研究廉政文化必须坚持发展的原则，用发展的观点去研究廉政文化，分析廉政文化的历史发展轨迹，把握不同时期廉政文化之间的内在联系，探讨廉政文化的发展规律。

（二）比较分析方法

比较分析是根据一定的标准，把相关的事物放在一起加以比较考察，对比其异同，以认识事物的本质和规律并做出正确的评价。在学习和研究

廉政文化过程中，充分运用比较分析方法具有重要意义。例如，在学习和研究的廉政文化的基本概念中，我们对廉政文化与廉政思想、廉政制度等相近的名词进行比较分析，对比它们的联系和区别，对于深化理论认识，深入理解廉政文化的历史渊源、核心内涵、发展趋势等内容大有裨益。又如，学习我国廉政文化历史，通过对古今廉政文化内容要素变化的比较，可以弄清我国廉政文化历史的来龙去脉，揭示中国廉政文化发展的特点和内在规律。再如，对中国共产党百年进程中每个阶段的廉政文化建设相关内容进行比较，可以梳理中国共产党廉政文化探索的历史脉络，全面深入把握当前廉政文化建设所蕴含的理论逻辑、历史逻辑与现实逻辑。

（三）理论联系实际方法

理论和实践具有互动作用。理论来自实践，但是对实践又有能动的反作用。廉政文化来自实践，又运用于实践、检验于实践，在实践中不断发展廉政文化的内涵。廉政文化学尤其强调这种理论联系实际的学习原则和方法，对此应当着重把握两方面的问题：一是联系廉政实际问题进行理论学习。廉政文化理论是社会实践的产物，是对廉政实践经验的总结和升华，因此学习廉政文化要重视理论学习，但不能脱离实际进行纯粹思想探索的学习，而是要联系实际学，联系国际国内形势，结合本地区本单位实际情况进行思考，以此加深对廉政文化理论的理解。二是注重对廉政实际问题进行理论创新。在实践基础上产生的认识对于实践活动具有能动的反作用，因此在学习廉政文化学的过程中，我们还要积极探索、勇于实践，加强对实际问题的研究，从实践中提炼概括出具有普遍指导意义的理论。当前，我们应当善于在实践中把握正风肃纪反腐存在的主要问题和突出矛盾，在破解和推进廉政实践问题方面进行理论思考，推进实践基础上的理论创新，建构起能破解“中国问题”的原创性“中国理论”。

（四）学科交叉分析法

学科交叉分析是指不同学科领域之间的交流和合作，它是一种跨学科的方法，旨在解决单一学科无法解决的复杂问题。廉政文化学具有明显

的跨学科特点，融合了马克思主义理论、中共党史党建学、政治学、法学、历史学、社会学、经济学、管理学等多学科领域知识。学习和研究廉政文化理论与实践问题，必须汲取和借鉴相关人文社会学科相关知识和理论，运用学科交叉分析方法。要注意以下几个方面：一是树立跨学科研究意识。应用学科交叉分析，首先要求我们树立跨学科意识，具备跨学科的视野和思维。例如，对于廉政文化的内涵特点和实践要求，就要借助历史学、中共党史党建学、法学等多个维度去理解，才能准确认识和把握这一问题。二是提高跨学科研究能力。学科交叉分析还需要我们具备跨学科研究素养和能力，这就需要我们在平时学习和研究廉政文化过程中，注意打破学科壁垒，从各个学科领域学习知识，提升跨学科的开发能力和实施能力，运用跨学科知识和理论去研究和解决实际问题。三是建立跨学科合作机制。学科交叉分析还要求我们建立跨学科合作机制。例如，立足廉政文化学与其他学科之间的知识联结点，提炼主题，设立联合研究项目，让其他学科人员共同参与研究。又如，组建跨学科的研究团队，将不同知识结构、学科背景的研究人员汇聚起来，借助团队的研究力量，实现不同学科知识之间的衔接和联系。再如，构建跨学科交流平台，打破各学科资源割裂、封闭现状，建立学科资源协调共享机制。

上述方法在使用时并不是割裂开来的，而是各有侧重、相互补充，在实践中往往不局限于使用一种方法，而是需要将几种方法结合起来综合使用，才能深化课程内容学习。当然，除了上述基本方法外，还可以针对不同的主题，在一些特定领域，采用逻辑分析、实证分析等其他研究方法。

第一章

廉政文化概述

导　语

廉政文化是一个内涵丰富、影响深远的概念。正确理解廉政文化，不仅要充分吸收中华优秀传统文化中的廉政基因，也要准确把握马克思主义关于“廉”“廉政”以及“廉政文化”的精髓要义。在此基础上，本章结合当代实际，界定廉政文化的本质内涵与基本范畴，辨明廉政文化与廉洁文化、廉政思想以及廉政制度等相近概念的联系和区别，以此更加准确地理解廉政文化的概念。

第一节　廉政文化的基本界定

“廉”“廉政”作为廉政文化的核心组成要素，构成了明晰廉政文化科学内涵、厘清廉政文化基本范畴的认识基础。只有科学理解“廉”与“廉政”的含义，才能准确把握廉政文化的内涵，为新时代廉政文化建设奠定理论基石。

一、廉的含义

（一）中国传统文化中的“廉”

“廉”的思想是中国传统文化的有机组成部分。“廉”字最早出现在《仪礼·乡饮酒礼》中，表述为：“设席于堂廉东上。”[①] 本义是指厅堂的侧边。上古时期，“廉”就被纳入德行体系之中。据《尚书》记载，一位叫皋陶的氏族首领提出“九德”，即“宽而栗，柔而立，愿而恭，乱而敬，扰而毅，直而温，简而廉，刚而塞，强而义”。[②] 战国时期，百家争鸣，各派思想家根据社会现实需要提出了诸多具体的道德条目，其中关于“廉德”的相关论述也散见于儒、道、墨、法等各种学派的著作中。譬如，儒家主张：“大臣法，小臣廉，官职相序，君臣相正，国之肥也。”[③] “居之似忠信，行之似廉洁，众皆悦之。自以为是，而不可与人尧舜之道，故曰‘德之贼’也。”[④] 道家强调：“是以圣人方而不割，廉而不刿，直而不肆，光而不耀。”[⑤] 法家认为：“礼义廉耻，国之四维，四维不张，国乃灭

① 《仪礼·乡饮酒礼》。
② 《尚书·虞书·皋谟》。
③ 《礼记·礼运》。
④ 《孟子·尽心下》。
⑤ 《老子·德经》。

亡。”[①]墨家宣称：“上欲中圣王之道，下欲中国家百姓之利。”[②]“是以吏治官府，不敢不洁廉，见善不敢不赏，见暴不敢不罪。”[③]尽管“廉”被置于不同的思想语境，但都蕴含着清正廉洁、崇德尚廉的传统价值取向。

“廉”的思想体系在汉代有了较为完整的发展，并开始以制度的形式出现。西汉学者贾谊在《新书·道术》中将“孝廉”视为举贤纳士的重要标准。正如班固在《汉书·百官公卿表》中所言：“今诏书昭先帝圣绪，令二千石举孝廉，所以化元元，移风易俗也。不举孝，不奉诏，当以不敬论。不察廉，不胜任也，当免。”[④]西汉时期，董仲舒诏郡国举孝、廉各一人，跻身孝廉便成为入仕者的最佳途径。东汉时期，孝廉成为评判应试之人政治合格的前提条件与取士的常设科目。在东汉时期的统治者看来，廉德上能忠君，下可恤民，因而有廉德之士深受统治阶级倚重。

隋唐时期，廉政文化建设备受统治者重视。唐太宗曾教育臣下要警惕贪念，珍视廉洁。他说：“为主贪，必丧其国；为臣贪，必亡其身。”[⑤]唐德宗时期的宰相陆贽秉性贞刚，严于律己，坚决拒绝下属与同僚的馈赠。他在《谢密旨因论所宣事状》中言道：“贿道一开，展转滋甚，鞭靴不已，必及衣裘；衣裘不已，必及币帛；币帛不已，必及车舆；车舆不已，必及金璧。”[⑥]可以说，隋唐时期政局的稳定，与当时廉政文化盛行密切相关。

宋元明清时期，廉政文化被广为倡导和褒扬，在许多官吏自我约束的话语中可见一斑。如宋代名臣包拯曾言：“后世子孙仕宦，有犯赃者，不得放归本家，死不得葬大茔中。”[⑦]元代张养浩说：“廉以律身，忠以事上，

① 《管子·牧民》。

② 《墨子·非攻》。

③ 《墨子·明鬼下》。

④ 《汉书·武帝纪》。

⑤ 《贞观政要》卷六《贪鄙》。

⑥ 《唐陆宣公集》卷十七《谢密旨因论所宣事状》。

⑦ 《宋史》卷三百一十六《包拯传》。

正以处事，恭慎以率百僚。”[①] 明代流传的官箴中也有“吏不畏吾严，而畏吾廉”“公生明，廉生威”。[②] 明代清官海瑞三朝为官，家中却“肃然不啻如寒生”。[③] 清代于成龙更是堪称廉吏典范，为官始终秉承“清、慎、勤”准则，以“不收下属礼物、不赴豪绅宴请、不取民间分毫”的“三不原则”闻名天下。

总之，不论是在历史文献的深邃记载和文化经典的智慧传承中，还是在文物古迹的静默诉说中，“廉”的思想无不生动反映于古圣先贤清廉简朴的崇高理念与清官廉吏的行为准则中，鲜明地体现了我国传统文化对“廉”这一价值观念的崇尚。

（二）马克思主义经典作家关于“廉”的论述

马克思主义经典作家关于“廉”的论述，主要体现在他们对于廉政思想的深刻阐述上。

首先，马克思主义经典作家尤为强调公仆意识的重要性。他们深刻指出，公仆意识不仅是无产阶级政权最根本的政治品质，更是共产党人世界观、人生观、价值观和执政理念的集中展现，鲜明地昭示了无产阶级政权的政治立场与价值取向。换言之，牢固树立公仆意识，是无产阶级政权及其公职人员确保权力正确行使、为人民掌好权、用好权的根本保证。公仆意识作为无产阶级政权机关公职人员必须恪守的职业道德，其重要性不言而喻。只有真正树立了公仆意识，无产阶级政权机关的所有公职人员才能在任何时刻、任何地点都明确自己的公仆身份。这种意识的树立，是防止权力滥用的有效屏障，能够促使公职人员自觉做到廉洁自律、勤政敬业，以较少的政府财政投入，创造更高的政府绩效，实现公共利益的最大化。为了切实保障公仆意识的深入贯彻与实践，马克思提出了一系列具体的制度措施。在政治层面，他主张实行普选制和罢免制，确保人民群众能够直

① 《张文忠公文集》卷二十七《进庙堂忠告》。

② 《皇明史窃存》卷七十二《曹薛吴陈胡传》。

③ 《天府广记》卷二十三《总宪责任》。

接参与政权机关公职人员的选举与监督，从而有效约束公职人员的行为，使其始终保持在人民公仆的轨道上运行。在经济层面，他提倡公职人员与工人同薪酬，以此消除公职人员因特殊地位而产生的特权思想，进一步强化其公仆身份的认知与实践。通过这些措施的实施，无产阶级政权机关及其公职人员的公仆身份得以更加明确与巩固，为构建廉洁、高效、为人民服务的政府提供了坚实的保障。

其次，在总结巴黎公社经验教训时，马克思提出"廉价政府"是建设廉洁政治的关键目标。这一思想的形成是基于对腐败问题严重危害性的深刻认识，以及对廉政建设必要性的深刻理解。马克思、恩格斯通过分析资本主义制度的弊病，以及国际工人运动和共产主义运动遭受腐败侵蚀的现实，深刻认识到腐败问题的严重性。在工人运动中，无产阶级队伍也遭受腐败侵蚀。对此，马克思、恩格斯在《共产党宣言》中深刻指出，"工人革命的第一步就是使无产阶级上升为统治阶级，争得民主"[①]，同时要求必须降低国家机关的运行成本以减轻人民群众的赋税负担，体现出无产阶级国家以民为本的政治品质。为实现这一目标，马克思提出限制国家开支、精简政府机构、缩小管理范围、少用官吏等一系列具体措施，为建设廉洁政治提供了现实方案。

再次，马克思主义经典作家在反腐倡廉方面也有深刻的论述。马克思在《1844年经济学哲学手稿》中从人的劳动出发，深入分析了腐败的根源，指出私有制的横行导致了劳动的异化，使追求财富成为一种谋生的手段，人因此成为了劳动的奴隶。在《神圣家族》一文中，马克思和恩格斯从阶级对立的角度揭露了腐败的本质，将资产阶级与无产阶级的关系比作财产与贫苦的关系，深刻揭示了两者之间的对立。同时指出，无产阶级虽然表面上拥有自由，但实际上却生活在一种新型的奴隶制之中。因此，实现无产阶级自身的救赎，首先就要消除私有制。[②]此外，马克思主义经典

① 《马克思恩格斯选集》第一卷，人民出版社2012年版，第421页。

② 《马克思恩格斯选集》第二卷，人民出版社1957年版，第44页。

作家认为，腐败现象是生产资料私有制的必然产物，它与剥削阶级的意识形态相伴相生。无产阶级在取得政权之后，必须同腐败现象斗争到底。为了实现这一目标，马克思、恩格斯提出了一系列具体措施，包括坚决严惩腐败分子、对腐败行为实行零容忍、发扬党内民主、反对个人专权等。这些思想为反腐倡廉运动提供了重要的实践引领。

概括来讲，马克思主义经典作家关于“廉”的论述，始终认为公职人员是人民的公仆，必须时刻关注人民利益，为人民谋福利、解难题，从根本上奠定了“廉”的人民立场。此外，其以辩证唯物主义和历史唯物主义为理论基础，深刻揭示了腐败现象的本质和根源，为廉政建设提供了科学的理论指导，同时强调将廉政理念转化为具体的制度和措施，通过实践来检验和发展廉政理论。

（三）当代中国语境下的“廉”

新时代以来，以习近平同志为核心的党中央深刻把握人类文明发展规律，赋予了“廉”新的时代内涵，极大地丰富和拓展了“廉”的理论意蕴。在习近平新时代中国特色社会主义思想的指引下，“廉”的意蕴在当代实现了创造性转化和创新性发展。当代中国语境下的“廉”，既传承和弘扬了中国传统文化中的“廉”之精要，也继承和创新了马克思主义经典作家关于“廉”的论述，还注入了“为人民服务”的无产阶级政党执政宗旨，体现了中华优秀传统文化基因与马克思主义政党属性在“廉”文化中的深度融合，形成了涵括个体、社会、国家三个维度的立体内涵。

在个体层面，“廉”代表着一种自律自省的意志品质。“廉”要求人们坚守道德底线，自觉抵御物欲和贪念的侵蚀，在金钱、利益等诱惑前始终保持正确的价值判断和思想定力。面对现代社会错综复杂的利益关系，“廉”在个人修养上的要求集中体现为面对义利冲突时的原则坚守。“廉”不否定正当合法的利益诉求，但是强调以社会主义核心价值观引领和规范个人行为，在职业选择、财富积累、岗位竞争中始终保持定力和自律，始终守住道德底线。“廉”不反对人们追求美好幸福的生活，但是反对铺张浪费、拜金主义，反对生活奢靡、贪图享乐，倡导个体追求简约、节俭、绿色、低碳的生活方式。

在社会层面，“廉”代表着一种风清气正的公共伦理。一方面，“廉”要求全社会崇尚真、善、美，使诚实守信成为社会的共识和底线，让平等友善成为处理社会关系的基本原则。在商事活动中，“廉”强调诚实守信，商家不欺诈消费者、不制售假冒伪劣商品，企业自觉履行合同约定、摒弃不正当竞争，让“一诺千金”在全社会蔚然成风；在资源分配领域，“廉”强调公开透明，强调教育机会的平等赋予、就业岗位的公平竞争和公共事务的透明处理，让“走后门”“托关系”没有市场、无处遁形。另一方面，“廉”还强调了对社会公共利益的关注和保护，倡导营造尊重和维护社会公共利益的良好风气，共同维护社会的和谐稳定。“廉”的社会风气一旦形成，全社会的道德水准、文明素养和精神面貌将得到质的提升。

在国家层面，“廉”代表着国家利益至上的价值追求。一方面，“廉”强调以国家利益为先，坚决反对并有效制止一切损害国家利益的行为。“廉”要求全社会成员在利益选择时始终把国家利益放在第一位，坚决维护国家安全，坚决捍卫国家主权和领土完整。另一方面，“廉”反对特权，强调以公平正义为准则。要求公职人员规范行使公权力，恪尽职守，不越权、不贪腐、不懒政怠政，并自觉接受监督，将公权力行使置于阳光之下。对司法人员而言，“廉”要求司法活动应当以事实为依据、以法律为准绳，让每一个案件的当事人都切身感受到公平正义；对政府工作人员而言，“廉”要求将为人民服务体现到公权力行使的全过程，让“廉洁政府”的形象深入人心。这既要求高效、便捷、公平、有序地提供政务服务，每一个公权力行使环节都强调坚守“以人民为中心”的基本准则；也要求以“严格执法”有效打击违法犯罪行为，杜绝“人情执法”“利益执法”“选择性执法”等徇私枉法情形。坚守以“廉”作为国家治理的重要标尺，不仅能有效遏制腐败滋生，杜绝权力异化、权力寻租，更能增强全社会对“廉”的认同感。

综上所述，当代中国语境下的“廉”，不仅包含个体层面的自律自省、社会层面的风清气正，更表现为国家层面的价值判断，已经成为维系现代社会良性运转的价值基石。

二、廉政的含义

（一）“廉政”的词义

“廉政”一词最早出现于《晏子春秋》“景公问晏子曰：‘廉政而长久，其行何也？’”一句中。吴则虞集释引王念孙曰：“案‘政’与‘正’同，《文选运命论》注引作‘廉正’。”① 到了现代，《汉语大词典》将“廉政”同义为“廉正”，即廉洁正直。《辞海》则更进一步，将“廉政”释义为使政治廉洁不腐败。如廉政举措，廉政建设等。可以看出，廉政是一个古老而重要的概念，《汉语大词典》抓住其廉洁正直的核心词义，强调了为官者必须保持清正廉洁的品德和行为。《辞海》中关于廉政的定义则更侧重于政治实践，即通过各种举措和建设，使政治体制廉洁不腐败，保障社会公平正义，为国家和人民带来福祉。

（二）中国传统文化中的“廉政”

中国传统文化中的“廉政”主要表现在民本思想、重义轻利与敬天畏命中。在中国古代，民本思想始终占据重要位置，强调以民为本、重民、贵民、安民、恤民、爱民等原则，认为民众是国家的基础，国家的繁荣稳定依赖于民众的幸福安宁，这为廉政建设提供了坚实的理论基础。

民本思想起源于殷周之际，后在春秋战国各大思想学派中均有所体现，深刻影响了古代的政治文化和社会治理。如孟子作为儒家学派的代表人物之一，提出了“民贵君轻”“与民同乐”“制民恒产”等政治主张，将民本思想与制度设计紧密结合。荀子进一步发展了民本思想，他既继承了孔孟推崇的仁政德治，又提出了“君舟民水”“立君为民”“君以民为体”

① 《晏子春秋·内篇·问下》。

等新的主张。这些思想强调了君主与民众之间的紧密联系，认为君主应以民众为治国之本。除了儒家之外，道家、墨家等学派的政治学说也在民本思想方面有所建树。道家从“无为而治”的角度出发，论证了他们的“爱民利民”主张，强调顺应自然规律，让民众自然发展，以实现社会的和谐稳定。墨家则在儒学的“仁爱”基础上，建立了“兼爱”学说。历史上，众多思想家不断补充和完善民本思想，使之成为传统政治文化的重要组成部分，为廉政文化发展提供了宝贵的思想资源。

重义轻利是儒家伦理思想的核心之一，强调在道义和利益之间，应以道义为重，以私利为轻。这一思想成为廉政文化的伦理基础，为廉政建设提供了重要的道德支撑。儒家传统中，重义轻利的伦理观念要求官员谦让物质利益，反对贪腐。孔子、孟子等先贤均倡导以“义”为行为准则，强调道德价值高于物质追求。历史上，无数英雄人物如关羽、岳飞、文天祥等，为了民族大义舍弃个人利益，体现了重义轻利的精神。这些思想与实践，不仅塑造了中华民族的道德观念，也为后世提供了宝贵的精神财富，激励着人们为了道义与公平不懈奋斗。

（三）马克思主义廉政观

马克思主义经典作家在其博大精深的理论体系中，对廉政与反腐败问题进行了深刻的阐述。这些论述对于社会主义建设的历史进程具有重要的指导价值。面对第二共产国际各国党内腐败现象的严峻挑战，马克思、恩格斯明确指出，维护党的无产阶级纯洁性至关重要。他们强调，必须严格党员标准，增强人民对党的监督力度，同时坚定不移地与党内各种错误思想和腐败现象进行斗争，不断清除腐化变节的分子。他们认为，腐败并非单一现象，而是随着私有制和阶级的出现、国家的产生而衍生的一种社会顽疾，它贯穿社会发展的各个阶段。

在阶级社会中，腐败的存在具有必然性。为了从根本上铲除腐败，马克思、恩格斯提出了两个关键性的解决方案：一是通过革命推翻资产阶级的统治，彻底消灭私有制；二是努力构建和完善人民民主制度，推动生产

力的迅猛发展，提升人民的科学文化素质，从而消除导致腐败产生的社会思想、政治和经济根源。对于资本主义时代的腐败根源，马克思、恩格斯进行了详尽的考察。他们指出，腐败源于资本主义国家的本质及其官僚制度之中。只要资本主义国家继续掌控着所有的公共权力，以及那些具有强制性的物质力量和意识形态工具，那么，所谓的西方议会民主制便只能成为行政权力表面的装饰。在这种架构下，资本主义国家的权力机关及其各级官吏，将不可避免地凌驾于社会之上，他们可以轻易抛弃这个民主的“饰物”，无视其存在。这种民主制度本质上的虚伪性，使它无法在社会生活中发挥应有的实际作用，更无法有效遏制行政机关滥用权力而导致的腐败现象。这种由国家权力机关执掌公共权力的模式，正是资本主义时代腐败滋生的核心症结所在。

此外，马克思、恩格斯对于资产阶级法制的虚伪性也进行了深刻的剖析和批判。他们指出，这种法制体系在本质上是服务于资本主义制度和资产阶级利益的，其公正性和合理性只是表面现象，背后隐藏的是对广大民众利益的剥夺和压迫。他们在《共产党宣言》中明确指出：“正像你们的法不过是被奉为法律的你们这个阶级的意志一样，而这种意志的内容是由你们这个阶级的物质生活条件来决定的。”① 确实，法律是统治阶级以国家的形式组织自身力量的一种关键工具。法律实质上是统治阶级意志的体现，这种意志通过国家的权威和强制力得以展现。而统治阶级的意志并非空穴来风，它深深植根于统治阶级的共同利益之中，而这些利益又直接受到物质生活条件的塑造和决定。基于这种理解，马克思和恩格斯深刻指出，在资本主义社会中，国家与社会的关系所呈现的民主与法制具有虚伪性。它们并非真正代表广大民众的利益，而是服务于资本主义制度和资产阶级的统治需要。这种虚伪的民主与法制体系，正是资本主义社会腐败产生的根源。在此体系下，腐败不仅难以避免，而且成为资本主义制度固有的一部分。

---

① 《马克思恩格斯选集》第一卷，人民出版社 2012 年版，第 417 页。

列宁的廉政思想主要体现在其政党建设学说中，他认为要实现社会主义和共产主义，必须始终坚持全面从严治党，纯洁党员干部队伍，保持党的先进性和纯洁性。为此，他采取了一系列措施：一是坚持党员标准，严格入党条件。列宁在俄国十月革命胜利后，就向全党提出要严格入党条件。对于徒有其名的党员秉持宁缺毋滥的原则，主张不追求党员数量，而注意提高党员质量。二是严惩犯罪分子，清洗不合格的党员。他指出要保持党的先锋队性质，就“必须把欺骗分子，官僚化分子、不忠诚分子和不坚定的共产党员，以及虽然‘改头换面’但心里依然故我的孟什维克从党内清除出去。”① 当时解决这个问题的主要形式是党员重新登记和清党。三是强调政务公开。他提出通过国家公职人员公开挑选、建立工作报告制度以及刊印国家管理机关的工作通信报告等系列制度，旨在增强苏维埃机关工作的透明度，便于群众更好地监督党和政府。

（四）当代中国语境下的“廉政”

党的十三大以来，党和国家机关保持廉洁的重点，从单纯纠正党风转向了以廉政建设为核心内容的全面党风建设。1988 年 6 月 1 日，中共中央发布《关于党和国家机关必须保持廉洁的通知》，强调在改革开放和经济繁荣的征程中，必须做到“改革开放，繁荣经济，要坚定不移；保持廉洁，防止腐败，也要坚定不移”②。1988 年 12 月，中央书记处召开专题会议，深入探讨了廉政建设的策略与方向，指出要“把廉政建设作为一件大事来抓”③。现代意义上的“廉政”一般指的是“廉洁政治”。狭义上的“廉政”是指行使公权力的有关机关、单位、组织和公职人员清正廉洁履行职责的活动和行为；广义上的“廉政”是指个人或组织保持清正廉洁的状态和行为，主体既包括公职人员、党员、社会公众，也包括政党组织、

① 《列宁选集》第四卷，人民出版社 2012 年版，第 562 页。

② 《十三大以来重要文献选编（上）》，人民出版社 1991 年版，第 247 页。

③ 《中共中央书记处讨论廉政建设，强调党和国家机关必须保持廉洁反对腐败，决定集中力量查处一批严重经济犯罪案件》，《人民日报》1989 年 1 月 16 日，第 1 版。

政府组织、企业组织和非政府组织。

三、廉政文化的含义

（一）“廉政文化”的词义

“廉政文化”一词目前较为权威的解释主要有以下两种。

第一，中国共产党党内法规制度曾对廉政文化做过多次界定和说明。在2006年2月中国共产党建设部党组印发的《关于加强建设系统廉政文化建设的指导意见》中，对廉政文化的内涵、地位做了说明：“廉政文化，是以廉政制度为基础，以廉政理论为指导，以廉政理念为核心，以廉政教育活动和廉洁文化艺术作品为表现形式，通过各种媒介的传播和广泛的社会参与，引导公众积极参与廉政建设，教育公职人员廉洁奉公的一种高尚的社会文化，是社会主义先进文化的重要组成部分。”2009年12月，中央纪委、中央宣传部、监察部、文化部、广电总局和新闻出版总署出台《关于加强廉政文化建设的意见》指出：“廉政文化以崇尚廉洁、鄙弃贪腐为价值取向，融价值理念、行为规范和社会风尚为一体，反映人们对廉洁政治和廉洁社会的总体认识、基本理念和精神追求，是社会主义先进文化的重要组成部分。廉政文化建设，面向全党全社会，以党政机关和领导干部为重点，以培育廉洁价值理念为根本，以廉政制度和规范为支撑，以群众广泛参与的廉政文化创建活动和丰富多彩的廉政文化产品为载体，在反腐倡廉建设中处于基础性地位。”①

第二，中央纪委《建立健全教育、制度、监督并重的惩治和预防腐败体系实施纲要辅导读本》起草组提出，廉政文化是一种以廉洁从政思想为主要内涵的文化形态，以多样化的文化产品作为展现的外在载体和表现形式。廉政文化是廉政建设与文化建设相互融合的产物，根植于廉政制度，以廉政理论为引领，以廉政思想为其核心，同时以廉政文学艺术作为其传

① 《关于加强廉政文化建设的意见》，中国方正出版社，2010年1月。

播的媒介和方式。廉政文化通过利用各类媒介载体进行传播，动员全社会广泛参与，旨在教育公职人员坚守廉洁奉公的原则，推崇廉洁价值观，从而营造一个有利于廉政建设发展的良好社会氛围。①

目前，关于廉政文化的理解已基本趋于一致。概而言之，廉政文化，是一种深入人心的文化理念，涵盖了人们对于廉洁从政的思考、信仰、知识、行为以及与之相匹配的特定生活方式和社会评价标尺，从根本上折射出某一阶级或政党的执政哲学、目标以及手段，是廉洁从政行为在文化观念层面上的真实体现。

（二）廉政文化的形成

廉政之所以能够成为一种文化，是因为它不仅是一种政治现象或道德要求，更是一种深入人心的价值观念和行为准则。廉政文化的形成和发展，体现了人类对于公正、廉洁、公平等价值的不懈追求，是政治文明和社会进步的重要标志。

首先，廉政文化的形成有其深厚的历史渊源。自古以来，人类社会就一直在追求廉洁、公正的政治生态。在我国，5500 年至 4000 多年前的父系氏族社会，就形成了原始社会的民主监督制度。西周时期，“廉”已成为一种道德观念和治国思想。儒家学派强调的仁政、德治，法家对于礼义廉耻的推崇，都为廉政文化的形成奠定了基础。这种深厚的历史底蕴促使廉政文化成为中华优秀传统文化的重要组成部分。

其次，廉政文化的形成是政治文明和社会进步的必然产物。随着人类社会的不断发展，政治文明也在不断进步。廉政文化作为一种政治文化，是政治文明在道德层面的具体体现。在现代社会，随着民主、法治等理念深入人心，人们对于政府及公职人员的廉洁要求也越来越高。这种要求促使政府及公职人员更加注重自身行为的廉洁性，从而进一步推动了廉政文

① 《建立健全教育、制度、监督并重的惩治和预防腐败体系实施纲要辅导读本》，中国方正出版社 2005 年版，第 190—193 页。

化的形成和发展。

再次，廉政文化的形成离不开制度建设和法治保障的共同促成。廉政文化不仅是道德要求，更是法律规范和制度约束的产物。通过建立健全纪检监察机制、出台措施奖廉罚贪等，为廉政文化的形成提供了制度保障。同时，法治的推进也为廉政文化的形成提供了有力支撑。在法治社会中，政府及公职人员的行为受到法律的严格约束，任何违法违规行为都将受到法律的制裁或处罚。这种法治环境使廉政文化深入人心，成为一种普遍遵循的价值观念和行为准则。

最后，廉政文化的形成是全社会共同参与和努力的结果。廉政文化建设是全社会的共同责任。只有全社会都形成了一种崇尚廉洁、鄙视腐败的氛围，廉政文化才能真正落地生根。无论是领导干部、公职人员，还是普通群众，都是廉政文化建设的主体。他们通过自身的行为实践，不断弘扬廉洁自律、公正公开等价值观，推动廉政文化的深入发展。值得注意的是，领导干部和公职人员在廉政文化建设中起着至关重要的作用。他们既作为廉政文化的客体，需要自觉、主动、积极地接受廉政文化主体的教育、监督、检查和评价。同时，他们又是廉政文化的主体，需要以身作则，践行廉洁自律的准则，为全社会树立榜样。

廉政之所以能够成为一种文化，是因为它有着深厚的历史渊源。同时其也是政治文明和社会进步的必然产物，需要制度建设和法治保障以及全社会的共同参与和努力。廉政文化的形成和发展对于推动政治文明和社会进步具有重要意义。

（三）廉政文化的建构

廉政文化的精神性建构、制度性建构和生活化建构相互关联、相互促进，共同构成了廉政文化形成与发展的完整逻辑链条。

第一，廉政文化的精神性建构。廉政文化的精神性建构，作为整个廉政文化体系的基石，其重要性不言而喻。不仅关乎个体道德品质的塑造，更直接影响国家政治生态的清明、社会风气的纯净以及文化自信的树立。

通过精神性建构，旨在培育一种深入骨髓的廉洁信仰，使廉洁成为每个人内心深处的自觉追求，而非外在强制的约束。这种信仰的力量，能够跨越时间与空间的限制，成为推动社会进步的不竭动力。在精神性建构的过程中，深入理解廉政理念是首要任务。这要求我们不仅要从理论层面把握廉洁从政的内涵、原则及其实践要求，更要从实践层面感受其对于国家、社会及个人的深远影响。通过广泛的学习与交流，使廉政理念深入人心，成为指导人们行为的重要准则。同时，还应注重廉政理念的内化过程，即通过自我反省、道德实践等方式，将外在的廉政要求转化为内在的道德品质，形成稳定的廉洁人格。其中，廉洁情感的培育是精神性建构的重要环节。通过激发公众对廉洁行为的敬仰之情，让其在内心深处产生共鸣与认同。通过宣传廉洁典型、弘扬廉洁精神，营造一种崇尚廉洁、鄙视腐败的良好氛围。同时，引导公众对腐败行为产生深深的厌恶与排斥，形成对腐败现象“零容忍”的坚定态度。这种情感的升华，将促使人们更加积极地投身于反腐败斗争之中，为构建廉洁社会贡献自身力量。

第二，廉政文化的制度性建构。作为廉政文化建设的重要组成部分，廉政文化的制度性建构目的在于通过构建一套科学、严密、高效的制度体系，为廉政文化的传播、普及及实践提供强有力保障。这一建构过程不仅关乎制度本身的完善与创新，更在于如何将廉政理念融入制度设计之中，使之成为推动社会廉洁进步的重要力量。其中，廉政制度是廉政文化制度性建构的核心，能够起到规范公职人员行为的作用。通过明确职责、划定权力边界、规定行为准则等方式，廉政制度为公职人员提供行动指南，有效防止权力滥用和腐败现象的发生。同时，廉政制度还具备引导作用，通过树立正面典型、表彰廉洁行为等方式，激励公职人员积极践行廉政理念，形成良好的工作作风和职业操守。此外，廉政法规是制度性建构中不可或缺的一环，通过对腐败行为的严厉打击和制裁，形成对腐败分子的强大震慑力。廉政法规的制定和执行，进一步巩固了廉政文化的制度基础。值得注意的是，廉政文化的制度性建构并非孤立存在，而是一个相互关联、协同作用的制度体系。在这一体系中，各项廉政制度、法规之间相互衔接、相互补充，共同构成了廉政文化的制度框架。为确保制度性建构的体系化与协同性，我们需要加强制度间的协调与配合，避免制度冲突和空白地带的出现。同时，还应注重制度执行的监督与评估，确保各项制度得到有效落实和持续改进。随着时代的变迁和社会的发展，廉政文化的制度性建构也需要不断创新和完善，以适应新的形势和任务。这要求我们在制度设计上注重前瞻性和创新性，及时吸收借鉴国外先进的廉政建设经验和做法，不断完善和优化制度体系。

第三，廉政文化的生活化建构。廉政文化的生活化建构是廉政文化建设中至关重要的一环，旨在将抽象的廉政理念转化为具体可感的生活实践，使廉政文化深深植根于人们的日常生活之中，成为指导人们行为选择的内在动力。这一过程不仅促进了廉政文化的广泛传播与普及，更在潜移默化中塑造了社会成员的廉洁品格与道德风尚。生活化建构的首要途径在于组织丰富多样的廉政文化活动。这些活动包括但不限于廉政知识竞赛、廉政文化讲座、廉政故事分享会等，它们以寓教于乐的方式，让公众在轻松愉快的氛围中学习廉政知识，感受廉政文化的独特魅力。通过亲身参与，人们能够更加深刻地理解廉政文化的内涵与价值，进而增强对廉政文化的认同感和归属感，形成积极向上的社会风气。其中，廉政文化作品是生活化建构的重要载体。通过创作和推广一系列以廉政为主题的电影、电视剧、歌曲、文学作品等，可以将廉政文化以更加生动、形象的方式呈现给公众。这些作品不仅具有艺术感染力，更蕴含着深刻的廉政思想，能够引导人们在欣赏文化作品的同时，受到廉政文化的熏陶和感染，从而在内心深处树立起廉洁自律的价值观。廉政文化的生活化建构是一个长期而持续的过程，需要保持足够的耐心和毅力。同时，还应注重生活化建构的创新性，不断探索新的方法和途径来推动廉政文化的传播与普及。例如，利用互联网、社交媒体等新媒体平台来拓展廉政文化的传播渠道和影响力，结合地方特色和文化传统来创新廉政文化活动的内容和形式，使之更加贴近群众、贴近生活。通过这些努力，可以使廉政文化更加深入人心、更加具有生命力。

（四）马克思主义廉政文化观

马克思、恩格斯虽然没有关于廉政文化的专门论述，但在其无产阶级政党建设、政权建设等有关论述中却蕴含着深刻的廉政思想，这些思想在其革命实践中不断发展成熟，为马克思主义廉政文化观的形成和发展奠定了重要的思想基础。总体而言，马克思、恩格斯的廉政文化思想主要包含以下几个方面的内容：一是对资本主义社会的腐败现象进行了深刻的批判。在《资本论》中，马克思通过剩余价值理论揭示了资本家如何通过剥削工人的劳动获取利润进而导致公权力的滥用。马克思指出，以私有制为基础的国家政权及其官僚体制中，公权力必然沦为少数统治阶级牟取私利的工具，“表面上高高凌驾于社会之上的国家政权，实际上正是这个社会最丑恶的东西，正是这个社会一切腐败事物的温床”[①]。恩格斯在《家庭、私有制和国家的起源》中进一步阐释了国家作为阶级统治工具的本质，强调了建立在物质生产基础上的公正社会制度的重要性。他们共同倡导的无产阶级革命和专政理念，旨在通过革命手段推翻旧有的阶级统治，建立一个无阶级的、公平正义的社会，其中廉政文化是实现社会公平和正义的重要组成部分。马克思、恩格斯非常重视无产阶级政党的建设，强调要保持无产阶级政党的纯洁性和先进性，通过建立无产阶级民主制度来消除腐败。这在《共产主义者同盟章程》中有直接体现。章程第 7、第 13、第 22 等条款规定：“公社必须由各区全民投票选出的市政委员组成，这些市政委员对选民负责，随时可以罢免。其中大多数自然会是工人，或者是公认的工人阶级代表。”[②] 此外，马克思、恩格斯还提出废除高薪制，防止国家机关和公职人员由“社会公仆”变为“社会主人”等思想，这些思想共

① 《马克思恩格斯文集》第三卷，人民出版社 2009 年版，第 154 页。

② 《马克思恩格斯文集》第三卷，人民出版社 2009 年版，第 222 页。

同集成了马克思、恩格斯对于廉政文化的总看法，为后来马克思主义执政党建设奠定了理论基础，指明了前进方向。

十月革命胜利以后，布尔什维克党成为执政党，但沙皇专制的余毒犹存，特权思想、官僚主义、贪污受贿等腐败现象在国家机关滋生，加之文化的落后给管理带来了很大的难度。为了巩固无产阶级政权，列宁立足苏俄实际，就如何防治腐败、巩固无产阶级政权进行了大量的理论探索，提出了一系列非常有价值的廉政建设思想，把马克思主义廉政思想发展到了一个新阶段。列宁全面深入地分析了腐败产生的根源，认为腐败主要源自个体欲望、环境影响以及落后的文化。基于此，他提出要加强党的建设，保持其先进性，尤其在党员干部队伍建设中要严格入党条件。此外，列宁还认为，把防治腐败的相关制度上升到法律层面，是公权力正确运行的重要保障。为此，根据列宁的建议，人民委员会通过了《关于惩办受贿的法令》《关于革命法制的决定》《关于贿赂行为》《关于消灭拖拉现象》等一系列反对贪污贿赂现象的法律和法令。列宁不仅强调立法，而且强调执法，要求从严执法，对腐败行为严惩不贷。这一系列措施有效地控制了党内和苏维埃政权机关的腐败现象。列宁对社会主义政党的建设和反腐败进行了有益探索，其廉政思想对于我国新时期开展反腐败斗争和廉政建设具有重要的借鉴意义。

（五）廉政文化的基本样态

1. 一般意义上的廉政文化

理解廉政文化的词义，必须以理解“文化”的含义为基本前提。《英国大百科全书》（1973—1974 年）对文化的概念进行了双重界定。一方面，它将文化等同于“总体的人类社会遗产”，涵盖了人类历史与文明的全部积累。另一方面，提出一个“多元的、相对的”文化观点，将文化描述为一种基于历史的生活结构体系，这种体系是某一社会集团成员所共有的。这一定义包含了该集团的语言、传统、习惯、制度，以及其中所蕴含的思想、信仰和价值观念，并体现在其物质工具和物质创造之中。《苏联大百科全书》（1973 年）则从广义和狭义两个层面对文化进行了界定。广义上，文化指的是人们生活和活动的所有类型与形式，以及这些活动所产生的物质和精神财富。狭义上，文化则聚焦于人们的精神生活领域，特别是指社会的意识形态领域，以及与之相适应的各种制度和组织机构。这两个定义共同展现了文化作为一个多维、复杂且丰富的概念，既有其普遍性和整体性，又体现了其多样性和相对性。

有的学者从文化本身的内容范畴等方面出发，对廉政文化开展深入研究。张利生在《廉政文化建设要论》中认为廉政文化的核心是廉政思想，其重点是廉政制度，关键是廉政实践，统领是廉政理论，是我国发展先进文化的重要组成部分。[①] 麻承照则从内容范围出发，认为廉政文化的内容主要包括政治清明、领导干部廉洁、政府工作廉洁以及整个社会崇尚廉洁等。[②] 结合前文提到的廉政一词的含义以及中国学界的既有研究，可将一般意义上的廉政文化定义为一种以崇尚廉洁、鄙弃贪腐为主旨的文化理念和价值体系。这种文化倡导廉洁自律、诚信正直的品德，反对贪污腐败、权力滥用等不良行为。廉政文化不仅涵盖了道德层面的要求，还包括了制度层面的规定和实践层面的行动。廉政文化的核心在于弘扬正气、鞭挞腐恶，旨在营造一个崇尚廉洁、鄙视腐败的社会氛围。这种文化不仅对个人品德有着高要求，更强调公共权力的行使必须公正、透明，以维护社会的公平和正义。在实践中，廉政文化通过各种形式的宣传和教育活动，如讲座、展览、文艺作品等，来传播廉洁理念，提高公众对廉洁价值的认同感和自豪感。同时，廉政文化也倡导建立健全的制度体系，以制度来约束权力，从而杜绝腐败。总的来说，廉政文化是一种积极向上的文化力量，力图通过文化的引导和熏陶，提升整个社会的道德水准，构建廉洁、公正、诚信的社会环境。

---

① 张利生：《廉政文化建设要论》，中国方正出版社 2014 年版，第 8 页。

② 麻承照：《廉政文化概论》，中国方正出版社 2014 年版，第 16 页。

2. 中国传统廉政文化

中国传统廉政文化以民本、德治、任贤、治吏、法治、勤政、节用和教化为核心，这些思想不仅是政治文明的体现，也是官员从政的基本准则。民本思想强调以民为本，关注民生，顺应民心，是廉政思想的基石。如在春秋战国时期，孔子提出了庶民、富民、教民的仁政思想。孟子继而提出“民为贵，社稷次之，君为轻”①的政治伦理秩序，要求统治者要有“忧民之忧”及“与民同乐”的思想境界。荀子则更进一步提出“天之生民，非为君也；天之立君，以为民也”②的立君为民权力观。德治思想倡导以德配天，强调君主和官员的道德修养，是政治稳定与社会和谐的重要保障。如汉武帝时代，董仲舒提出“天之任阳不任阴，好德不好刑”③“君民者，贵孝弟而好仁义，重仁廉而轻财利，躬亲职此于上，而万民听生善于下矣。”④从此之后，历代统治者大多重视道德教化对于管理国家的作用。任贤思想则强调选拔贤能，以才德为先，为政治清明提供了人才保障。如清代康熙皇帝曾感言：“国家用人，当以德器为本，才艺为末。凡才长者，虽能济事，亦为败俭。若德器淳朴，必不至荡轶准绳之外。”⑤此外，治吏、法治、勤政、节用和教化等思想共同构成了中国传统廉政文化结构的重要组成部分。

廉政制度是确保官员廉洁从政的基础，也是廉政文化的制度形态。从先秦的监察制度到秦汉的郡县制，从唐宋的科举制到明清的都察院，中国古代形成了一套相对完善的廉政制度体系。这些制度不仅规范了官员的行为，还通过选拔、考核、监察等多种手段，有效地预防和惩治了腐败行为。特别是科举制度的推行，将选官制度与教育制度结合起来，为国家选

① 《孟子·尽心下》。
② 《荀子·大略》。
③ 《春秋繁露·天辨在人》。
④ 《春秋繁露·为人者天》。
⑤ 《圣祖御制文二集·张华以才学文识名重一时》。

拔了一批批德才兼备的官员，对廉政建设起到了积极的推动作用。

3. 中国特色社会主义廉政文化

党的十一届三中全会做出把党和国家工作重心转移到经济建设上来、实行改革开放的历史性决策。然而，在推动改革开放，进行现代化建设的过程中，部分党员干部受拜金主义、享乐主义等思想影响，导致腐败现象滋生，严重阻碍了社会主义建设的步伐。面对这一问题，以邓小平同志为主要代表的中国共产党人，提出了廉政建设的新思想，主要体现在以下三个方面：一是创造性地提出了一手抓教育、一手抓法制，一手抓改革开放、一手抓惩治腐败等“两手抓，两手都要硬”的反腐败斗争总方针。二是将解放和发展社会生产力作为廉政建设的出发点。邓小平认为，“文化大革命”后的社会基本矛盾，“仍然是生产关系与生产力之间的矛盾，上层建筑与经济基础之间的矛盾”。① 要想发展生产力，夯实社会主义经济基础，在提高科学技术的同时也要提升人们的思想意识，特别是要解决改革开放过程中党政领导干部的思想问题，防止腐败问题的滋生，否则腐败现象的存续将会成为社会改革最大的思想障碍。三是就如何进行廉政建设，邓小平坚持群众路线，指出社会主义建设事业中遇到的突出问题，归根到底，只有相信群众，依靠群众，充分走群众路线，才能够得到解决。② 在廉政文化建设中，邓小平十分注重调动广大人民群众的主动性，积极发挥群众监督作用，筑牢了廉政文化建设的群众基础。此外，他还非常重视法制在廉政建设中的制约和保障作用，认为廉政建设要作为大事来抓，还是要靠法制，搞法制靠得住些。③

以江泽民同志为主要代表的中国共产党人，结合中国特色社会主义建设实际，坚持与时俱进，开拓创新，不断推进廉政建设的理论创新、制度创新与实践创新，深刻回答了在新的历史条件下如何推动党风廉政建设

① 《邓小平文选》第二卷，人民出版社 1994 年版，第 182 页。
② 《邓小平文选》第二卷，人民出版社 1994 年版，第 230 页。
③ 《邓小平文选》第三卷，人民出版社 1993 年版，第 379 页。

等一系列重大问题。在理念上全面部署了反腐倡廉建设的三项工作，分别是领导干部要带头廉洁自律、集中力量查办一批大案要案以及着力解决本地区本部门本单位的突出问题。他强调：对涉及面广、危害性大、群众反映强烈的问题，要依靠党员和群众，形成必要的声势，进行专门整治，一个问题一个问题地解决。纠正不正之风，要敢于动真格的。不敢抓、不敢管、不敢碰硬，好人主义盛行，不可能取得好的效果。[①] 同时，还明确提出了“反腐倡廉既要治标，更要治本”的工作要求。在制度建设层面，确立了一系列反腐败的领导和工作机制。江泽民同志指出，反腐败斗争要坚持党委统一领导，党政齐抓共管，纪委组织协调，部门各负其责，依靠群众的支持和参与。这一机制的确立为我们深入开展反腐败斗争提供了组织保障。党委统一领导是全党反腐败斗争顺利实现的保障，同时还提出了开展反腐败国际合作的原则。总之，党在这一时期探索出了一条适合我国现阶段基本国情的开展反腐倡廉的有效路子。无论是在思想理论上，还是在制度实践中，都做出了独特的贡献。

党的十六大以来，以胡锦涛同志为主要代表的中国共产党人，立足于国情现实，把以人为本、执政为民作为廉政建设的重要理念，在总结前人反腐倡廉经验的基础上，提出了一系列在廉政建设方面的新思想和新举措。胡锦涛同志指出：党风廉政建设和反腐败斗争贯彻以人为本、执政为民，把实现好、维护好、发展好最广大人民根本利益作为一切工作的出发点和落脚点，认真解决损害群众利益的突出问题和反腐倡廉建设中群众反映强烈的突出问题，……保持党同人民群众的血肉联系……充分发挥人民群众在党风廉政建设和反腐败斗争中的积极作用，……以党风廉政建设和反腐败斗争的实际成效取信于民。[②] 此后又进一步提出了“标本兼治、综

---

① 江泽民：《论党的建设》，中央文献出版社 2001 年版，第 546 页。

② 胡锦涛：《在十七届中央纪委六次全会上的讲话》，《人民日报》2011 年 1 月 11 日，第 1 版。

合治理、惩防并举、注重预防”[①]的十六字方针。在此方针指导下，党中央着手建立健全惩治与预防并重的反腐败体系，将教育、监督和惩治纳入制度化轨道。总之，这一时期的廉政思想，是一个完整严密的思想逻辑体系，具有鲜明的时代特征、强烈的现实针对性和实际操作性。

党的十八大以来，面对反腐倡廉面临的严峻挑战，习近平同志强调：我们党把党风廉政建设和反腐败斗争提到关系党和国家生死存亡的高度来认识，是深刻总结了古今中外的历史教训的。核心的问题是党要始终紧紧依靠人民，始终保持同人民群众的血肉联系，一刻也不脱离群众。要做到这一点，就必须下最大气力解决好消极腐败问题，确保党始终同人民心连心、同呼吸、共命运。[②]党的十八大以来，以习近平同志为主要代表的中国共产党人，从制定执行中央八项规定切入整饬作风，以雷霆万钧之势推进反腐败斗争，激荡清风正气、凝聚党心民心，为党和国家各项事业发展提供了坚强保障。一是提出“老虎”“苍蝇”一起打，坚持党纪国法面前没有例外。二是加强党员干部的理想教育。习近平同志指出，没有理想信念，理想信念不坚定，精神上就会“缺钙”，就会得“软骨病”。现实生活中，一些党员、干部出这样那样的问题，说到底是信仰迷茫、精神迷失。[③]三是将权力关进制度的笼子里。制度问题更带有根本性、全局性、稳定性、长期性，关键是要健全权力运行制约和监督体系，让人民监督权力，让权力在阳光下运行，把权力关进制度的笼子里。对此，习近平同志提出：要更加科学有效地防治腐败，全面推进惩治和预防腐败体系建设，提高反腐败法律制度执行力，让法律制度刚性运行。要加强对典型案例的剖析，深化腐败问题多发领域和环节的改革，最大限度减少体制缺陷和制

① 中共中央文献研究室：《十六大以来重要文献选编（中）》，中央文献出版社 2006 年版，第 252 页。

② 习近平：《积极借鉴我国历史上优秀廉政文化，不断提高拒腐防变和抵御风险能力》，《人民日报》2013 年 4 月 21 日，第 1 版。

③ 习近平：《在中共十八届中央政治局第一次集体学习时的讲话》，《人民日报》2012 年 11 月 19 日，第 1 版。

度漏洞，通过深化改革不断铲除腐败现象滋生蔓延的土壤。[①] 不断依靠完善制度来反腐败，是切实解决当前腐败现象的根本之策。

总体来看，中国特色社会主义廉政文化是中国特色社会主义文化的重要组成部分，是一种先进的文化形态，体现了中华民族的传统文化和道德观念，融合了学习科学理论、传承优良传统、强化廉政教育、弘扬新风正气等多元要素。中国特色社会主义廉政文化具有强烈的感染力和渗透力，能够营造浓厚的廉政氛围，进而影响人的道德情感、价值选择、思维方式和行为习惯。

四、廉政文化的基本范畴

（一）廉洁从政的基本要求

2015 年 10 月中共中央颁布的《中国共产党廉洁自律准则》对廉洁从政提出了基本要求，强调“中国共产党全体党员和各级党员领导干部必须坚定共产主义理想和中国特色社会主义信念，必须坚持全心全意为人民服务的根本宗旨，必须继承发扬党的优良传统和作风，必须自觉培养高尚道德情操，努力弘扬中华民族传统美德，廉洁自律，接受监督，永葆党的先进性和纯洁性。”这些要求为党员领导干部在廉洁从政方面提供了明确的行为准则和精神指导。党员领导干部应当始终牢记这些要求，不断提高自身素质和能力，为党的事业和人民的利益不懈奋斗。

坚定共产主义理想和中国特色社会主义坚定信念是党员领导干部的精神支柱和政治灵魂。共产主义理想代表了人类社会的最高理想，而中国特色社会主义则是我们在当前阶段为实现共产主义所走的道路。党员领导干部必须坚定这一理想信念，才能确保在政治上、思想上、行动上同党中央保持高度一致，为党的事业不懈奋斗。坚持全心全意为人民服务是党的

① 习近平:《积极借鉴我国历史上优秀廉政文化，不断提高拒腐防变和抵御风险能力》，《人民日报》2013 年 4 月 21 日，第 1 版。

根本宗旨，是党员领导干部工作的出发点和落脚点，党员领导干部的一切工作都应以人民的利益为最高标准，始终把人民放在心中最高位置，为人民谋利益，为人民办实事。党员领导干部作为各级党组织和政府的“关键少数”，必须在党员和人民群众中发挥表率作用。自重、自省、自警、自励，是党员领导干部自我修养的基本要求。他们应当时刻保持清醒的头脑，严格要求自己，以身作则，为党员和人民群众树立良好榜样。模范遵守党纪国法要求党员领导干部必须模范做到清正廉洁、忠于职守、正确行使权力。这不仅是党员领导干部的基本职责，也是保持党的先进性和纯洁性的必然要求。党员领导干部必须弘扬党的优良作风，如求真务实、艰苦奋斗、密切联系群众等。这些作风是党的优良传统和作风的集中体现，也是党员领导干部在工作中必须遵循的原则。

（二）廉洁从政的文化氛围

廉洁从政的文化氛围是指政府机关、企事业单位等组织内部形成的一种以廉洁为核心的精神氛围。这种氛围的营造，不仅关乎国家政治生态的清明，更对社会的道德风尚产生深远影响。

廉洁从政的文化氛围，首先体现在对廉洁价值观的塑造上。这种价值观强调权力公开透明，反对腐败、贪污等不良现象，倡导公正、诚信、责任等核心价值观。政府机关和企事业单位通过制定规章制度、开展廉政教育等方式，将这些价值观融入日常工作中，使公职人员形成自觉遵守廉洁纪律的意识和习惯。

健全的制度和完善的监督体系是营造廉洁从政文化氛围的重要保障。政府机关应建立健全监察与反腐败机制，出台相关法律，对公职人员的行为进行严格约束。同时，加强社会舆论的监督，利用媒体、网络等平台揭露和批评腐败行为，形成强大的社会舆论压力。完善的监督体系能够有效防止腐败行为的发生，为廉洁从政的文化氛围提供坚实的制度保障。

廉政文化建设实践是营造廉洁从政文化氛围的重要途径。政府机关和企事业单位应积极开展廉政文化活动，如举办廉政讲座、开展廉政知识竞

赛等，提高公职人员的廉政意识和素质。同时，通过宣传先进典型、树立榜样等方式，激发公职人员的廉洁自律精神，形成崇尚廉洁、鄙视腐败的良好风尚。

（三）恪尽职守的职业文化

恪尽职守的职业文化是指各行各业从业人员在工作中形成一种以爱岗敬业、诚实守信为核心的职业精神。这种职业精神对于提高工作质量、促进社会和谐具有重要意义。

爱岗敬业是恪尽职守职业文化的核心。从业人员应热爱自己的职业，全身心投入工作中，尽职尽责完成各项任务。这种职业精神能够激发从业人员的积极性和创造力，提高工作效率和质量。同时，爱岗敬业的职业道德还能够增强从业人员的责任感和使命感，使其更加关注单位的长远发展和社会的整体利益。

诚实守信是恪尽职守职业文化的重要体现。从业人员在工作中应遵守法律法规和相关规章制度，做到言行一致、表里如一。同时，应保持高度的职业自律性，不做有损单位和行业形象的事情。这种职业操守能够树立单位的良好形象，提高单位竞争力和社会信誉度。

职业技能和素质的提升是恪尽职守职业文化的基础。从业人员应不断学习和提高自己的职业技能和素质，以适应不断变化的工作环境和市场需求。这种持续的学习和进步不仅能够提高从业人员的工作能力和效率，还能够为事业发展提供有力的人才保障。

（四）普遍认同的社会文化

普遍认同的社会文化是指在社会中广泛存在并被大多数人所认可的文化现象。这种文化现象对于塑造社会风尚、推动社会进步具有重要意义。

社会公德和道德风尚是普遍认同的社会文化的重要组成部分。人们应遵守社会公德和道德规范，尊重他人、关爱社会、保护环境等。这种道德风尚能够形成和谐的社会氛围，增强社会的凝聚力和向心力。同时，社会公德和道德风尚还能够引导人们树立正确的价值观和人生观，促进人的全面发展。

法治精神和法律意识是普遍认同的社会文化的重要方面。人们应尊重法律、遵守法律、维护法律的尊严和权威。这种法治精神能够形成稳定的社会秩序和良好的法治环境，为人们的生产和生活提供有力保障。同时，法治精神和法律意识还能够引导人们树立正确的权利义务观念，促进社会公平正义。

文化传承与创新是普遍认同的社会文化的重要内容。人们应尊重历史、传承文化、创新发展。这种文化传承与创新能够保持文化的多样性和活力，推动社会文化的繁荣和发展。同时，文化传承与创新还能够培养人们的文化自信和民族自豪感，增强国家的软实力和影响力。

第二节　廉政文化与相近概念的辨析

廉政文化同廉洁文化、廉政思想、廉政制度等既有紧密关联，又存在显著差异，在内涵与外延上容易发生混淆。明确各自的概念边界，有助于人们深化理论认识，更深入地理解廉政文化的历史渊源、核心内涵和发展趋势。

一、廉政文化与廉洁文化

廉政文化与廉洁文化同属于文化体系的概念，二者紧密相联却各有侧重。虽仅有一字之差，却跨越了不同层次的文化范畴，各自展现出独特的文化价值。同时，二者也在相互融通中，共同推动着社会廉洁风尚的发展。

（一）廉政文化与廉洁文化的联系

厘清廉政文化与廉洁文化的联系，首先需要正确理解廉洁文化的科学内涵及其外延。据《辞海》释义，“廉洁”即清廉、清白。“廉洁”一词最早出现于《楚辞·招魂》中“朕幼清以廉洁兮，身服义而未沬”一语，王

逸在《楚辞·章句》注："不受曰廉，不污曰洁。""不受"意味着不接受非法的财物和利益，表现出一种坚定的廉洁自律精神，即"廉"；"不污"则意味着保持心灵的纯净和清白，不受世俗的污染和侵蚀，即"洁"。廉洁即不贪不义之财，保持自身清白正直，没有污点，这要求我们在面对各种诱惑和挑战时，能够坚守自己的原则和底线，不受外界的影响和干扰，始终保持清廉、清白的品质。从对廉洁的界定出发，我们可以将廉洁文化的内涵理解为一定的阶级、民族或其他群体的人们，在长期的社会实践过程中形成和创造的，有关廉洁从政、廉洁用权、反对腐败、崇尚廉洁等问题的心理态度、价值观念、思想理论、制度规范、行为方式、社会风尚等的总和。

廉政文化与廉洁文化存在着密切关联。首先，廉政文化与廉洁文化在核心理念和目标指向上高度一致。二者都以"廉"为核心内涵，廉政文化与廉洁文化均强调节俭、清廉、公正、无私的价值观念，并以此带动构建良好社会秩序，致力于推动社会的公正与廉洁。其次，廉政文化与廉洁文化在形成与发展过程中相互依存、相互融合、相互促进。一方面，廉政文化的形成和发展离不开廉洁文化的滋养和支撑。一个廉洁的社会环境，能够为政府及其公职人员提供良好的道德土壤，使其在面对各种诱惑和挑战时能够坚守底线、廉洁自律。另一方面，廉洁文化的形成和发展也需要廉政文化的引导、推动和保障。政府通过加强廉政建设、推动反腐倡廉工作，能够为社会树立廉洁的榜样，引领社会风尚向善向好。这种相互依存的关系，使得廉政文化与廉洁文化在形成与发展过程中能够相互促进、共同提升。最后，廉政文化与廉洁文化在社会影响上相辅相成。廉政文化的建设能够提升政府的公信力和形象，增强人民对政府的信任和支持。同时，廉洁文化的建设也能够提高整个社会的道德水平和文明程度，营造风清气正的社会氛围。廉洁文化是廉政文化的重要基础，廉政文化是廉洁文化在特定领域的具体体现，官员廉洁产生政府廉政，个人的廉洁行为推动政府的廉政发展。这种相辅相成的关系，使得廉政文化与廉洁文化在社会影响上能够共同推动社会的和谐稳定和发展繁荣。可见，廉政文化与廉洁文化之间存在着密切的联系，这两种文化不仅共同体现了中华民族对于清正廉洁、公正无私的高尚追求，而且在推动社会进步、构建和谐社会方面发挥着至关重要的作用。应当充分发挥这两种文化的积极作用，共同为建设一个更加公正、廉洁、美好的社会而努力奋斗。

（二）廉政文化与廉洁文化的区别

一是作用对象不同。廉政文化强调政府及其公职人员应当廉洁奉公、勤政为民，通过公正无私的政治行为，维护社会公平正义。其作用对象主要为掌握行政公共权力的国家公职人员，尤其是广大领导干部，在主体上具有特殊性。而廉洁文化则更加注重个体层面的道德修养，倡导人们树立廉洁自律、诚实守信的价值观，通过个人的自我约束和道德自觉，为社会的廉洁风尚贡献力量。可以说，廉洁文化着眼于整个社会层面，其作用对象是社会各阶层的广大群众，包括公职人员和非公职人员，在主体上具有普遍性。

二是实施方式不同。廉政文化通常以他律为主导，实施推行有明确的目的性，要求程度较高，有各种强制性机关作为后盾，通过制度规范、法律约束、教育引导等手段，结合自律性，促进公职人员廉洁从政。因此，廉政文化主要表现为制度文化，相关人员如有违反廉政规定的行为，廉政文化要求予以相应的制度性惩罚。这种刚性约束的方式使廉政文化在公职人员中具有较高的权威性和约束力。而廉洁文化主要是一种自律性的行为模式，呈现的是一种软环境。廉洁文化主要依赖社会舆论、道德力量、文化熏陶等方式来影响人们的价值观和行为模式，通过宣传廉洁典型、弘扬廉洁精神、推广廉洁理念等方式，引导人们自觉遵守社会规范、崇尚廉洁自律，是非强制性的，要求程度较低。因此，廉洁文化主要表现为道德文化，当有人行为背离廉洁文化的准则时，社会主要通过舆论的力量对其进行谴责，推动涉事个体进行道德自我反省。

三是涵盖范围和作用领域不同。廉洁文化包含廉政文化；廉政文化是

廉洁文化不可或缺的重要组成部分。廉政文化一般针对公权领域，作用领域更侧重于政治组织，特别是国家权力机关，其涵盖范围相对较窄。廉洁文化作为一种社会文化，不但关注公权领域，还关注包括单位员工的廉洁守职、社会大众的家风家教等在内的整个社会环境和社会风气[①]，它的涵盖范围和作用领域更为广泛，涉及社会的各个阶层和领域。

由此看来，廉洁文化与廉政文化虽然紧密联系，但在作用对象、实施方式、要求程度、涵盖范围和作用领域等方面存在明显的区别，不能相互等同。

（三）廉政文化与廉洁文化的融通

廉政文化与廉洁文化是紧密相联又相互区别的两个概念，二者相辅相成。一方面，廉政文化带动、引领廉洁文化。廉政文化通过确立明确的行为准则和道德规范，激励公职人员率先垂范，秉持廉洁奉公的原则，恪守法律法规，做到廉洁自律、公正执法、为民服务。这既为廉洁文化的发展提供了方向引领，也为廉洁文化建设提供了标准和规范。同时，廉政文化的广泛推广与传播，更是在全社会范围内营造了一种崇尚廉洁、鄙视腐败的积极氛围，这种社会氛围能够有效增强公众对廉洁文化的认同感与归属感，持续激发人们树立清正廉洁的价值观，从而有力地推动廉洁文化的形成与深化。另一方面，廉洁文化的繁荣助推廉政文化的发展。廉洁文化强调全社会对廉洁的认同和追求，能够激发群众参与廉政建设的积极性和主动性，为廉政文化的推广和实践提供广泛的公众基础和有力的社会支持。进一步来讲，廉洁文化的普及能够促进公众对廉洁文化的认同和追求，形成较强的社会监督力量，使得人民群众对腐败行为更加敏感和警觉，促使其能够及时发现和举报腐败行为，对公职人员的行为形成有效的监督和约束，进而推动廉政文化向更深层次发展。同时，公众对廉洁文化的追求和

① 李晓阳：《丰富发展廉洁文化的思想内涵和时代价值》，《中国纪检监察》2022 年第 13 期。

期待，能够促进政府和相关机构在制度设计、政策制定等方面更加注重廉洁和公正，从而推动廉政文化的制度化和规范化。廉政文化和廉洁文化相互依存、相互促进，二者统一于社会主义和谐社会的构建。

当前，持续推进反腐倡廉建设，不仅需要加强廉政文化建设，提高国家公职人员的廉洁从政素质，也需要加强廉洁文化建设。2022 年 2 月 24 日，中共中央办公厅印发《关于加强新时代廉洁文化建设的意见》（以下简称《廉洁文化建设意见》）指出，“党中央高度重视廉洁文化建设，强调反对腐败、建设廉洁政治，是我们党一贯坚持的鲜明政治立场，是党自我革命必须长期抓好的重大政治任务。全面从严治党，既要靠治标，猛药去疴，重典治乱；也要靠治本，正心修身，涵养文化，守住为政之本。必须站在勇于自我革命、保持党的先进性和纯洁性的高度，把加强廉洁文化建设作为一体推进不敢腐、不能腐、不想腐的基础性工程抓紧抓实抓好，为推进全面从严治党向纵深发展提供重要支撑”①。

但若仅专注于廉政文化而忽视全社会的廉洁文化建设，或是仅专注于廉洁文化而忽视深化廉政文化建设，均会限制两者共同发展的潜力和前景。因此，必须充分认识到廉政文化与廉洁文化各自的重要性，在强化廉政文化建设的同时要积极推进廉洁文化的建设，在全面开展廉洁文化建设的同时要注重深化廉政文化建设，充分发挥两种文化各自应有的作用，持续做好廉政文化与廉洁文化的融通，确保二者相互补充、相互促进，不容偏废，共同推动反腐倡廉建设取得更加显著的成效，以此构建社会主义和谐社会。

二、廉政文化与廉政思想

廉政文化和廉政思想作为廉政建设的两大支柱，两者各有特色、各有

① 中共中央办公厅印发《关于加强新时代廉洁文化建设的意见》，《检察日报》2022 年 2 月 5 日，第 1 版。

优势，共同构筑起廉政的思想文化体系。必须深刻理解和把握廉政文化与廉政思想的联系与区别，做好两者的融通，让其在互动中相互促进，推动廉政建设向纵深发展。

（一）廉政文化与廉政思想的联系

廉政文化是廉洁从政行为在文化和观念上的客观反映。思想是思维活动的结果，属于理性认识，它是观念、看法、理论，是人们对客观世界的认识和理解，以及对事物的观点和态度。廉政思想是廉政理论的重要组成部分，主要是指人们对什么是廉政以及如何开展廉政建设的一系列理念和观点。它涵盖了公正廉明的政治氛围、政治局面，以及政府及公职人员依法从事公共管理活动而不牟求私利的理念。廉政文化和廉政思想之间的关系是复杂而密切的，二者都具有廉的基本要求和特征，都为了达到廉的目的，共享着廉洁自律、公正公平、为民服务等核心价值观念。具体而言，廉政文化和廉政思想共同要求公职人员恪守职业道德，严于律己，公正廉洁；共同追求公正公平的政治环境和社会氛围；共同坚持全心全意为人民服务，倾听群众呼声，关心群众疾苦，切实解决群众问题。这些价值观念不仅构成了廉政文化的核心内容，也是廉政思想的重要理论基础。

此外，廉政文化和廉政思想又相互依存，共同作用于廉政建设，为构建廉洁政府、营造风清气正的政治生态提供强大的精神动力和文化支撑。一方面，廉政思想是廉政文化的核心和灵魂。思想是文化的核心组成部分，它反映了文化的观念和价值观，廉政思想为廉政文化提供了理论支撑和精神动力，是廉政文化的重要组成部分。同时，文化的传承和发展离不开思想的支撑，思想是文化创新和演变的重要动力，廉政文化的形成和发展需要廉政思想的指导和引领。另一方面，廉政文化是廉政思想的土壤和环境。文化积淀了历史的智慧和经验，为思想提供了发展的基础和资源。人们在文化的影响下形成自己的思想观念和价值观，这些思想观念和价值观又反过来影响文化的传承和发展。深化廉政文化的建设与发展，不仅能显著增强公职人员的廉政意识，还能通过一系列具体的廉政文化形式、文化活动和文化产品，将廉政理念巧妙融入人们的日常生活与工作中，在全社会形成一种崇尚廉洁、坚决反对腐败的社会风尚，更使廉政思想在广泛的群众基础上得到深刻的传播和实质性的践行，从而为构建清廉、和谐的社会环境奠定了坚实基础。

（二）廉政文化与廉政思想的区别

一是涵盖的范围不同。廉政思想是指认识到为政以廉的重要性以及对为政不以廉的危害进行反思之后的一种理性思考，[①] 更侧重于政府及公职人员在履责时办事清正廉洁、不以权谋私的思想观念，它体现了政府及公职人员的职业道德和社会公德，是公职人员在履行职责过程中应该具备的道德标准和精神追求，廉政思想隶属于廉政文化。廉政文化包含廉政思想，即关于廉洁从政的思想、信仰、道德要求等，同时扩展至与廉政相关的行为规范、生活方式、工作方式以及社会评价等方面，还包含例如廉洁从政的社会文化氛围、从政人员的职业道德和社会公德等与廉政相关的文化表现和实践。从这个意义上讲，廉政文化比廉政思想的外延更广。

二是外在表现形式不同。廉政思想作为一种思想观念和精神追求，其表现形式通常较为抽象和理论化，主要通过文字、语言等形式进行表达，以政治理论、政策文件、领导人讲话以及宣传教育等方式进行传播和普及。廉政文化的表现形式则更加具象和生活化，主要以文化活动和文化作品为载体，形式较为多样，同时通过法律法规、规章制度、道德准则等多种形式表现和传播。

三是内在的性质特点不同。廉政文化具有文化的一般特性，即具有传承性、时代性、地域性等。它随着社会的发展而不断发展，具有与时俱进的文化品格，廉政文化以文化人、以廉育人，通过文化的力量来影响和塑造人们的思想和行为。廉政思想则具有思想的一般特性，即具有抽象性、

① 唐贤秋:《中国古代廉政思想源流辨——兼与杨昶先生商榷》,《陕西师范大学学报（哲学社会科学版）》2006 年第 6 期。

理论性、指导性等。廉政思想作为公职人员关于廉政的思想观念和精神追求，具有明确的道德标准和精神追求，对公职人员的行为具有明确的指导和规范作用。廉政文化和廉政思想的这些差异不仅体现各自独特的价值，也为更好地理解和推动反腐倡廉工作提供有益的视角。

（三）廉政文化与廉政思想的融通

廉政文化与廉政思想的核心都在于崇尚廉洁、鄙弃贪腐，两者理念相通、目标一致，具有融通的基础。这种融通不仅是必要的，更是推动社会廉洁进步的关键。廉政思想和廉政文化在反腐倡廉工作中各自发挥着不可替代的作用，必须深入挖掘并发挥廉政文化与廉政思想的互补优势，同时加强廉政文化和廉政思想的建设。既要不断探索和创新廉政文化建设，通过丰富其内涵和表现形式，拓展其建设的途径和空间，来发挥廉政文化引导和教育的作用，也要深化对廉政思想的研究，深入挖掘和传承中华优秀传统文化关于廉洁从政的道德规范和思想理念，汲取传统廉政思想精髓，结合新时代的特点和要求，创新廉政文化的表现形式和传播方式，拓展廉政思想与廉政文化的影响力。只有充分加强廉政文化与廉政思想的融通与协作，确保两者能够相互渗透、相互促进，才能不断推动反腐败工作向纵深发展，从而提升社会整体的廉洁意识和道德水准，共同构建风清气正、廉洁高效的社会环境。

廉政文化和廉政思想在实践应用层面相辅相成、相互促进。廉政文化为廉政思想提供了坚实的基础和丰富的背景，赋予廉政思想更为深厚的内涵和更广泛的覆盖面，随着廉政文化的繁荣与发展，为廉政思想的创新提供了源源不断的素材和无限广阔的探索空间。同时，廉政文化也成为廉政思想传播的重要载体和途径，通过丰富多样的文化形式和文化活动，将廉政理念融入人们的日常生活和工作中，促进廉政思想的广泛传播和深入发展。廉政思想如同廉政文化的灵魂，赋予了其独特的魅力和影响力，使其更具吸引力和感召力。

廉政思想的不断进步与发展推动廉政文化持续创新和演变，廉政思想为廉政文化的创新注入了强大的理论支撑和智力动力，不仅丰富了廉政文化的内涵，更为廉政文化的进步与传承注入了源源不断的动力，赋予了其崭新的活力和生命力。此外，廉政思想还可以为廉政建设提供理论支持和思想指导，确保了廉政文化建设与发展的正确性和价值导向，帮助人们更加深入地理解廉政的内涵和要求，推动廉政文化不断向纵深发展。

三、廉政文化与廉政制度

廉政文化与廉政制度在廉政建设中扮演着相辅相成、互为支撑的角色。廉政文化作为廉政制度的精神支柱和内在动力，为廉政制度的制定和实施提供了深厚的文化底蕴。廉政制度是廉政文化的具体体现和保障，确保廉政文化得以有效贯彻和践行。廉政文化与廉政制度的良性互动，不仅有助于形成风清气正的政治生态，还能够推动廉政建设不断向纵深发展，为社会的和谐稳定和人民的幸福安康提供坚实保障。

（一）廉政文化与廉政制度的联系

廉政文化与廉政制度意旨相同。实现廉政是廉政文化与廉政制度最核心的价值追求。由于公权力具有管理国家、社会的功能，一旦公权力的行使脱离正轨，成为少部分人牟取私利的工具，权钱交易等腐败现象就会出现，从而对国家、社会的健康发展产生不利的影响。自古以来，腐败就是一个困扰国家发展的重要问题，反腐倡廉是每一个有所作为的国家领导者以及广大群众的关注点，为了规范权力的运行，限制腐败现象的出现，从国家、政府再到社会、个人层面都采取了相应的方法维护公正廉洁。儒家的代表人物孔子提出的“节用而爱人”，即执政者要革奢务俭，爱护人民，内在地包含了廉政的要求，孔子在对舜、禹进行赞美时所说的：“舜禹之有天下也，而不与焉”①，通过对舜、禹作为执政者却不牟取个人私利的赞美，传递了对当时的诸侯廉洁执政的期待。无论是马克思主义经典作

① 《论语·泰伯》。

家还是党的历代领导人都注重对权力腐败的根源以及相应的应对措施进行探索，马克思主义的国家学说、建党学说，中国共产党在领导人民革命、建设、改革的过程中形成的关于反腐倡廉的重要论述以及所进行的廉政教育、廉政宣传等，由此形成的廉政道德、廉政理论等廉政文化，以及为了加强对公权力的监督而不断建立健全的一系列廉政制度，其出发点和落脚点都是为了惩治腐败，实现廉政。

廉政文化是廉政制度的基石。文化是一个国家和民族的灵魂，任何制度都孕育于一定的社会文化之中，廉政文化与廉政制度的关系同样如此。我国廉政制度植根于中国古代廉政文化，立基于马克思主义经典作家的反腐倡廉思想，以及中国共产党不断推动马克思主义基本原理同中国具体实际相结合，同中华优秀传统文化相结合，进一步丰富和发展的马克思主义反腐倡廉理论。廉政文化理论、观念以及相应的廉政文化氛围制约着廉政制度的构建和发展，是廉政制度之基。

廉政制度是廉政文化的重要内容。制度是文化不可缺少的重要组成部分，在廉政文化建设的过程中，出于强化约束等目的，廉政文化的部分内容被进行了规范性表达，从而固化下来。① 从这个意义上讲，廉政制度是廉政文化的规范性表达，承载着廉政文化的价值理念，践行着廉政文化的价值追求。② 在我国传统社会中，法家主张通过法制落实廉政思想。为了实现廉政的目的，法家提出对贪官污吏可以“轻罪重罚”③，认为“古之善守者，以其所重禁其所轻，以其所难止其所易。故君子与小人俱正，盗跖与曾、史俱廉”④。这是以严格的廉政制度固化相应的廉政观点的生动表达。再如，在土地革命战争时期，为了捍卫革命、守护民心，党开展了反

① 何艳，李晓阳：《加强新时代廉洁文化建设——学习习近平同志关于廉洁文化的重要论述》，《中国纪检监察》2022 年第 5 期。

② 张剑伟：《用文化滋养助推制度建设》，《人民日报》2020 年 5 月 11 日，第 9 版。

③ 《中国反腐倡廉发展史》编纂委员会：《中国反腐倡廉发展史》第一卷，中共中央党校出版社 2021 年版，第 240 页。

④ 梁启雄：《韩子浅解》，中华书局 2009 年版，第 215 页。

腐败斗争，在建立制度规范方面，出台了《工农检察部控告局组织纲要》《关于检查苏维埃政府机关和地方武装中的阶级异己分子及贪污腐化动摇消极分子问题》等一系列训令，为惩治腐败行为、防止腐败发生提供了制度支持，助推了风清气正的廉政文化氛围的形成。

（二）廉政文化与廉政制度的区别

一是形成路径不同。文化是集体性概念，是“自下而上个体层次特征的相似性聚合，而非自上而下的统摄”①。廉政文化是由一定群体中不同个体有关廉政的偏好、观念、态度、情感等多种因素相互影响而形成的社会文化，其形成离不开包括不同社会背景的广大的社会个体的参与。而廉政制度的形成主要是自上而下的，即廉政制度的制定、推动等主要是由上层引领的。以中国特色反腐倡廉制度体系为例，中国特色反腐倡廉制度体系主要包括反腐倡廉根本大法、反腐倡廉监督制度、预防制度、教育制度、惩治制度、反腐败领导体制和工作机制的法规制度等六类，②上层领导机关是推动相应制度立改废释的主体，而制度的具体实施则由地方政府等下级公权力行使机关进行。

二是强制力不同。廉政文化与廉政制度都可以对腐败行为起到一定的约束与限制作用，比如清廉自守拒腐防变的廉政道德的存在，会迫使相应的公权力行使者在采取腐败行为时受到一定程度的内心谴责以及相应的社会舆论压力，当触及法律等制度规范时还会受到相应的制裁。但是由于廉政观念、廉政道德等廉政文化的约束是无形的，而且不同人的廉政观念的强度以及廉政道德水平并不相同，比如同样在廉政道德的约束下，有的公权力行使者能够做到节制克己，而有的公权力行使者却“享有了特殊神圣和不可侵犯的地位。文明国家的一个最微不足道的警察，都拥有比氏族社

① 胡安宁:《当我们谈文化时，究竟在谈什么》,《中国社会科学报》2022 年 6 月 22 日，第 5 版。

② 杨绍华:《反腐倡廉制度体系的中国特色》,《光明日报》2011 年 7 月 24 日，第 7 版。

会的全部机构加在一起还要大的‘权威’”[①]。因此廉政文化对腐败行为的约束并不总是能够发挥有效的作用。而制度，尤其是法律制度是以国家强制力作为保障，其对腐败行为等的约束具有明确性与刚性。总体而言，廉政制度的强制力高于廉政文化。

三是作用范围不同。文化包括文学艺术、伦理道德、哲学思潮、风俗习惯等多方面内容，[②]其对人的影响是潜移默化和深远持久的。廉政文化作为文化的一种类型，其同样可以通过文学艺术、伦理道德、风俗习惯等各种载体对社会产生广泛深远的影响。例如，廉政文化能够通过戏剧中两袖清风的人物形象，生活中口口相传“不拿群众一针一线”的歌谣，以及传统节日中对历史上清正官吏的纪念等方式，潜移默化地对社会不同行业、不同地域、不同年龄、不同爱好的人产生影响，让清正廉洁的观念持久深入社会的每个角落。而廉政制度受实施主体的素质，制度本身的合理程度、可操作性以及制度指向对象的接受程度等多种因素的影响，其实际发挥作用的范围相对有限，比如一些部门和单位权力监督的笼子扎得不紧，述职述廉的制度落实得不严格，[③]相应的廉政制度在这些领域便不能很好地体现其应有的效用。从这个角度而言，廉政文化比廉政制度作用范围更广。

（三）廉政文化与廉政制度的融通

廉政文化与廉政制度相互依存，相辅相成。廉政文化是廉政制度的价值指向，廉政制度是廉政文化的规范性表达，没有廉政文化提供的廉政理论、廉政氛围等的支持，廉政制度就没有产生、发展、变革的土壤，没有廉政制度的外在约束，清正守己等廉政文化观念就更容易受到权钱交易等贪腐观念的侵蚀。当社会的廉政文化培育不足时，即使廉政制度设计得足

① 《马克思恩格斯选集》第四卷，人民出版社 2012 年版，第 188 页。

② 杨耕:《文化是什么》，《光明日报》2015 年 10 月 14 日，第 13 版。

③ 江苏省南京市纪委监委课题组:《加强纪律建设从严管党治党》，《中国纪检监察报》2018 年 7 月 12 日，第 7 版。

够完善，也无法有效发挥作用。比如清代官员中存在大量的贪污行为，集体贪污案例频发。在这种风气之下，养廉银制度反而助长了官场的腐败，成为养廉银无以养廉的重要原因。[①] 而当社会的清廉之风盛行时，廉政制度的实施成本、实施难度相对较小，廉政制度的推行效果亦更为理想。在廉政氛围浓厚的社会之中，即使部分公权力行使者突破了内心廉政道德的约束，也会受到相应廉政制度的限制，从而对腐败行为产生制约。

培育廉政文化与加强廉政制度建设密不可分。一方面，必须坚决消除特权观念，摒弃个人专断和家长式领导风格，推动形成健康、公正的社会风气。通过廉政教育、积极发挥领导干部廉洁自律的带头示范作用以及提高人民群众反腐的积极性和主动性等方式进一步强化以廉为荣、以贪为耻的社会心理，培育更加浓厚的廉政文化。另一方面，要进一步加强廉政制度建设，结合时代需求对纪检监察制度等进行完善，形成系统性、协调性强的合理的廉政制度体系，为廉政文化提供强有力的保障，从而在廉政文化与廉政制度的良性互动中推动廉政的全面实现。

小结

廉政文化，是一种深入人心的文化理念，涵盖了人们对于廉洁从政的思考、信仰、知识、行为以及与之相匹配的特定生活方式和社会评价标尺，从根本上折射出一个阶级或政党的执政哲学、目标以及手段，是廉洁从政行为在文化观念层面上的真实体现。其精神性建构、制度性建构和生活化建构相互关联、相互促进，共同构成了廉政文化形成与发展的完整逻辑链条。廉政文化包括廉洁从政的基本要求、文化氛围、恪尽职守的职业文化以及普遍认同的社会文化等基本范畴，与廉洁文化、廉政思想及廉政制度既存在区别又具有密切关联。

① 刘凤云：《养廉银无以养廉——以乾嘉时期摊捐官员养廉银为中心的考察》，《史学月刊》2020 年第 11 期。

思考题

1. 如何理解廉政文化的基本内涵？

2. 廉政文化与廉政思想的联系和区别有哪些？

3. 廉政文化与廉政制度的联系和区别有哪些？

第二章

廉政文化的特征与功能

导　语

廉政文化的内涵和外延需要通过其特征与功能作为外在表达，了解廉政文化的特征与功能是理解和把握廉政文化本质的关键。通过把握廉政文化的特征，我们能够更进一步地认识廉政文化的本质和内涵。通过分析廉政文化的功能，我们能够更清晰地看到廉政文化在推动社会清廉风尚、加强反腐倡廉建设中的作用。

第一节　廉政文化的特征

廉政文化，作为一种独特的文化形态，呈现出时代性与传承性兼具、党性和人民性统一、自律性和他律性并重、理论性与实践性相通，以及本土性与国际性共存的鲜明理论特征。这些特征共同构成了廉政文化的标识性样态，为我们进一步研究其功能与价值奠定了基础。

一、时代性与传承性兼具

廉政文化作为社会主义先进文化的重要组成部分，不仅承载着中华民族悠久的历史底蕴，具备深厚的传承性，而且随着时代的步伐不断前进，彰显出鲜明的时代性。廉政文化的时代性与传承性相互依存、相互促进，共同构成了廉政文化的独特魅力。一方面，廉政文化的时代性需要传承性的支撑。一个文化传承了才有时代性，只有在传承优秀传统的基础上，廉政文化才能不断创新和发展，适应时代的需求。另一方面，廉政文化的传承性也需要时代性的推动。文化只有在时代的变迁中适应了新形势才能得到传承延续，只有在时代的推动下，廉政文化才能不断吸收新的元素和力量，保持其生机和活力。时代性的发展可以推动传承性的创新和发展，使廉政文化更加符合时代的需求和人们的期望；而传承性的弘扬则可以为时代性的发展提供坚实的文化基础和精神支撑。此外，廉政文化的时代性与传承性相互融合，共同推动廉政建设。在传承优秀传统的同时，廉政文化也需要吸收现代元素和力量，形成具有时代特色的廉政文化；而廉政文化在创新发展的过程中，也需要保持其传统特色和价值观念，形成具有传承性的廉政文化。通过传承优秀传统和弘扬民族精神，可以激发人们的爱国热情和社会责任感；而通过创新表现形式和融合现代元素，可以提高廉政文化的传播效果和影响力。因此，保持对廉政文化的传承和创新，必须充分挖掘和整理廉政文化的优秀传统，同时结合时代特点进行创新发展，推动廉政文化在传承中焕发新的生机和活力。只有这样，才能让廉政文化在不同的时代背景中继续发展和繁荣，才能更好地推动廉政建设深入发展，为构建风清气正的政治生态和社会环境做出更大贡献。

（一）时代性特征

文化本质上是一定社会存在的反映，为社会存在所决定，而任何社会存在都是时代的、历史的。廉政文化作为文化的一部分，同样是时代的产物，具有每个时代独特的时代特征，同时又随着时代发展而不断发展，展现出鲜明的时代性。一方面，廉政文化反映时代需求。在不同的历史时期，廉政文化承担着不同的历史使命。在古代社会，廉政文化以树立典范、维护统治稳定为核心使命，为社会秩序的稳固奠定了基础。步入近代社会，廉政文化的使命逐步演进为反对腐败、推动政治改革，以回应社会变革的呼声。到了现代社会，廉政文化的使命更加广泛而深远，已然成为国家治理体系和治理能力现代化的重要支柱。廉政文化不仅致力于反对腐败、维护政治清明，还积极推动经济、社会、文化等多个领域的可持续发展。同时，它在弘扬正气、凝聚人心、促进和谐等方面发挥着不可替代的作用，与构建社会主义和谐社会的时代主题紧密呼应。廉政文化以其独特的时代性和使命感，不断为社会的进步和发展贡献着力量。另一方面，廉政文化融合时代元素。传统的廉政文化多以诗词、歌赋、戏剧等艺术形式呈现，在信息化、网络化快速发展的今天，廉政文化的表现形式更加多样化。例如，通过拍摄廉政题材的影视作品、制作廉政主题的公益广告、举办廉政主题的文艺演出、开展廉政文化进校园等活动，让廉政文化在新时代焕发出新的活力，也使其更加贴近人们的生活，提醒人们时刻关注廉政问题。同时，现代科技手段不仅能够拓宽廉政文化的传播渠道，让廉政文化更加深入人心，形成广泛的社会共识，为反腐败斗争提供坚实的舆论支持，还能够增强对腐败行为的监督和打击力度，提高廉政建设的效率和效果，为反腐败斗争提供有力的科技支撑。廉政文化所具备的时代性特质，

使其能够灵活适应时代的发展变迁，为推进国家治理体系和治理能力现代化提供源源不断的动力支持。同时，这一特质也决定了廉政文化建设是一个与时俱进的持续过程，必须紧密贴合时代需求，构建具有鲜明时代特色的廉政文化体系，以应对和解决新时代所面临的新问题。[①]

（二）传承性特征

文化的发展具有传承性，此乃文化之固有特性。任何形式的文化都不会凭空产生，也不会凭空消失，而是在历史发展的长河之中逐步形成、积淀和传承。廉政文化作为文化的一种，经过历史的积累和沉淀，才形成一定的文化内容。随着时间的推移，那些有助于社会发展进步的文化元素得以传承，而不利于社会发展进步的内容则逐渐淡出。我国廉政文化古已有之，中国古代的民本、德治、任贤、吏治、法治、勤政、节俭等思想，均蕴含了廉政思想的精髓，构成了廉政文化不可或缺的重要部分。廉政文化承袭了中华民族五千多年清正廉洁的核心理念，并通过诗词歌赋、历史典籍、乡规民约、家训族谱等多种形式，将这一文化瑰宝发扬光大，使其深入人心，成为中华民族宝贵的精神财富。此外，我国古代在廉政建设方面展现出了非凡的智慧和卓越的实践，积累了宝贵的经验。以监察制度为例，从周代开始，我国就设立了监察司官，初步构建了监察体系。随后，秦代设立了中央监察机关御史府，进一步强化了监察的权威和效能。唐宋时期通过严法深究赃吏的刑事责任，促进官员的清廉与勤政。到了明代，“重典治吏”成了整顿吏治的重要法律指导思想，通过严格的吏治管理，维护了国家的稳定与发展。历史是一面“镜子”，也是最好的“教科书”。当前，我国正在不断推进监察体制改革，以适应当代社会的发展需求。在这一过程中，我们可以从传统的廉政体制中汲取智慧和力量，找到监察体制改革的根源和依据。通过借鉴古代监察制度的精髓，结合现代社会的实际情况，可以进一步完善监察体系，提高监察效能，为国家的繁荣

① 陈进华，单杰：《“国家安全观”视阈下的社会公德建设》，《道德与文明》2021 年第 4 期。

稳定和人民的幸福生活提供坚实的保障。廉政文化的传承与演变，反映了不同历史时期对廉政的理解和追求。每一次廉政主题的转换，都为廉政文化注入了新的活力，实现了其传承、重塑与再造。尤其是中国共产党成立以来，廉政文化被置于更重要的地位，通过不断地创新与发展，廉政文化在新的历史时期焕发出新的生机。从中国共产党百年廉政的历史进程来看，每一次廉政内容体系以及表达范式的创新，都是廉政文化在前行道路上“否定之否定”的哲学体现，是其在既有基础上实现自我超越、自我革新的具体展现。这一进程是一个持续不断、循环往复的历程，既包含了对传统廉政文化的传承与坚守，也涵盖了对其精华的吸收与发扬，更在与时俱进中不断创新与发展。

二、党性和人民性统一

廉政文化作为一种独特的社会文化现象，既是国家政治生态的鲜明标志，又凝结了人民群众对廉洁政治的向往与追求，体现了党性与人民性的高度统一。我国廉政文化深刻体现了党的执政理念和执政方式在文化层面的精髓，彰显出坚定的政治立场和鲜明的政治性。在党的坚强领导下，廉政文化始终坚守以人民为中心的根本立场，真实反映人民意愿，坚定维护人民利益，充分展现出其人民性的本质。这种党性与人民性相互融合、互为表里，本质上是相辅相成、相互统一的。党性为廉政文化提供了方向和目标，确保廉政建设始终沿着正确的轨道前进；而人民性则为廉政文化注入了生机和活力，使廉政建设更加贴近群众、深入人心。这种统一不仅体现在理论层面上，更在实践中得到充分体现。例如，在加强廉政教育、推进反腐败斗争时，既要坚持党的领导，弘扬党的执政理念，加强党的纪律建设，严肃查处违纪违法行为，增强党员干部的党性修养和廉洁自律意识，也要注重引导人民群众积极参与廉政建设，发挥人民群众的监督作用，鼓励群众举报腐败线索，形成全社会共同反腐倡廉的良好氛围。因此，在构建廉政文化时，我们要坚持党的领导与服务人民相结合、弘扬党

的理念与体现人民意志相统一、规范权力行使与保障人民权益相一致的原则，既要体现党的政治方向和要求，也要满足人民对于公正、廉洁的政治环境的期待。只有这样，才能确保廉政文化建设的正确方向和实际效果，为实现中华民族伟大复兴的中国梦提供坚强保障。

（一）党性特征

中国共产党成立伊始就高度重视廉政文化建设。在革命、建设和改革的伟大征程中，中国共产党始终不遗余力地弘扬廉政文化，将反腐败斗争作为党的重要任务，坚决清除党内腐败分子，以维护党的先进性和纯洁性。党领导下的廉政文化始终与党的政治目标紧密相连，服从并服务于党的执政使命，其鲜明的政治性特质推动了党风廉政建设和反腐败斗争的深入发展，为实现国家长治久安、人民幸福安康贡献力量。廉政文化属于先进政治文化的一部分，是围绕着公权力与腐败的斗争而展开的，是为维护和巩固国家政权服务的，它不仅是公职人员行为的指南，更是国家稳定发展的重要保障，因而自身带有强烈的政治文化色彩，承担着特殊的政治使命和政治任务。中国共产党的党性和人民性从来都是一致的。一方面，党将廉政文化建设创造性转化为治理成果，应用到对人民群众的服务中去，以实际成果取信于民，确保党和人民始终站在一起，心往一处想，劲往一处使；另一方面，在党的领导下将廉政文化建设的范围扩展至每一个人，形成覆盖面最大、教育面最广的全方位廉政建设体系，这样，廉政文化才不会失去其根基，群众基础也才会越来越扎实。

（二）人民性特征

廉政文化是针对公职人员的，同样也是面向整个社会的，其产生和发展离不开人民群众的参与和支持，最终目的是让公职人员更好地为人民群众服务，确保权为民所用，呈现出鲜明的人民性特征。首先，廉政文化深深植根于人民之中。人民群众是廉政文化建设的土壤和根基，离开了人民群众的廉政文化建设如同无源之水无本之木，必将枯竭。在长期的社会实践中，人民群众积累了丰富的廉政经验和智慧，这些宝贵的财富成为廉政文化形成和发展的重要源泉。同时也正是广大人民群众对于廉洁政党、廉洁政府和廉洁社会氛围的深切呼唤和坚定期盼，以及他们对党风廉政建设和反腐败斗争的坚定拥护和积极参与，共同推动廉政文化的普及和深入发展。其次，廉政文化服务人民。廉政文化源于、依靠人民群众，其服务的对象也是广大人民群众。严惩腐败是民心所向，当代中国廉政文化是中国共产党领导下的文化，中国共产党始终坚持立党为公、执政为民的理念，廉政文化反映的是我们党坚持走群众路线、不断倾听群众呼声的一种现实文化，在根本上是为了维护广大人民群众的根本利益，这也促使党时刻与人民群众保持密切联系，确保党全心全意为人民服务的根本宗旨不变，亦是党对自身的一种自我净化和自励自省。也正是廉政文化反映了人民群众的根本利益和体现了人民群众的主体性地位，因而得到了广大人民群众的支持、参与和拥护。最后，廉政文化接受人民监督，人民群众既是中国共产党建设廉政文化的出发点和归宿，又是监督执行情况的重要主体和检验廉政成效的根本尺度。人民群众有权对公职人员的行为进行评价和监督，通过人民群众的监督和评价，可以及时发现和纠正公职人员的不正之风和腐败行为，推动廉政文化的不断完善和发展。党坚持充分发挥广大群众的监督作用，强调“让人民监督权力，让权力在阳光下运行”①，不断建立健全全民监督机制，使人民群众成为推动廉政文化建设以及反腐战场上的主力军，真正做到权为民所用、利为民所谋。因此，廉政文化建设应当夯实群众基础，赢得人民群众的广泛认同与坚定支持。

三、自律性和他律性并重

廉政文化具有自律性与他律性并重的特征，其能够促使公权力行使者加强自我约束，自觉抵制贪腐，同时也为公权力行使者设置了外在约束机制，在公权力行使者违反廉政要求时给予其负面反馈。廉政文化的自律性

① 习近平：《决胜全面建成小康社会　夺取新时代中国特色社会主义伟大胜利——在中国共产党第十九次全国代表大会上的报告》，人民出版社 2017 年版，第 67 页。

与他律性是相辅相成的，当一个社会的廉政文化中廉政道德等自律性因素越强时，建立完善的廉政制度以保障政治清明的动力就会越强烈。当一个社会的廉政制度等廉政文化因素越完善时，越能让公权力行使者明确什么该做，什么不该做，不断强化公权力行使者对廉政制度的敬畏感，在严密廉政制度的长期约束下逐渐养成廉政习惯，从而自觉遵守相关规定。为了深化廉政文化培育，我们需要从廉政文化的自律性与他律性入手，一方面要不断加强廉政教育、廉政思想文化宣传，积极发挥清正廉洁领导干部的榜样示范作用，在全社会营造浓厚的廉政文化氛围，引导公权力行使者树立正确的权力观，培育和强化“廉荣贪耻”的廉政道德，增强拒腐防贪的自觉性。另一方面要不断加强廉政制度建设，将权力关进制度的笼子里，健全和完善人民群众的舆论监督机制等，以外在力量约束公权力行使者不越雷池，不逾规矩。既发挥廉政文化对人性之善的引导，又发挥廉政文化对人性之恶的警示，从而一体推进不敢腐、不能腐、不想腐。

（一）自律性特征

廉政文化能够通过一定的廉政介质，将“廉荣贪耻”“拒腐防变”等廉政要求转变为人们的内心自觉，使人们能够自觉地对自己的行为进行约束，促进恪守纪律，不拿群众一针一线的廉洁习惯的养成，进而抵御腐败观念、行为等侵蚀。腐败不仅包括贪污受贿等“硬腐败”，懒政庸政怠政也是腐败。[①] 在一定情况下“懒政庸政怠政”的“软腐败”的危害程度甚至超过了贪污腐化的“硬腐败”。廉政道德对公权力行使者的约束是廉政文化自律性特征的重要体现，这些廉政道德的存在为公权力行使者设置了为人做事的内心标准，促使他们主动追求廉洁，自觉遵守廉政要求，成为指引他们拒绝贪污受贿的“硬腐败”行为以及懒政庸政怠政的“软腐败”行为的重要精神动力。廉政文化的自律性特征使得相应的公权力行使者在缺乏外力约束的情况下依然能够慎独自守，是支撑公权力行使者抵御腐败

① 李克强：《要对碌碌无为的干部采取措施》，《新京报》2015 年 2 月 10 日，第 A05 版。

诱惑的无形力量。

（二）他律性特征

廉政文化的他律性特征是指廉政文化能够通过外在力量的约束促使公权力行使者遵守“廉政”的要求。孟德斯鸠曾指出：“一切有权力的人都容易滥用权力，这是万古不变的经验。”① 廉政文化的自律力量并不是无限的，特别是当贪腐的诱惑越大时，公权力行使者的道德自律防线等被击溃的风险就越高。曾经兢兢业业、严守纪律的公权力行使者抵挡不住巨大的金钱诱惑从而滑向贪腐境地的案例并不鲜见，比如历史上著名的贪官和珅曾经也是一位清廉的好官，在做官前期也坚决拒绝他人送予的名家字画等财物，但是随着和珅官职的上升，其接触的财富越来越多，内心的廉政道德逐渐受到冲击，清廉的底线日益降低，最终沦为巨贪。因此，仅仅依靠自律并不足以保证公权力行使者始终保持清廉的底色，完善的外部约束必不可少，廉政文化的他律性特征最典型的体现是廉政制度，尤其是廉政法律制度，其规定了公权力行使主体的可为模式、应为模式、勿为模式以及相应的行为后果，对公权力行使主体具有强制约束力，是保证权力运行于廉政轨道的必要保障。由于廉政文化具有他律性，即使公权力行使主体突破了内在的廉政道德等约束，其也会因廉政制度等外在力量对贪腐行为的抑制而不得肆意妄为。

四、理论性与实践性相通

廉政文化作为一种独特的文化形态，拥有深厚的理论基础和鲜明的实践特色。它根植于人类社会的道德伦理之中，是对权力运行的规范与制约，追求的是公平、正义和效率。同时，廉政文化不仅是一种理论或口号，更是一种实实在在的行动。在实践中，廉政文化通过各种形式的宣传教育、制度建设和监督制约，不断推动社会的清廉风气和良好政治生态的

① 〔法〕孟德斯鸠:《论法的精神》，申林编译，北京出版社 2007 年版，第 67 页。

构建。为了深化廉政文化培育，我们要在汲取传统廉政文化的精华，吸收借鉴域外先进廉政文化，总结中国共产党百年全面从严治党实践经验的基础上，立足国情，顺应时代要求，不断推动廉政理论、观点等创新，厚植廉政文化土壤。同时要对腐败问题产生的原因以及防治腐败的对策进行思考和探索，将反腐败斗争和廉政建设向纵深推进，促进中国特色反腐倡廉道路的深化与拓展，不断推动更加风清气正的党和国家政治生态的形成。

（一）理论性特征

廉政文化具有深厚的理论基础。我国廉政理论源流于传统社会涉及儒家、道家、法家等多个思想流派中涵盖的养民、治吏、勤政、教化等关于廉政思想的相关论述，继承了马克思主义经典作家在对权力腐败的根源及其应对措施进行探索的过程中形成的一系列有关廉政的理论观点，借鉴了域外部分先进的廉政学说。同时，廉政理论处于不断拓展与创新之中，例如在反腐倡廉理论建设方面，我们不仅对马克思主义反腐倡廉理论进行了继承，党的历代领导人还结合时代需求对其进行了相应的拓展和创新：一是对社会主义社会中腐败现象产生的原因进行理论阐释。马克思指出，私有制是腐败现象产生的根源。新中国虽然完成了对农业、手工业、资本主义工商业的社会主义改造，但是腐败现象依然存在。针对这一问题，我们党推动了社会主义制度下有关腐败问题的观念更新。二是明确提出“廉洁政治”的价值追求。马克思的相关著作中蕴含着丰富的廉洁政治思想，但其并未明确提出“廉洁政治”的概念。中国共产党历来重视建设廉洁政治，毛泽东早在 1927 年初就在党内提出了“廉洁政治”的主张，1989 年，邓小平同志在会见美籍华裔学者李政道教授时明确表示：“我们要反对腐败，搞廉洁政治。”党的十八大报告指出：“反对腐败、建设廉洁政治，是党一贯坚持的鲜明政治立场，是人民关注的重大政治问题。”党的十八大以后，党关于廉洁政治的相关论述更是进一步发展和创新了马克思主义廉洁政治观。三是以国际合作开辟反腐败斗争的全球视野。加强国际交流与合作是国家繁荣进步的必由之路，在不同国家、地区之间的来往交流日益便捷的“地球村”中，反腐败斗争要深入推进离不开国际协作，在此背景下，党和国家在20世纪末积极对相关法律法规进行整理，推动我国法律与世界规则相衔接，[①]2005年，我国正式加入《联合国反腐败公约》以及《联合国打击跨国有组织犯罪公约》，此后我国在反腐败国际合作领域不断深入推进，反腐败国际治理观不断完善和发展。这些不断扩展和创新的理论观点进一步为廉政理论注入了时代活力。

（二）实践性特征

一方面，廉政文化的形成和丰富离不开长期的反腐败斗争以及廉政建设实践，廉政文化正是在反腐倡廉实践中孕育并不断丰富演进的，廉政建设实践推动了廉政文化的创造性转化以及创新性发展。为了维护国家安定、巩固政权，历朝历代的统治者对反腐败斗争以及廉政建设给予了高度重视。譬如，秦代设置了御史府监察朝廷百官，明代重典治吏，严惩贪官，并将相关案例汇编成《大诰》以警戒百官。自中国共产党成立以来，党就注重开展一系列反腐实践以净化党内环境，以土地革命战争时期的反腐为例，在革命根据地初创时期，党通过“三大纪律、六项注意”对红军提出了“不拿群众一个红薯”的要求。这个纪律后来发展为“三大纪律、八项注意”。中华苏维埃共和国成立之后，党主要通过加强群众监督、强化干部思想建设等途径开展反腐败斗争。在加强群众监督方面，一是鼓励群众参与监督。党通过发布通令、号召，在《红色中华》等刊物上进行舆论引导等方式，调动群众检举贪污分子的积极性。二是拓宽群众的监督渠道。1931年11月苏区专门检察机构——工农检察部设立，检察部下设控告局，通过悬挂控告箱等方式收集群众对于政府机关以及经济机关有关贪腐等现象的控告信息，同时在选举中引入群众反腐败监督机制，对于群众在选举活动中揭露出来的腐败分子予以淘汰。三是组建群众监督团体。包括一些可以公开突然进行检查的突击队，经常性揭发和批评官僚主义及侵

① 张文显:《中国法治40年：历程、轨迹和经验》,《吉林大学社会科学学报》2018年第5期。

占群众利益行为的组织，以及主要对一些案件进行审理的群众法庭等。在强化干部思想建设方面，党通过创办中央马克思主义学校，编发廉政教育刊物，开展批评与自我批评等方式对党员以及领导干部进行廉政思想教育，提高党员以及领导干部拒腐防变的意识和能力。通过这些举措，根据地存在的部分腐败行为得以纠正，党内环境得以净化。新中国成立后，党和国家通过“三反”“五反”斗争，开展巡视工作，大力整治“四风”等实践探索，为廉政建设积累了经验。这一系列实践探索不仅推动了廉洁政治建设，还促进和强化了“严以治贪”“廉以用权”等廉政观念、理论的发展，孕育了纪念屈原等清正官吏的廉政风俗，成为廉政文化产生发展的土壤。

另一方面，廉政文化的优化发展又会助推反腐败斗争以及廉政建设的顺利进行。廉政文化来源于实践，同时廉政文化为廉政实践指引了方向，提供了动力。如何进行廉政建设是开展廉政实践必须考虑的问题，明确廉政建设的方向有助于廉政实践事半功倍地推进。习近平同志明确指出“江山就是人民，人民就是江山，人心向背关系党的生死存亡。”“同人民风雨同舟、血脉相通、生死与共，是我们党战胜一切困难和风险的根本保证。”“人民江山论”成为新时代廉政文化的重要内容，指引了廉政实践同人民群众相结合，激励了党和国家不断推动为了人民、依靠人民的廉政实践活动。

五、本土性与国际性共存

廉政文化深深植根于各个国家和民族的历史文化之中，具有鲜明的本土性特征。尽管各国在廉政文化的具体表现形式和实践方式上存在差异，但它们在价值观和追求上却具有共性，因此它也具备一定的国际性。廉政文化具有本土性与国际性特征，准确把握廉政文化这一特质对于当今中国的廉政建设具有重要意义。我国有着悠久的历史，在中国数千年的传统文化中，儒家思想占据了主导地位。在汉朝儒学成为传统社会的正统学说之后，崇尚儒学的董仲舒、韩愈等人继承发展了孔子廉政思想的相关内容。比如，西汉的董仲舒意识到汉初存在的“累日以取贵，积久以致官，是以廉耻贸乱，贤不肖浑淆，未得其真”[①]的问题，指出要通过加强官吏考核、以德才为核心选拔官员等措施保证吏治清廉。北宋著名清官包拯上疏《乞不用赃吏》，剖析了贪官污吏对国家的危害，强调重用清廉之士、秉公执法等的重要性，保障廉政的实施。总体而言，在儒家思想占据主导地位的中国传统社会，廉政思想在长期传承和发展的过程中涵盖了勤政爱民、整肃吏治、节用倡俭等丰富的内容，这为中国廉政文化的发展提供了本土资源。我们需要立足廉政文化的本土性，根据我国的国情充分挖掘和利用本土廉政资源，同时要具备国际化视野，对域外先进的廉政思想、制度等进行吸收借鉴，坚定不移走中国特色反腐倡廉道路，进一步完善中国特色的纪检监察体制，不断推动我国廉政文化的发展。

（一）本土性特征

廉政文化的本土特质，作为其活力之源，根植于深厚的政治、经济、地理和民族背景之中。这种特质不仅反映了特定社会的价值观念、道德规范和行为准则，而且深受该社会政治经济发展状况、地理位置、民族背景以及政党制度等多重因素的影响。首先，政治经济发展状况是廉政文化本土特质形成的基础。在不同的政治经济体制下，廉政文化的内涵、表现形式和实现路径各不相同。经济发展水平和政治制度类型直接影响着廉政文化的建设和发展方向。例如，在一些国家中，廉政文化往往强调公民参与、权力透明和法治原则，如一些国家通过完善的法律制度、舆论监督体系以及公民教育来推动廉政文化建设。而在社会主义国家，廉政文化则更多地强调党的领导和集体主义精神，强调公职人员为人民服务的宗旨，以及通过党的纪律和社会主义道德来规范行为。

其次，地理位置也是塑造廉政文化本土特质的重要因素。不同的地理环境和自然资源条件，造就了各具特色的地域文化和廉政传统。这些地域特色在廉政文化的传播和发展中起着重要作用。例如，位于东北平原腹

① 《汉书·董仲舒传》。

地的吉林省，凭借其丰厚的历史底蕴和独特的文化气质，形成了具有地方特色的廉政文化。吉林省地处中国东北部，其特有的白山黑水自然环境孕育了当地人坚韧不拔、忠诚正直的性格，这种性格特质在廉政文化建设中得到了充分体现。吉林省深挖地域优势，厚植廉洁文化底色，通过挖掘和宣传杨靖宇等民族英雄的事迹，激励党员干部保持廉洁自律的品质，形成了独特的廉政文化氛围。而广西乐业县依托其“中国兰花之乡”的品牌优势，将兰花忠贞、廉洁、质朴、坚韧的内涵品质融入廉政文化建设中，打造独具本土特色的兰廉文化主题园。这种结合地方自然资源和特色文化的廉政文化建设模式，不仅增强了廉政文化的吸引力和感染力，还有效推动了廉政文化在当地的传播和发展。

此外，政党制度作为政治生活的核心组成部分，对廉政文化的本土特质具有深远影响。政党制度的不同导致了廉政文化在价值观念、目标定位和实践路径等方面的差异。如在中国的政党制度下，廉政文化的目标定位是构建风清气正的政治生态，确保权力在阳光下运行。这一目标通过加强党内监督、完善法律法规、推动公众参与等方式实现。而在一些国家中，廉政文化的目标更侧重于维护政治稳定和公平竞争，防止权力滥用和腐败行为的发生。这些国家往往通过立法、司法和行政三权分立，设立独立的监督机构等方式来实现这一目标。可见，廉政文化的本土特质是多方面因素共同作用的结果。这种特质既是廉政文化活力和生命力的源泉，也是推动廉政文化建设不断向前发展的重要动力。

（二）国际性特征

反腐败斗争是世界各国都面临的一项重要任务。廉政文化在各国反腐败实践的学习、交流、合作中得到了借鉴、创新和发展。廉政文化的国际性主要表现在三个方面：廉政器物文化的国际性、廉政制度文化的国际性、廉政思想文化的国际性。器物展现着特定时代的特点和文化内涵，蕴含着丰富的社会风尚和精神，是历史文化发展的物证。[①] 在廉政器物文化

① 曾维华:《秦汉器物文化拾英》，上海人民出版社 2014 年版，第 1—3 页。

的国际性方面，随着国际政治经济文化的交流互动，尤其是随着互联网等科学技术的发展，具备廉政教育、警示等价值的文物、书画、雕塑、影视作品等在全球范围内的交流和传递更加方便和快捷，从而潜移默化地促进了廉政文化在世界范围内的交流和传播。例如我国的粽子香飘海外，而粽子是为了纪念我国历史上最早提出“廉洁”一词的爱国诗人屈原。在外国人民咀嚼和回味粽子的过程中，承载在粽子里的我国人民对屈原的怀念以及屈原的廉洁精神也逐渐被了解和接受。

“制度的本质是蕴含特定人文精神的规制体系。制度文化是指蕴含特定人文精神的规制体系‘化’人的活动过程”①。在廉政制度文化的国际性方面，尽管各国的反腐败模式各不相同，但是移植与借鉴相应的廉政制度以实现对本国腐败现象的抑制一直是各国关注的课题。以现代监察制度的移植与借鉴为例，现代监察制度起源于瑞典，其制度设置的初衷是平衡立法机关和行政机关之间的权力。②由于监察制度在加强对公共权力部门的监督等方面作用显著，该制度逐渐被各国吸收借鉴。

在廉政思想文化的国际性方面，有关廉政的部分优秀思想观念不仅在本国深入人心，而且通过文化传播对他国产生了重要影响。列宁是在新的历史条件下继承和发展马克思、恩格斯反腐倡廉理论的典范。俄国十月革命胜利之后，作为布尔什维克党的创始人、国际无产阶级革命的伟大领袖和精神导师，列宁深刻意识到贪污、贿赂等腐败现象对当时新生的苏维埃政权的损害，因此对党风廉政建设以及反腐败斗争给予了高度重视，在进行深入思考以及反腐倡廉实践的基础上形成了一系列反腐倡廉理论。具体而言，列宁的反腐倡廉理论主要包括三个方面，一是明确反腐倡廉的重要地位，将反对贪腐作为政治建设的前提。列宁认为只要有贪污受贿的现象及其出现的可能，就谈不上廉洁政治。二是强调完善反腐倡廉的保障措

① 戴剑飞:《全面从严治党制度文化分析》,《四川师范大学学报（社会科学版）》2015 年第 6 期。

② 韩阳:《北欧廉政制度与文化研究》，中国法制出版社 2016 年版，第 6—8 页。

施，通过强化思想政治教育、党纪法规建设和党政机关改革等方式为反腐倡廉赋能助力的重要性。一方面，列宁主张加强对党员干部的思想政治教育，提升其公仆意识，筑牢党员干部拒腐防变的思想防线。另一方面，列宁高度重视利用严格的党规法纪惩治贪腐分子，同时主张通过成立监察委员会等方式加大同腐败现象斗争的力度。三是明确反腐倡廉要问计于民。列宁认为只有当全体居民都参加社会管理时，才能把反官僚主义的斗争进行到底。换言之，反腐败必须依靠广大人民群众。列宁的反腐倡廉思想不仅在本国产生了深远影响，为新生的苏维埃政权打击贪腐、开展党风廉政建设提供了定力，进一步提升了其反腐倡廉的能力，同时也传播到包括我国在内的一些国家，对我国始终坚持“惩前毖后、治病救人”的党内政治生活的重要原则，坚持完善反腐败斗争法规制度体系以及坚持反腐败斗争以人民为中心等理念产生了重要影响。①

第二节　廉政文化的功能

廉政文化样态的多元性决定了其自身功能的多样性，主要包括引导正确方向的指引功能、唤醒道德情感的教育功能、促使行为转向的感化功能、整合主体合力的凝聚功能、软硬制度兼施的约束功能、行为榜样驱动的示范功能。

一、指引功能

（一）指引功能的基本含义

指引功能旨在为个体或集体提供明确的方向和路径，帮助其在复杂多变的环境中迅速、准确地做出选择和决策，以达成特定的目标，这种功能

① 中国纪检监察学院党委理论学习中心组：《百年党风廉政建设和反腐败斗争的经验与启示》，《中国纪检监察报》2021 年 6 月 10 日，第 5 版。

通过传达清晰的价值观和行为规范，引导人们沿着正确的道路前进，促进个人成长、组织发展和社会进步。廉政文化作为我国先进文化的重要组成部分，反映着人民群众对国家机关及公职人员从政行为的期望和要求，起着弘扬主旋律的作用，尤其在党风廉政建设和反腐败工作中，廉政文化通过其独特的文化理念和价值导向，对党员干部和人民群众的思想和行为产生积极的引导和指向作用，对社会具有较强的指引功能。廉政文化像是一座灯塔，赞成什么、反对什么都具有鲜明的指向性，可以通过正反两方面的作用发挥指引功能，让人们明辨是非正误，把人们的思想和行为指引到反腐倡廉建设所确定的目标上来，使他们的思想观念和行为追求与廉政目标相一致，为社会肃清歪风邪气。

（二）指引功能的基本内容

廉政文化不仅是一种道德和行为规范，更是一种明确的方向和行动建议，指引人民群众在复杂多变的社会环境中找到正确的道路，并以坚定的决心共同抵制和预防腐败。一方面，廉政文化包含价值导向的指引。廉政文化所蕴含的清正廉洁、风清气正、大公无私等精神理念、价值取向、道德准则不断激励人们追求高尚的道德品质和精神境界，树立起正确的世界观、人生观和价值观，构筑预防腐败的心理道德防线。廉政文化通过表彰和宣传廉洁奉公、勤政为民的先进典型，树立正面榜样，以正面的力量引导人们崇尚廉政、鄙视腐败，形成清正廉洁的社会风尚。同时，廉政文化也毫不留情地揭露和批判腐败现象，对腐败行为进行坚决的惩戒和打击，在全社会形成以腐败为耻的氛围，以警示人们腐败的严重危害和可耻性，进而增强人们对腐败行为的警惕性和防范意识，使社会成员坚守道德底线，自觉远离腐败的泥潭，使党员干部更好地运用权力服务人民，达到干部廉洁、政治清明的目的。廉政文化褒扬廉洁奉公模范、谴责腐败分子。这有利于增强人民群众对是非善恶的辨别能力，使人们认识到廉政行为是社会肯定认可的、正确的、光荣的行为，而贪腐行为是社会所排斥的、错误的、可耻的行为，从而端正人民群众的价值观念。另一方面，廉

政文化包含行为规范的指引。先进的文化有助于引导人养成良好的行为习惯，而腐朽的文化容易误导人养成错误的行为习惯。廉政文化倡导树立全体人民的廉洁价值观和共产党员清廉务实的廉政价值观，是一种正确的价值观念，坚持在人民群众的思想上有目的地指引，在心理上有意识地进行强化，直至转化为正确的行动，由此进一步形成了一系列具体的行为规范。这些规范不仅包括对党员干部从政行为的要求，如廉洁从政、公正用权、勤政为民等，也包括对人民群众在日常生活和工作中的行为要求，如诚实守信、遵纪守法、勤俭节约等。这为党员干部和广大人民群众提供了明确的行动指南，引导党员干部在行使权力、履行职责时保持清正廉洁的品格，也对实践生活起到重要的调节作用，有助于规范人们的行为，尤其是促使公职人员在面对各种利益诱惑时能够做出正确选择，维护社会公平正义和公共利益，减少腐败现象发生。

（三）指引功能的发挥

廉政文化的指引功能不仅体现在对党员干部廉洁从政行为的规范和约束上，更体现在对整个社会风气和文化氛围的塑造和引领上，对社会发展起到不可替代的作用。首先，廉政文化的指引功能起到引领方向、明确目标的作用。通过对廉政文化的宣传和教育，例如通过“权力关进制度的笼子里”“不敢腐、不能腐、不想腐”“老虎苍蝇一起打”等高压态势的廉政话语内容，集中体现出对于权力腐败行为“零容忍”的价值导向。这些话语不仅是口号，更是行动的指南，它们深深植根于人民群众尤其是党员干部的心中，让其深刻认识到廉洁从政的重要性和必要性，进而内化为一种自觉的行动准则。廉政文化不仅为廉政实践指明具体方向，确立明确的工作目标，还激发了人们的积极性和主动性，为党风廉政建设和反腐败斗争注入了不竭的动力。其次，廉政文化的指引功能起到规范行为、防止腐败的作用。当廉政文化深深植根于社会土壤，形成独具特色的价值体系时，便会释放出强大的社会效能，深刻影响人们的思想观念。它不仅使人们深刻认识到腐败的危害性和可耻性，指引党员干部自觉和腐败文化做斗争，使领导干部在工作和生活中自觉强化约束、自觉抵御诱惑，同时也使人民群众自觉遵守廉洁自律的行为规范，抵制腐败的诱惑和侵蚀，从而在源头上减少腐败行为的发生。廉政文化还通过完善的制度建设和严密的监督机制达到指引功能，进一步强化了对党员干部以及广大人民群众行为的规范与监督，并通过加大惩罚力度，有效地起到了规范行为的作用，确保每一个人都能在廉的道路上坚定前行。最后，廉政文化的指引功能起到塑造氛围、形成合力的作用。廉政文化来源于现实生活，又融入现实生活。在廉政文化的指引下，党员干部得以明确廉洁从政的方向，他们不仅以身作则，坚守廉政原则，更成为人民群众心中的道德典范。通过自己的言传身教，党员干部潜移默化地影响着周围的人，激发人民群众内心深处对廉洁自律的向往与追求，同时坚决批判和抵制腐败行为，捍卫社会公平正义。这一连串的积极效应，有助于在全社会营造出廉的浓厚文化氛围。在这种文化氛围的熏陶下，人民群众的廉洁自律意识能够得到进一步强化，并将之转化为自觉的行动。这不仅有助于提升人们的道德素养和社会责任感，更能汇聚全社会的力量，形成一股强大的合力，共同推动党风廉政建设和反腐败斗争。

二、教育功能

（一）教育功能的基本含义

教育功能是教育活动和系统对个体发展和社会发展所产生的各种影响和作用，其内涵之丰富、范围之广泛，跨越多个领域和层面，不仅体现在对个体知识、技能和思维的塑造上，更在于对个体道德观念、社会责任感和公民意识的培育。[①] 文化作为一种历史积淀和时代精神的载体，其本身就蕴含教育的功能。廉政文化作为社会主义先进文化的重要组成部分，更是具有举足轻重的教育功能。廉政文化的教育功能，不仅在于通过教育手

① 陈万柏，张耀灿主编:《思想政治教育学原理》，高等教育出版社 2015 年版，第 63 页。

段普及廉政知识，让个体和群体了解什么是廉政、为什么需要廉政，更在于通过道德规范的灌输和行为准则的引导，使社会成员在内心深处树立起廉政的信仰，形成对廉政的自觉追求。因此，廉政文化的教育功能，并非仅仅停留在知识的传授上，更在于对道德情感的培养和道德行为的养成。它要求人们在了解和接受廉政知识的同时，更要将廉政的理念内化为自己的道德准则，外化为自己的行为实践。通过廉政文化的教育，可以培养出更多具有廉洁自律品质、高度责任感、强烈法治观念的干部，以及具有高尚道德情操、坚定理想信念、良好行为习惯的公民，为社会和谐稳定、国家繁荣富强奠定坚实的基础。

（二）教育功能的基本内容

廉政文化蕴含丰富的教育功能。首先，它包含廉政知识教育。廉政知识教育是廉政文化教育功能的核心体现，其重要性不言而喻。这一环节为广大党员干部和人民群众构建了廉政的基本框架，从理论概念到实际操作，从根本原则到实施策略，全面而深入地普及了廉洁从政的知识与理念。廉政文化在发挥教育功能的过程中，精心考虑到不同群体和领域的特点和需求，量身定制了多样化的教育方案与计划，以确保教育的针对性和实效性。廉政文化教育还特别强调教育的互动性和参与性，通过组织互动式的教育活动，让社会成员更加直观和深入地了解廉政文化的内容和意义。通过举办廉政知识讲座、廉政知识竞赛等丰富多彩的教育活动，廉政文化不仅向公众传授了廉洁从政的基本原则、反腐败的法律法规等基础知识，更在无形中加深了人们对廉政价值的理解，以及对廉政文化建设重要性和必要性的认识，提高人民群众对廉政文化建设的认识和支持度。其次，它包含道德规范教育。除了廉政知识教育外，廉政文化还注重道德规范的灌输。通过宣传和教育职业道德、社会公德等道德规范，向社会成员传递廉洁、正直、诚信等价值观，引导人民群众尤其是党员干部形成正确的道德认知，旨在培养其内心的廉洁自律意识，增强道德分辨能力，使其在面对各种诱惑和压力时，能够坚守道德原则，不触碰腐败的红线。这种道德规范的教育不仅是对公职人员的要求，更是对全社会公民的期望。通过廉政文化道德规范的教育，不仅有助于社会成员形成正确的道德判断和行为选择，提高他们的道德素养和道德水平，也为构建廉洁、公正的社会环境奠定了坚实的基础。最后，它包含行为准则教育。廉政文化通过制定和执行廉洁从政的行为准则对社会成员进行教育，引导其自觉遵守这些准则和规范，形成正确的行为习惯和行为模式。在行为准则教育方面，廉政文化注重教育的示范性和引领性。通过表彰和奖励廉洁自律的先进典型，廉政文化树立榜样和示范，引导社会成员向善向好。行为准则教育并不仅是纸上谈兵，更重要的是将其落实到实际行动中，廉政文化通过组织模拟实践、案例分析等活动，使社会成员能够亲身体验到遵循行为准则的重要性。例如，通过模拟公职人员处理公务的场景，让参与者了解在权力运行过程中如何保持公正、廉洁，从而加深他们对行为准则的理解和应用。此外，廉政文化还鼓励社会成员在日常生活中践行这些行为准则。无论是在工作还是生活中，都要时刻保持廉洁自律，做到言行一致。这种持续的教育和引导，使得社会成员逐渐将廉洁从政、廉洁自律的行为准则内化为自己的行为习惯，从而在全社会形成学廉拒腐的良好风尚。

（三）教育功能的发挥

廉政文化教育功能的作用发挥是全方位、多层次的，在推动廉政建设和反腐败斗争中发挥着基础性作用。通过普及廉政知识、灌输道德规范和引导行为准则，廉政文化增强了社会成员的廉政意识，为社会的和谐稳定和发展进步提供坚实的思想基础和道德支撑。廉政文化的教育功能对于不同群体有着不同侧重点，发挥着不同作用。对于广大党员尤其是领导干部而言，廉政文化不仅是简单性的教育，而是要进行系统、规范的教育培训，开展反腐倡廉教育和廉政思想教育，不断增强党员干部的党性观念和法律意识，使其懂得廉洁从政不仅是一种道德要求，更是一种政治责任和社会责任，从而进一步促进领导干部更好地践行全心全意为人民服务的宗旨，做到率先垂范、秉公守法，正确地行使手中的权力服务人民、服务

社会。廉政文化的教育功能不仅影响着公职人员，更广泛地渗透到社会各个阶层和领域。对于广大群众而言，廉政文化通过社会化普及，将廉政思想、意识和廉政知识体系、行为方式内化为社会成员的价值观念和心理趋向，使廉政思想逐渐从国家意识潜移默化为大众的日常观念，从而认同和践行廉政文化。总的来说，廉政文化从公职人员的教育着手，最终引领全社会形成清廉的风尚，同时社会主流文化的正面影响也进一步反哺个体。

三、感化功能

（一）感化功能的基本含义

感化功能是通过一系列积极的教育、引导、关怀与激励措施，促使个体在情感、认知及行为层面发生正向转变，以此纠正错误认知并提升个人品质。具体到廉政文化领域，感化功能则表现为通过广泛传播廉政文化、深化廉政理念教育，以情感为沟通的桥梁唤醒社会成员内心深处的道德情感，使其自觉、主动地践行廉政原则，形成对廉洁从政的深刻认同与向往。廉政文化的感化功能并非简单地依赖理性的说服与教育，而是更多地借助社会氛围的影响和情感的熏陶，使人们在情感共鸣中感受到廉政的重要性，从而将廉的要求内化于心、外化于行。廉政文化的感化并非一蹴而就，而是通过长期熏陶、教育的持续引导，逐步渗透到社会的每个角落、每个阶层，潜移默化地影响着人们的思想与行为。同时，这种感化功能具有广泛性和持久性。广泛性体现在它不受地域、阶层、职业等限制，能够触及社会的各个层面；持久性则在于一旦廉政文化深入人心，就会形成稳定的道德观念和行为习惯，长期地影响着人们的思想与行为。正是这种广泛而持久的感化功能，使得廉政文化成为推动人们廉洁从政的重要力量，为构建风清气正的社会环境提供了坚实的文化支撑。

（二）感化功能的基本内容

廉政文化，作为一种独特的文化形态，以文化建设的方式将廉政相关内容寓于文化教育、艺术表演等活动中。它寓教于文，以文化的力量启迪心智；寓教于理，以理性的光芒照亮思想；寓教于乐，以快乐的氛围感染人心。促进实现以德服人、以理服人、以情感人，具有强大的感化功能。首先，廉政文化通过情感熏陶的方式，将廉政精神融入文艺作品、影视作品等艺术形式中，以生动、形象的方式传递给社会成员。这些作品以情感人、以情动人，使人们在欣赏艺术的同时，深切感受到廉洁从政的崇高与美好。这种情感的共鸣与激发，使得廉政理念深入人心，成为人民群众自觉追求和践行的目标。其次，廉政文化通过榜样示范的方式，树立廉洁自律的先进典型，为社会成员提供可学习、可借鉴的榜样。廉政榜样人物以他们的实际行动，诠释了廉洁从政的内涵和价值，展现了高尚的品德和崇高的精神风貌。榜样人物的杰出事迹与崇高精神，能够激发社会成员的敬仰之情和效仿之意，从而汇聚成一股强大的动力，推动人们自觉践行廉政理念。最后，廉政文化还通过道德体验的方式，让社会成员亲身参与廉政实践活动，如参观廉政教育基地、模拟权力运行等。这些实践活动不仅让人们更加深入地了解廉政文化的内涵和意义，并以亲身体验、情感代入的方式，使廉政理念更加贴近人们的生活实际，更加易于被人们所理解和接受。在廉政文化的感化下，人民群众的道德情感得到升华，价值选择更加明确、思维方式更加清晰、行为习惯更加规范，进而构建更加和谐的社会环境。

（三）感化功能的发挥

先进的文化对人的发展具有显著的促进作用，能产生积极且深远的影响，有助于个体成长与社会进步，而落后的文化则可能成为人类发展的桎梏，阻碍其前进的步伐，甚至导致社会或个体出现倒退的现象。廉政文化属于积极向上的文化，其感化功能在推动廉政建设和反腐败斗争中发挥着独特的作用。一方面，通过廉政文化的感化，促进国家公职人员用廉政的思想和价值理念来武装自己的头脑，积极培养廉洁正直的人格，广大人民群众也会自觉地利用廉政的思想和理念来指导自己的行为，促进廉政的价值理念深入人心，增强了对廉洁从政的认同感和归属感。同时，具有廉政

文化素养的社会成员，能够用自己的一言一行影响着、感化着身边的人，对身边人起到积极的引导作用，产生一种内在的驱动力，自觉抵制腐朽思想的侵蚀，做到心有所畏、言有所戒、行有所止。另一方面，通过廉政文化的感化功能，促进社会成员在发展中按照廉政文化的要求对照审视和规范自己的行为，及时纠正不当行为，在内心建立起一道抵御腐败的精神屏障，在遇到清正廉洁的行为时进行赞赏，自觉弘扬“真善美”，在遇到贪污腐败现象时，产生厌恶的心理，鄙视“假恶丑”，自觉抵制落后、腐朽文化。在廉政文化的感化下，广大人民群众会更加清晰地领悟到，公职人员的腐败行为不仅损害国家和集体的利益，更在无形中侵蚀着每个人的权益。这种文化的影响，使得人们逐渐摒弃“事不关己，高高挂起”的冷漠态度，转而以更加积极的姿态参与到正风肃纪反腐中。这种深入人心的廉政文化，不仅提升了人们的政治素养，更为社会的和谐稳定与持续发展奠定了坚实基础。

四、凝聚功能

（一）凝聚功能的基本含义

凝聚功能是通过一种深层的力量或机制，将原本分散、独立的个体或元素紧密地聚集起来，共同形成一个目标一致、行动有序的整体。在廉政文化领域中，这种凝聚功能尤为突出，它不仅影响着个体成员的行为准则，更是推动社会风尚、构建和谐社会的重要力量。廉政文化作为一种文化体系，具有净化心灵、荡涤灵魂的力量，使全体社会成员尤其是广大党员干部在同一类型和模式中受到教育，培养以廉为荣、以贪为耻的共同情感，这种崇尚廉洁、敬畏制度、自觉遵规守纪的共同理念，使广大党员干部联系起来、凝聚起来，使整个队伍、整个社会因同一文化渊源而形成强大的、向心的凝聚力。这种凝聚功能在公职人员内部发挥着重要作用，它不仅有助于规范从政行为，更能引导党员干部提升廉洁自律意识，进而增强其拒腐防变和抵御风险的能力。这对于确保中国共产党的纯洁性、先进性，以及团结一致、发挥工作积极性和创造性具有重要意义。同时，这种凝聚功能也面向全社会，廉政文化因此成为连接人心的强大精神纽带，使得人人崇尚廉洁清正，共同反对贪污腐败。这种无形的凝聚力将广大党员干部和人民群众紧密团结在一起，促进大家心往一处想、智往一处谋、劲往一处使，汇聚成一股无坚不摧的合力，共同推动社会的和谐发展。

（二）凝聚功能的基本内容

廉政文化的凝聚功能内容丰富，主要包括价值认同、道德共识和行动统一三个方面。首先，廉政文化凝聚功能包含价值认同，这是重要前提。廉政文化通过传播廉洁、公正、公平等价值观念，引导人们对廉政的价值理念产生深厚的认同感，形成共同的价值追求。当这些价值观念深入人心，公职人员自然会更加自觉地恪守廉洁从政的原则，社会成员也会更加严格遵守廉洁自律的准则，从而极大增强社会的凝聚力和向心力。其次，廉政文化凝聚功能包含道德共识，这占据着举足轻重的地位。廉政文化通过促进社会成员在道德问题上达成共识，形成共同遵守的道德规范。这种道德共识的力量在于，它不仅能有效地规范人们的日常行为，更能提升整个社会的道德水准和约束力。当人们在道德问题上达成一致，将会更加自觉地践行廉政理念，共同捍卫社会的道德底线和风尚。最后，廉政文化凝聚功能包含行动统一，这是最终落脚点。廉政文化倡导并鼓励社会成员在行动上保持一致，共同抵制腐败行为。通过组织各种廉政实践活动，如反腐败宣传、廉政教育等，将社会成员团结起来，形成共同为廉政建设和反腐败斗争贡献力量的强大阵营。这种团结不仅体现在共同的理念上，更转化为实实在在的行动，为廉政建设和反腐败斗争注入了强大的动力。

（三）凝聚功能的发挥

廉政文化的凝聚功能在构建和谐社会中发挥着重要作用，是不可或缺的。首先，廉政文化的凝聚功能能够增强社会凝聚力。通过广泛传播廉政理念、大力弘扬廉政精神等多种方式，廉政文化在全社会营造出一种人人崇尚廉洁的浓厚氛围。这种文化氛围能够将广大社会成员紧密地团结在一

起，使他们共同致力于构建一个廉洁、公正的社会。在这个过程中，廉政文化的凝聚功能不仅强化了社会成员之间的信任与合作关系，还激发了他们共同应对各种挑战和困难的决心与勇气，成为推动社会持续健康发展的不竭动力。其次，廉政文化的凝聚功能能够促进社会和谐稳定。腐败是一种社会毒瘤，其危害巨大，它不仅侵蚀社会公平正义，损害公众利益，扭曲市场机制，阻碍社会进步，还严重削弱政府的公信力和执政合法性，甚至可能诱发其他一系列社会问题，引起社会动荡。廉政文化对于腐败具有深刻的制约和抵御作用。尤其是通过廉政文化凝聚功能的作用发挥，能够引导人们树立正确的价值观，使人们对腐败行为产生强烈的抵触感，形成全社会共同抵制腐败的强大氛围。这种文化氛围不仅让腐败行为无所遁形，更能激发人们的正义感和责任感，对于维护社会公平正义、促进国家长治久安具有重要意义。此外，廉政文化的凝聚功能通过引导社会成员形成共同的道德认知和行为规范，减少社会矛盾和冲突。在一个充满凝聚力和向心力的社会中，人们更容易形成共识和合作，共同致力于维护社会的和谐与稳定。最后，廉政文化的凝聚功能能够推动社会进步发展。通过大力弘扬廉洁、公正、公平等价值理念，促使社会成员更加珍视自身的权利与义务，进而激发出社会成员的积极性和创造力，以更加饱满的热情积极参与到社会建设与发展之中，这无疑为社会的创新与进步注入了新活力，成为推动社会前行的强大动力。此外，廉政文化的凝聚功能具有强大的整合作用，能够汇聚人民群众的监督力量，促进公职人员更好地履行职责、服务人民，有力遏制权力寻租和腐败现象的发生，进而减少因腐败而产生的社会运行成本，为社会的全面进步和发展提供有力支撑。

五、约束功能

（一）约束功能的基本含义

中国汉字是以“象形”为基础演化发展而来的。初期的象形文字以物象为本。古汉语的“形”与其“意”有着密切的联系。在古汉语中，“约”

字写作约，该字的组成部分左边表示丝线，右边表示勺子，可具象化为丝线聚集在勺中，意为“缠束”。[①]“束”字写作束，在字形上形似捆扎起来的木柴，“束，缚也。从口木”[②]，意为捆缚。简言之，“约束”一词在古汉语中主要有盟约、捆束、限制等意。在现代汉语中，“约束”则意为“限制使不越出范围”[③]，“功能”意为“事物或方法所发挥的有利的作用”[④]。在政策文件中，“约束功能”这一词汇多使用在监管的语境下，比如现行有效的《国务院办公厅关于加快推进“多证合一”改革的指导意见》的第六点“加强事中事后监管，促进服务效能提升”中提出要“强化企业自我约束功能”[⑤]，国务院印发的《“十三五”市场监管规划》中的“加强质量标准和品牌的引导和约束功能”[⑥]以及《中国证监会关于进一步推进新股发行体制改革的意见》中的“强化外部声誉和诚信机制的约束功能”[⑦]等。从古汉语以及现代汉语对“约束功能”的相关解释以及运用来看，“约束功能”的基本含义是通过某种媒介所发挥的对事物进行规范的作用。基于以上理解，结合廉政文化的内涵和特征，廉政文化的约束功能指廉政文化所能够产生的规范权力运行，限制权力乱作为、不作为的作用。

---

① （汉）许慎撰，（宋）徐铉校；王宏源新勘：《说文解字（现代版）》，社会科学文献出版社 2005 年版，第 726 页。

② （汉）许慎撰，（宋）徐铉校；王宏源新勘：《说文解字（现代版）》，社会科学文献出版社 2005 年版，第 333 页。

③ （汉）许慎撰，（宋）徐铉校；王宏源新勘：《说文解字（现代版）》，社会科学文献出版社 2005 年版，第 1616 页。

④ 中国社会科学院语言研究所词典编辑室编：《现代汉语词典（第 7 版）》，商务印书馆 2016 年版，第 454 页。

⑤ 《国务院办公厅关于加快推进“多证合一”改革的指导意见》，《中华人民共和国国务院公报》2017 年第 15 期，第 37—40 页。

⑥ 《国务院关于印发“十三五”市场监管规划的通知》，《中华人民共和国国务院公报》2017 年第 5 期，第 77—95 页。

⑦ 《中国证监会关于进一步推进新股发行体制改革的意见》，《中华人民共和国国务院公报》，2014 年第 6 期，第 68—72 页。

（二）约束功能的基本内容

廉政文化能够通过廉政道德、廉政制度等对公权力行使者行使权力、履行职责形成内部或外部约束。一是对权力行使主体进行规范，阻止不具备廉政道德之人进入公权力行使主体的队伍。从古至今，廉政道德都是选拔公权力行使者的重要标准，比如汉代的“察举孝廉”，“廉”即为选才授官的主要标准之一。① 在现代，“清正廉洁”是党政领导干部选拔任用的基本条件。通过廉政道德这一标准的约束能够在一定程度上将不廉之人拒之门外。二是对公权力行使过程进行规范，管住权力任性。廉政文化能够通过确定什么该做、什么不该做划定廉政底线，明确贪腐红线，从而为公权力行使者提供行为准则，督促公权力行使者行权履职依规依纪依法。三是对权力行使效果进行监管，完善责任落实机制，做到权责统一。② 为了防止部分公权力行使者因懒政、怠政等原因产生不利的公权力行使效果，廉政文化中纳入了应对机制，比如对因官员贪腐而导致的“豆腐渣”工程所形成的民间对追责涉事官员的舆论压力，廉政制度中设置的追责规范等，即是通过建立对公权力行使效果负面评价的相关追责制度，对不符合廉政要求的公权力行使者产生约束。

（三）约束功能的发挥

为了促进廉政文化约束功能的有效发挥，要注重从个体、集体、社会三个层面发力。在个体层面，要注重约束个体行为，通过廉政教育、廉政宣传等督促个人廉洁自律，同时通过相应的行为规范对个体行为进行外部约束，为防止相应的公权力行使个体腐化堕落提供刚性约束。在现实生活中，公权力行使不规范的现象并不鲜见，其中一个重要原因就是部分公权力行使者对自己要求不严，让公权力成为为个人牟取私利的工具，特别是部分重要部门一把手的腐败，其带来的危害更大。因此，有必要通过廉政道德以及刚性制度等“软文化＋硬约束”结合的方式，强化对公权力行使

① 杨晋：《中国古代廉政智慧漫谈》，《人民法院报》2024 年 5 月 31 日，第 5 版。

② 肖培：《强化对权力运行的制约和监督》，《人民日报》2019 年 12 月 16 日，第 9 版。

者的约束，让权力始终为人民服务。

在集体层面，中国共产党是执政党，党政军民学，东西南北中，党是领导一切的。违背了初心和使命，腐化堕落，中国特色社会主义事业就会遭受致命打击。因此，加强党的自我监督，反对和纠正官僚主义等不正之风，“发展积极健康的党内政治文化，培育风清气正政治生态的文化土壤”十分重要。[①]除了加强党的自我监督、自我净化之外，群体意识代表了一个群体共同的价值追求，因此，要注重对各个国家机关以及其他具备公共管理与服务职能的集体组织等的群体意识进行规范，以防止塌方式腐败等现象的出现。[②]

在社会层面，廉政文化作为社会文明的重要组成部分，其规范作用在于通过弘扬廉洁自律的价值观，树立廉洁从政的典范，引领社会风尚向善。要发挥其对社会风气的规范作用，须加强廉政典型的挖掘与传播，以榜样的力量激励公众追求清廉；强化廉政事例的宣传，提升公众对廉政工作的信任与认同；打造廉政文化示范基地，使公众直观感受廉政文化的魅力，增强对廉政理念的认同与理解。同时，充分利用现代传播渠道，快速传播廉政文化，形成全社会共同参与廉政建设的浓厚氛围。通过这些举措，让廉政文化深入人心，引导社会风气向廉洁、公正、诚信的方向发展，为构建风清气正的社会环境奠定坚实基础。

六、示范功能

（一）示范功能的基本含义

“示范”意为“做出某种可供大家学习的典范”[③]。在现代汉语中，“示范”一词多赋予能起到带头作用，发挥榜样力量的人或事等，通常指的是

---

① 刘秀安：《以廉洁文化涵养风清气正的政治生态》，《中国纪检监察》2022 年第 5 期。

② 朱丽霞：《反腐倡廉制度文化研究》，中国社会科学出版社 2019 年版，第 25 页。

③ 中国社会科学院语言研究所词典编辑室编：《现代汉语词典（第 7 版）》，商务印书馆 2016 年版，第 1191 页。

通过展示优秀、先进或典型的实例，为其他人或组织提供学习、模仿和借鉴的榜样。比如中共中央、国务院印发的《新时代公民道德建设实施纲要》中提出的要“持续推出各行各业先进人物，广泛推荐宣传最美人物、身边好人，让不同行业、不同群体都能学有榜样、行有示范，形成见贤思齐、争当先进的生动局面”。基于示范的基本含义，廉政文化的示范功能应理解为廉政文化能够为全社会所发挥的提供廉政典范、树立廉政榜样的作用。

（二）示范功能的基本内容

廉政事例的示范功能。古今中外，在各行各业的众多领域都产生了能够给人以正向参考作用的廉政事例。比如国企干部拒收供应商的名贵烟酒，政府官员严格要求身边亲人、工作人员，以及党和国家所进行的“打虎”“拍蝇”“猎狐”[①]等一系列反腐败斗争等。这些廉政事例能够给社会以参考引领价值，比如有“国企干部拒收供应商名贵烟酒”的事例的示范作用在前，其他国企干部在遇到同样或类似的情况时就会有正确的参考方向，有“打虎”“拍蝇”“猎狐”等反腐败斗争的标杆在前，其他反腐败行动就有了“一严到底，绝不姑息”的行动榜样，从而有助于进一步整治不正之风。

廉政形象的示范功能。廉政形象是有着崇高的廉政道德品质、伟大的人格风范，得到社会的充分认可和高度评价，具有广泛深远的感染力和号召力的廉政楷模形象。比如伟大领袖毛泽东带领党和人民艰苦奋斗的人生历程正是中国共产党百年奋斗光辉历程的生动缩影，毛泽东的廉政形象是一代代中国共产党人的廉政道德、廉政品质、廉政精神等的优秀示范，具有引领中国共产党不忘初心、牢记使命，不断奋斗的重要作用。

廉政制度的示范功能。反腐倡廉要取得实效离不开完备的法律制度的

① “打虎”“拍蝇”“猎狐”是党的十八大后，中国共产党全面从严治党、加强反腐败斗争的基本措施和手段。“打虎”，强调的是惩治领导干部尤其是高级干部的腐败行为；“拍蝇”，突出的是解决群众身边的不正之风和腐败问题；“猎狐”，重点对象是在逃境外经济犯罪嫌疑人、在逃境外党员和国家工作人员、涉腐案件在逃境外人员。

保驾护航，完善的法律制度是保证权力正确运行、有效预防和治理腐败的必然要求。不同国家和地区的清廉程度不同，清廉指数较高的国家和地区为其他国家和地区提供了廉政制度借鉴。世界上清廉程度比较高的国家基本具备健全的防腐惩腐法律体系，比如，曾连续 3 年位居“全球最清廉国家排行榜”首位的丹麦，从立法、执法、司法、守法四个维度出发，为反腐倡廉织就严密的法治保障网，为其他国家提供了良好的示范。①

（三）示范功能的发挥

首先，要充分挖掘廉政形象、事例、路径等典型示范。我国历朝历代都有许多清正高洁的官吏，比如历史上赫赫有名的魏征、王安石、于成龙等，也有一些大家并不太熟悉的历史人物，比如清廉为官、不畏强权、最终死于狱中的“病卧牛衣”“牛衣对泣”典故的主人公王章。自中国共产党成立以来，我们党在艰苦卓绝的斗争中也涌现了一大批理想信念坚定、崇廉尚俭的先进典型和模范，这些先进典范的身上体现了崇高的节制克己、清廉自守的廉政道德以及不怕艰险、反腐惩恶的无畏勇气等。我们要对相关人物和事迹进行充分挖掘，树立典型。

其次，要加强对廉政典型人物和事例的宣传。为了深化廉政文化建设并扩大其影响力，对廉政典型人物和事例的宣传显得尤为重要。一方面，必须深入挖掘并广泛传播具备高尚廉洁品质和践行廉政精神的典型人物事迹。这些事迹不仅是对廉洁从政理念的生动诠释，还能有效激励社会大众追求廉洁自律的生活态度。另一方面，加强廉政事例的宣传同样关键，这包括成功打击腐败的案例和廉政建设所取得的显著成果，旨在提升公众对廉政工作的认知度和信任度，进而营造全社会共同参与廉政建设的良好氛围。为了更有效地推广廉政典型和事例，应积极打造廉政文化示范基地，如廉政名人故居、廉政主题公园和廉政文化展览馆等，使公众能够直观地感受廉政文化的魅力，并加深对廉政理念的理解。同时，充分利用网络媒

① 胡俊：《丹麦国家廉政体系建设的经验及其对中国的启示》，《学习与探索》2016 年第 4 期。

体等现代传播渠道，通过创作廉政主题微电影、短视频和微信公众号文章等多种形式，迅速且广泛地传播廉政榜样的故事，吸引更多人的关注和参与，从而在网络空间营造出浓厚的廉政文化氛围。总之，加强对廉政典型人物、事例等的宣传是廉政文化建设的重要一环。通过讲好廉政故事、打造廉政文化示范基地、利用网络媒体等渠道和方式加强对廉政榜样的宣传等方式方法，我们能够引导人们对廉政榜样产生敬仰之情并向其学习，从而共同营造风清气正的社会环境。

最后，要加强廉政示范相应的体制机制保障。要加强对优秀的廉政制度等的交流，既要讲好我国的廉政故事，又要加强对域外优秀廉政制度等的学习。同时，要加强对廉政榜样的权益保障。如果一个社会的廉政榜样的正常生活得不到保障，社会中其他人争当廉政榜样的积极性也会受到影响。因此，要提倡全社会向廉政榜样学习，进而争当廉政榜样，就要加强对廉政榜样的权益保障。一方面，要通过政府表彰等方式，使廉政榜样获得相应的精神正反馈，这既能够强化廉政榜样进行廉政行为的积极性，也能够增加人们向廉政榜样学习的吸引力。另一方面，要建立一定的物质保障机制，避免因打击贪腐而“得罪千百人、不负十四亿”的党员、干部的正常生活受到影响。

小结

廉政文化具有时代性与传承性兼具、党性和人民性统一、自律性和他律性并重、理论性与实践性相通、本土性与国际性共存等特征，同时具备指引功能、教育功能、感化功能、凝聚功能、约束功能、示范功能等功能。

思考题

1. 如何理解廉政文化的特征？

2. 如何把握廉政文化的功能？

第三章

中国传统廉政文化的发展历程

导 语

在漫长的历史长河中，中华民族形成了伟大民族精神和优秀传统文化。廉政文化是中华优秀传统文化的重要组成部分，研究我国传统廉政文化、汲取传统廉政文化精髓，有利于我们运用历史智慧推进新时代廉政文化建设。本章主要从廉政思想、监察制度与法律制度方面，阐述我国古代和近代不同时期的廉政文化。

第一节　古代廉政文化的产生与发展

中华文明源远流长，古代廉政文化也有着悠久的历史，经历了萌芽、产生、前行、成型、发展与固化的演变过程，其历史发展的基本轨迹与中国古代历史发展的基本脉络总体上是一致的。不同的历史时期，传统廉政文化有着不同的内容与特征。

一、古代廉政文化的萌芽

根据史料记载，中国古代廉政文化的萌芽最早可以追溯到原始社会末期。其时，各部落联盟间为了争夺地盘、人口，发展壮大本部落，战争冲突不断。多次战争后，黄帝部落成为黄河流域最强大的部落联盟。黄帝作为部落联盟的首领，为维护统治，他派出官员对属国行使监察，“置左右大监，监于万国”，并且倡导节俭，生活简朴，“劳勤心力耳目，节用水火财物”[①]。这些都表明黄帝已经有了朦胧的廉政意识，可谓是中国古代廉政文化的滥觞。

（一）夏商西周时期的廉政文化

随着社会生产力的提高、私有制的出现，人类进入了阶级社会。夏朝是我国历史上第一个具有国家形态的王朝，之后又经历了商朝、周朝。在三代王朝统治期间，王朝的更迭替换，使统治阶级在实践中逐步意识到民众的力量，宣扬民本观念，形成了最初的民本思想。早在夏朝时，作为夏王朝创始人的大禹就提出“民可近，不可下。民惟邦本，本固邦宁”[②]，将民众视为国家稳固的根本。夏朝末年，夏桀不知修德、荒淫无道，被

① 《史记·五帝本纪》。

② 《尚书·五子之歌》。

商汤征讨而亡。商汤鉴于夏朝亡国的教训，提出“人视水见形，视民知治不”[①]，大意是说，人照一照水就能看出自己的形貌，看一看民众就可以知道国家治理得好与不好。因此他警励诸侯，“毋不有功于民，勤力乃事”[②]，即要在自己的职位上为民建功，勤勉政事。西周代商后，统治者逐渐感到“天命靡常”，对于民众的力量有更清晰的认识，周公曾语重心长地告诫当时的最高统治者，“欲至于万年，惟王子子孙孙永保民”[③]，主张“人无于水监，当于民监”[④]，要求统治者以民众作为镜子审视自己的过失，做到“怀保小民”[⑤]“明德慎罚”[⑥]，强调民众在国家中的政治地位。

以民本思想为基础，为了巩固自身的统治，三代王朝统治者开始从惩治贪官污吏入手，有意识地进行廉政制度设计。在监察制度上，夏商时期，虽然还没有专司监察的机构，但已有一些官吏具有监察职能，如商朝设置的卿史、御史、太史、内史等史官，“不仅担任记言记事，而且兼有对官吏司过执法的责任”[⑦]。西周时期，为了防止官僚体系的腐败，统治者开始设置具有监察职能的官员，如大宰、小宰。大宰掌邦国之六典，依据政典、官法端正官风。小宰是大宰的副职，其主要职责就是对官吏的监督，“小宰之职掌，建邦之宫刑，以治王宫之政令，凡宫之纠禁，掌邦之六典、八法、八则之贰，以逆邦国都鄙官府之治”，贾公彦疏曰：“‘纠犹割也，察也’者。既言纠，谓纠举其非，事已发者，依法断割之；事未发者，审察之。云若今御史中丞”[⑧]，小宰负有纠举、审察百官之责，如后世的御史中丞。在法律制度上，严惩贪贿是这一时期刑法打击的重点，夏

---

① 《史记·殷本纪》。

② 《今文尚书考证·周书》。

③ 《尚书详解》卷31。

④ 《尚书详解》卷30。

⑤ 《尚书·无逸》。

⑥ 《尚书·周书·酒诰》。

⑦ 邱永明:《中国古代监察制度史》，上海人民出版社2006年版，第25页。

⑧ 《周礼·天官·冢宰》。

朝时已将贪污行为作为犯罪惩治，《左传·昭公十四年》引用《夏书》的记载：“昏、墨、贼、杀，皋陶之刑也”，其中“墨”就是指贪污罪。又据《尚书》记载，西周刑法制度中有所谓的“五过之疵”，即“惟官、惟反、惟内、惟货、惟来”[①]，这是司法官审案时徇私枉法的情况，包括畏惧权势、挟私报复、庇护亲属、收受贿赂、受人请托。上述五种行为将受到与罪犯相同的法律惩罚。

（二）春秋战国时期的廉政文化

春秋战国时期，各诸侯国之间的政治、经济、军事竞争异常激烈，政治思想家都认识到官吏治理关乎国家盛衰、政治成败，纷纷提出相应的思想主张，要求统治者加强对官吏的监督与管理，并以此为基础形成了各自的廉政思想。以对当时诸侯国影响较大的儒、法两家为例，儒家学派从民本思想出发，主张执政者爱护百姓，维护百姓利益，创始人孔子主张施行德治，提出“节用而爱人，使民以时”[②]的思想主张，要求统治者体察民情，爱惜民力；孟子要求统治者实行“仁政”，提出“民为贵，社稷次之，君为轻”[③]，强调君主施政要使人民心悦诚服，国家才能安定；荀子站在政权存亡的高度，强调执政者要爱护百姓，应如同父母呵护婴儿一样，“上之于下，如保赤子”[④]，只有爱民才能兴国，“君人者爱民而安，好士而荣，两者无一焉而亡”[⑤]。而法家思想家们从维护君主专制出发，着重阐述了吏治和政权存亡的关系。如管子认为“国有四维……何为四维？一曰礼，二曰义，三曰廉，四曰耻”，把廉作为国家的四个维度。他又进一步指出“不贪为廉”[⑥]，缺少这个维度国家政权将面临倾斜。韩非子集法家思想之大成，更系统论述了吏治好坏对于政权的重要性，他强调英明的君主

① 《尚书·吕刑》。
② 《论语·述而》。
③ 《孟子·尽心下》。
④ 《荀子·王霸篇》。
⑤ 《荀子·君道篇》。
⑥ 《管子·牧民》。

应该致力于管好官吏，“吏者，民之本、纲者也，故圣人治吏不治民”[①]。与此同时，他主张严于治吏，加强对官吏的监督管理，厉行法治，从而达到“明主之国，官不敢枉法，吏不敢为私，货赂不行，是境内之事尽如衡石也”[②]的吏治清明境界。此外，值得一提的是，齐国思想家晏子融儒、墨、法家思想于一体，最早提出了“廉政”一词，据《晏子春秋·内篇问（下）》记载：“景公问晏子曰：‘廉政而长久，其行何也？’晏子对曰：‘其行水也。美哉水乎清清，其浊无不雩途，其清无不洒除，是以长久也。’”，晏子将廉政的个人品质比喻成清澈的流水，这是我国历史上最早提出“廉政”的概念。他还进一步阐述了“廉政”思想主张，认为“廉者，政之本也”[③]，将廉洁视为政治的根本，并说“廉之谓公正”[④]，劝说为政者保持廉洁的情操，“不持利以伤廉”[⑤]，做到“进不失廉，退不失行”[⑥]，即做官不失廉洁，为民不失德行。

正是在这些思想影响下，各诸侯国积极探索廉政制度建设，取得了初步成果，主要体现在：一是监察制度。最高统治者为了加强对官吏的监督和管理，开始设置监察官。如战国时期，各大诸侯国均设置了御史，“六国已遣御史掌监矣，非独秦也”[⑦]。御史由西周时期的史官发展而来，除了负责随王记事，还是君主的“耳目”，监察百官过失。御史在行使监察职能中，在监察大臣的同时，还经常受遣至郡县，实行对地方官的监察，加强对官吏行为的约束。与此同时，一些诸侯国还设置了谏官，专司向君主进谏，规劝君主纠正过失。例如，齐国设立的“五官制度”中，“大谏”一职就专门负责向国王进谏。为广开言路，齐国还制定鼓励群臣进谏的措

① 《韩非子·外储说右下》。
② 《韩非子·八说》。
③ 《晏子春秋·内篇杂下》。
④ 《荀子·内篇杂下》。
⑤ 《晏子春秋·内篇问（下）》。
⑥ 《晏子春秋·内篇问（上）》。
⑦ 《战国策·韩策三》。

施，对当面或上书批评国王过失的，将受到不同程度的奖赏，使齐国一度出现了“群臣进谏，门庭若市，数月之后时时而间进，期年之后虽欲言无可进者”[①]的局面。最高统治者勇于接受批评和舆论监督，有利于促进形成廉洁清正的社会风气。二是法律制度。各国在诸子廉政思想的影响下，纷纷进行革新变法，制定新法，为吏治和廉政建设提供法律保障。例如春秋时期，郑国对官吏任用采取“择能而使之”，择优使用，“忠俭者，从而与之；泰侈者，因而毙之”。[②]齐国针对“百官荒乱”的吏治，“谨修法律而督奸吏”，[③]强化惩治不法官吏的法律措施。战国时期，魏国李悝制定了封建社会第一部系统的成文法典《法经》，该法典由六篇构成，其中《杂法》规定了官吏不法行为的罪名，如“假借不廉”（贪污、贿赂犯罪）、“淫侈”（生活奢侈淫靡）、“逾制”（违法享用特权）等，并规定对这些犯罪行为进行严厉惩治。

先秦时期统治者已经意识到强化政权自我约束的重要性，从理论上和实践上积极探索有效的治国理政之道，廉政思想与制度由此开始萌芽。在此期间，政治家和思想家们已经提出了“民本”“仁政”“法治”“廉政”等廉政思想。以此为基础，统治者从实践上加强了对官吏的监督和管理，在国家事务中已有廉政建设相关的制度性成果。但在这个时期，廉政思想还未成体系，同时廉政制度还未正式形成，还没有设立独立的、专门的监察机构，相关的廉政规范也较为分散。总体而言，夏商周三代至春秋战国的先秦时期，是中国传统廉政文化的萌芽阶段。

二、古代廉政文化的产生

秦汉时期是我国封建社会初步发展的时期，也是中国历史上的第一个大一统时期。统一的封建政权设置了一套系统完备的官僚系统，构建了

① 《战国策·齐策》。
② 《左传·襄公三十年》。
③ 《史记·田敬仲完世家》。

中国封建社会政治体制的基本框架，为传统廉政文化的正式产生创造了条件。

（一）秦汉监察思想

秦朝是中国历史上第一个中央集权的封建王朝，最高统治者在国家治理上信奉法家学说，深知吏治的好坏直接关系到国家的兴亡，宣扬为官者必须注重道德修养，应当谨守“为吏之道”“为吏之道，必精洁正直，慎谨坚固，……严刚毋暴，廉而毋刖……临财见利，不取苟富”①，要求官吏要谨守官德，培养廉洁情操。

到了汉代，在黄老思想和儒家学说的影响下，廉政思想得到进一步发展。具体体现在如下三点：一是民本思想的进一步发展。如贾谊从民本、民命、民功、民力等四个方面深入阐述了民本思想，“闻之于政也，民无不为本也”“闻之于政也，民无不为命也”“闻之于政也，民无不为功也”“闻之于政也，民无不为力也”②，通过着眼国家的安危、命运、兴衰等强调民众对国家政权的重要性。再如，董仲舒继承了先秦儒家的民本思想，并以天人感应学说的角度阐述了君民关系，“天之生民，非为王也；而天立王，以为民也。故其德足以安乐民者，天予之，其恶足以贼害民者，天夺之”③，认为上天是为民众而设立君主，强调如果君主施德于民，上天就会保护天下；反之，将失去天下。二是选人用人应以德为先。国家治理应当选择以德治国、德主刑辅的模式，要求官吏需要具备较高的道德素养，国家在选人用人时要德才兼备，以德为先。比如，董仲舒强调“毋以日月为功，实试贤能为上，量材而授官，录德而定位，则廉耻殊路，贤不肖异处”④，认为要根据德行决定他的位置。再如，王充认为选择贤才对国家治理十分重要，判断一个人是否为贤才，不是以是否有才能、是否取

① 睡虎地秦墓竹简整理小组编:《睡虎地秦墓竹简》，文物出版社 1978 年版，第 281 页。

② 《新书·大政上》。

③ 《春秋繁露·尧舜汤武》。

④ 《汉书·董仲舒传》。

得大成就为主要标准，“夫贤者，才能未必高也而心明，智力未必多而举是”，定贤的主要标准是看他是否有“善心”，所谓“善心”就是有符合儒家思想的德行，“有善心，则有善言。以言而察行，有善言则有善行矣。言行无非，治家亲戚有伦，治国则尊卑有序。无善心者，白黑不分，善恶同伦，政治错乱，法度失平。故心善，无不善也；心不善，无能善”①。三是提倡节俭，反对奢侈。比如，汉初的几任皇帝都崇尚节俭，推行与民休养生息的政策，“汉兴，扫除烦苛，与民休息。至于孝文，加之以恭俭，孝景遵业，五六十载之间，至于移风易俗，黎民醇厚”②。再如，思想家刘向提倡节俭治国，他总结历史上节俭兴国、奢侈亡国的事例，从历史正反两方面的经验教训，明确表达了“以俭为礼”“以俭得之，以奢失之”③等观点，呼吁勤俭节约，力除奢靡之风。

（二）秦汉监察制度

这一时期，传统的监察制度开始创建并得到确立，为廉政措施的推行提供了重要的监督机制。秦朝建立了以御史制度为主体的监察系统。在中央，设立御史府，最高首脑为御史大夫，专司对中央百官的监察，此外还设有御史中丞、御史丞等职辅佐其履行职责。在地方，各郡设立监察御史，监察地方官吏，史料记载：秦统一六国，在地方“初置三十六郡”，郡置郡守、丞尉、监御史，其中“监御史，掌监郡”，即监察郡县地方官吏。④

汉承秦制，在继承秦代监察制度的基础上，汉代的监察体制更加严密。汉代的中央监察体系，除了御史台之外，还有代表丞相行使监察权的丞相司直，其“职无不监”⑤，以及皇帝特设的司隶校尉，“掌察举百官以下，及京师近郡犯法者”⑥。这三个监察系统互不统属，又可以互相监督，

---

①《论衡·定贤篇》。

②《汉书·景帝纪》。

③《说苑·反质》。

④《史记·秦始皇本纪》。

⑤《汉官六种·汉旧仪卷上》。

⑥《后汉书·百官志四》。

使中央监督体系更加严密。汉代的地方监察制度最初采用秦朝的做法，汉武帝以后，为了加强中央集权，对地方监察进行改革，使地方监察制度得到进一步发展。汉武帝建立刺史制度，将全国各地划分为十三个监察区，中央在各区设刺史一人，其职责为“周行郡国，省察治状，黜陟能否，断治冤狱”，即对地方官不法行为进行监督。在行使监督过程中，要求“以六条问事”①，依法行使监察权，重点对地方官吏的任人唯亲、司法不公、鱼肉百姓等行为进行纠举弹劾。此外，为加强对地方的控制，汉代地方监察体系还进一步向县、乡延伸，建立督邮制度和廷掾制度，前者是郡守派往监察所属县的官员，后者是县令派往监察所属乡的官员，从而使监察制度的触角向下延伸到基层，对于基层吏治和廉政建设起到重要的支撑作用。

（三）秦汉廉政法律制度

从法律制度上看，秦汉时期制定了有关促进官吏忠于职守、勤勉尽责的法规，强化官员廉洁从政。秦朝法律重视廉政法制建设，严格规定了官员的言行规范，强调官吏要做到“忠信敬上”“清廉毋谤”“举事审当”“喜为善行”“恭敬多让”等“五善”，如能做到就能得到朝廷奖赏，“五者毕至，必有大赏”。同时，要求官吏戒除“夸以迣”（奢侈过度）、“贵以大”（富贵生骄）、“擅裂割”（擅作主张）等“五失”②，如犯“五失”之过，将严惩不贷。

汉朝法律在秦律的基础上，整饬吏治的规定更为具体，相关处罚规定更为明确。从张家山汉简《二年律令》看，为了从源头上遏制官吏腐败之风，法律明确了任吏取廉的原则，“有任人以为吏，其所任不廉、不胜

① 所谓六条问事，具体是“一条，强宗豪右田宅逾制，以强凌弱，以众暴寡。二条，二千石不奉诏书遵承典制，倍公向私，旁诏守利，侵渔百姓，聚敛为奸。三条，二千石不恤疑狱，风厉杀人，怒则任刑，喜则淫赏，烦扰刻暴，剥截黎元，为百姓所疾，山崩石裂，袄祥讹言。四条，二千石选署不平，苟阿所爱，蔽贤宠顽。五条，二千石子弟恃怙荣势，请托所监。六条，二千石违公下比，阿附豪强，通行货赂，割损正令也。”（参见《汉书·百官公卿表上》）

② 睡虎地秦墓竹简整理小组编:《睡虎地秦墓竹简》，文物出版社 1990 年版，第 283 页。

以免，亦免任者”[①]，被推荐者不廉洁、不胜任，推荐者和被推荐者都将受到免职。与此同时，对官吏贪污、受贿、行贿、放高利贷等违法行为都有明确的处罚规定，以此促进官吏廉洁自律，如规定：“受赇以枉法，及行赇者，皆坐其赃为盗。罪重于盗者，以重者论之”[②]，对犯行贿受贿罪的官吏，按盗窃罪论处；又如法律规定“吏六百石以上及宦皇帝，而敢字贷钱财者，免之”[③]，即对于非法牟取高额利息的官员，将予以免职。法律还规定了对有司法渎职行为的官吏进行具体处罚的要求，“鞫狱故纵、不直，及诊、报、辟故弗穷审者，死罪，斩左趾为城旦，它各以其罪论之”[④]，审判官员故意为罪犯开脱，或者轻罪重判，以及在检验、判决、审理中审查不清，导致当事人被判为死罪的，该官员要被处以斩左趾为城旦；导致当事人被判为其他罪的，该官员将被反坐。

秦汉是我国统一的中央集权封建国家的建立和形成时期，为适应大一统国家的需求，实现封建王朝中央集权的有效统治，统治者在廉政建设中采取的许多措施具有开创性意义。在廉政思想理论方面，秦朝以法治国，治官治吏“皆有法式”，用刑严苛，“吏治刻深”，[⑤]失去了统治基础。秦朝灭亡后，汉初推行黄老无为而治，采取休养生息政策，至汉武帝时期，独尊儒术，确立了儒家思想的主流地位，从而确立起一套以儒家思想为主导的，以民为本、节俭治国、选贤任能的廉政思想体系，对后世产生了深远的影响。在监察制度构建方面，秦代建立了以御史监察为主体的监察制度，汉代在此基础上开创了以御史大夫、丞相司直、司隶校尉为核心的中央监察体系和以刺史、督邮、廷掾为主导的地方监察体系，标志着我国古代监察体系的形成，在中国封建监察制度史上产生了深远的影响。在廉政

① 《张家山汉墓竹简》，文物出版社 2006 年版，第 161 页。

② 《张家山汉墓竹简》，文物出版社 2006 年版，第 16 页。

③ 整理小组注云：“宦皇帝，在朝中为官。”（参见《张家山汉墓竹简》，文物出版社 2006 年版，第 157 页）

④ 《张家山汉墓竹简》，文物出版社 2006 年版，第 22 页。

⑤ 《史记·秦始皇本纪》。

法律制度制定方面，秦汉时期为了整饬吏治，无论是秦律还是汉律，都规定了较为具体的以防惩渎职和反对腐败为主要内容的法规，对各级官吏的腐败行为都有明确的惩罚标准，以此构建的廉政建设法律体系，使廉政建设有法可依，在我国廉政法制史中具有重要意义。

三、古代廉政文化的前行

魏晋南北朝战乱频仍，社会动荡，政权更迭频繁，是我国历史上大动荡、大分裂的时期。与此同时，这一时期少数民族不断内迁，与汉人杂居相处，不同文化之间相互影响与渗透，因而又是我国历史上民族大融合、大碰撞的时期。这种历史环境使这一时期的廉政文化发展呈现出显著的时代特征。

（一）魏晋南北朝的廉政思想

这一时期，由于频繁战乱和政局动荡，依附于专制皇权并取得统治地位的儒家思想在社会中的影响力被削弱。在此背景下，其他诸子思想尤其是法家、道家思想又开始活跃起来。与此同时，社会动荡，战乱不断，在经历生活困苦挫折之后，许多社会大众开始寻求解脱痛苦的方法，而此时佛教的传入，为他们提供了精神慰藉，佛教思想在社会中的影响日益扩大。这些思想领域的变化，使当时的廉政思想在继承传统廉政思想的同时，也呈现新的内容。

一是重视法治，严格执法。如曹操主张“拨乱之政，以刑为先”①，只有加强法治，才能安定社会，要将法治作为吏治建设的根本。同时又要严明法纪，坚持“设而不犯，犯而必诛”②，立法的目的是预防犯罪，犯了法必须严明执法。蜀国丞相诸葛亮认为国家治理要明法，重视法治，“治国之政，其犹治家，治家者务必立其本”，“故本者，经常之法，规矩之要”③。

① 《三国志·魏书·高柔传》。

② 《孙子集注·计篇》。

③ 《便宜十六策·治国》。

为此他主持制定了《八务》《七戒》《六恐》《五惧》等法令条章，作为整饬吏治的法律依据，“以训厉臣子”[①]。东晋思想家葛洪强调法制建设在治国中的重要性，“仁者，为政之脂粉。刑者，御世之辔策。脂粉非体中之至急，而辔策须臾不可无也”[②]，要求统治者重视修订法律，加强社会治理。

二是体察民心，关注民情。民本思想作为廉政思想的基础，在这一时期得到进一步发展，如曹操认为“天地间，人为贵”[③]，因此统治者应该“咸爱其民”[④]。西魏名臣苏绰主张“治国之道，当爱民如慈父”“治民之本，先在治心”，要求统治者“率至公之理以临其民”[⑤]。与此同时，由于当时社会动荡不安，民不聊生，针对这些情况，许多统治者体察民心，实施怀柔统治政策，与民休息，如东晋政治家王导强调“为政务在清净”的政治理念，[⑥]向当政者提出了与民休息、力求宽简的建议。南朝宋政权的开创者刘裕关心民众疾苦，推行了减轻赋税等改革措施，使当时社会呈现“兵车无用，民不外劳，役宽务简，氓庶繁息”的景象[⑦]，为后世出现的“元嘉之治”的局面打下了坚实的基础。北魏文成帝推行“与民休息，静以镇之，养威布德，怀缉中外”的国策，注意减轻人民的赋役负担，“屡下宽大之旨，蠲除烦苛，去诸不急”，民心得以安定。[⑧]

三是选贤任能，重用人才。治国之要，在于用人。廉政之基，关键在人。这一时期的政治思想家都强调，只有任人唯贤才能保证官吏队伍的廉洁性和道德水准。三国时期的诸葛亮认为应从治国理政的高度去认识举

① 《三国志·蜀书·诸葛亮传》。

② 《抱朴子外篇·用刑》。

③ 《魏武帝集·乐府·度关山》。

④ 《魏武帝集·乐府·对酒》。

⑤ 《周书·苏绰传》。

⑥ 《晋书·王导传》。

⑦ 《宋书·沈昙庆传》。

⑧ 《魏书·高宗纪》。

荐贤良的重要性，“治国犹如治身。治身之道，务在养神。治国之道，务在举贤。是以养神求生，举贤求安”[①]。前秦治国贤相王猛也深知人才对吏治治理的重要性，他“放黜尸素，显拔幽滞”，提拔贤能之士，裁汰尸素之官，要求各级官吏举荐“殊才异行，孝友忠义，德业可称者”[②]。北魏孝文帝在选人用人上强调清廉的重要性，如对于州郡长官牧守的选拔，他说“自今牧守温仁清俭，克己奉公者，可久于其任，岁积有成，迁位一级。其有贪残非道，侵削黎庶者，虽在官甫尔，必加黜罚”[③]，把握“能者上、庸者下、贤者上、劣者下”的用人宗旨。

（二）魏晋南北朝的监察制度

魏晋南北朝时期的监察制度在沿袭秦汉监察制度的基础上，又得到进一步发展。首先，监察组织实现独立和统一。两汉时期御史府演变为御史台，放在皇室的亲信机构少府，而魏晋以后，御史台脱离了少府而成为皇帝直接控制的独立机构，成为体制独立的中央监察机关。在东晋时期，为了促进监察职能的集中，负有监察职责的司隶校尉归并御史台，从而实现了中央监察机构的独立与统一，加强了监察机构在廉政建设中的监督职能。其次，加强监察措施。魏晋南北朝时期，门阀制度盛行，世家大族操控朝廷军政大权，政治腐败，贪污横行。为了抑制门阀士族势力的过度膨胀，最高统治者不得不加强监察措施。如在监察方式上，允许御史“风闻奏事”，即仅凭传闻而不必提供真凭实据即可弹劾官员。关于“风闻奏事”，“故事御史台无受词讼之例，有词状在门，御史采状，有可弹者即略其姓名，皆云风闻访知”[④]。“风闻奏事”开始于晋代，南北朝不改，隋唐以后历朝各代都沿袭了这种方式。又如，在职权设置上，在传统监察系统之外，设置特任监察官员，如三国的“校事”、北魏的“候官”、南

① 《便宜十六策·举措》。

② 《十六国春秋·前秦录五》。

③ 《魏书·高祖纪上》。

④ （南宋）洪迈:《容斋四笔·御史风闻》。

朝的"典签"。这些监察官直接听命于皇帝，在皇帝的支持下，不仅拥有监察权，而且有逮捕、刑狱、处置权。①最后，监察立法进一步发展。魏晋南北朝时期，为促进监察制度的规范化，封建政权比较重视监察法制建设，制定相关法条，如曹魏《察吏六条》、西晋《察长吏六条》、西魏《六条诏书》、北周《诏制九条》等。这些监察立法既继承了前代的规定，又有自己的创新，如曹魏时期，制定了地方监察法规《察吏六条》，要求监察官在纠举不法行为的同时，还要"察民有孝悌廉洁行修正茂才异等者"②，即在履行监察职能的同时，还要为朝廷举荐人才。又如，北周的《诏制九条》也要求监察官在巡视地方时，除了察访吏治，还要注意推举贤才，举"高才博学者""经明行修者"③。这种察访并施的规定是这个时期监察制度的一个创新。

（三）魏晋南北朝的廉政法律制度

魏晋南北朝时期，封建统治者重视对贪官污吏的立法惩治，在反腐倡廉法制建设方面取得了进一步发展。曹魏政权制定的《魏律》将汉律相关内容调整为十八篇，其中有两篇是将整饬吏治的内容集中起来作为专门篇章，如"《盗律》受所监受财枉法、《杂律》有假借不廉令、乙有呵人受钱科、有使者验赂，其事相类故分为请赇律"，即《请赇》包括"受所监受财枉法""假借不廉""呵人受钱""使者验赂"等针对官员接受贿赂的处罚。"《盗律》有还赃畀主，《金布律》有罚赎入责以呈黄金为价，科有平庸坐赃事，以为偿赃律"④，即《偿赃》包括"还赃畀主""罚赎入责以呈黄金为价""平庸坐赃"等针对官员贪赃枉法的处罚。这种编排和调整使反腐倡廉立法更加系统化。西晋制定的《晋律》，在惩治腐败的律令内容上，不仅继承了《魏律》的《请赇》，而且还制定了《违制》，作

① 参见田振洪：《三国时期的校事监察》，《甘肃理论学刊》2006 年第 1 期。

② 程树德：《九朝律考》，中华书局 2003 年版，第 215 页。

③ 《周书·宣帝纪》。

④ 《晋书·刑法志》。

为对官吏各种违法行为的处罚标准，使惩处腐败的立法得到进一步强化。《违制》被北魏、北齐、北周律所沿袭，到了隋唐时期，《违制》改为《职制》，内容日益丰富，成为中国古代对官员的设置、选任、职守以及惩治贪官枉法等的重要规范。

魏晋南北朝时期的廉政文化在继承秦汉廉政文化的基础上，又有所革新和发展。从廉政思想看，儒家独尊地位受到动摇，法家、道家思想逐渐抬头，使这一时期的廉政思想文化呈现多元化的发展。从监察制度看，在继承秦汉监察制度的同时，强化了对监察制度的控制，对监察机构、监察方式、监察法规进行革新，使监察制度得到巩固和发展。从法律制度看，出于抑制恶性膨胀的世族势力、巩固皇权政治的需要，这一时期许多政权强化反腐败立法，惩贪法律进一步系统化。综合看来，魏晋南北朝是我国廉政文化的重要发展时期，在汉唐之间起了继往开来的作用。当然，由于政治局势的动荡不安，世家大族势力的恶性发展，以及民族矛盾又错杂其中，这一时期的廉政文化发展受到制约，总体上处于在艰难曲折中前行的历史时期。

四、古代廉政文化的成型

隋唐王朝的建立，结束了魏晋南北朝国家分裂的局面，实现了全国的统一，中国历史进入了一个新的发展阶段。基于对近三百年国家分裂、社会动荡历史的认识，隋唐统治者致力于建立一个有效的中央集权政府，重视政治制度创新，注重经济的发展，减轻农民的赋役负担，推行积极的对外开放交流政策，使这一时期的政治、经济、文化、社会等方面出现前所未有的繁荣景象，中华古代文明发展至鼎盛。在此历史背景下，廉政文化发展也进入一个全新的时期。

（一）隋唐时期的廉政思想

基于廉政文化建设在稳定社会秩序、维系政权统治方面的作用，隋唐统治者和思想家们倡导廉洁政治，对廉洁从政多有思考，提出了一些富有

创见的思想和观点，使廉政思想有了进一步发展。

一是深化了民本思想的认识。隋唐时期，政治思想家们对民众力量的重视，既是对儒家重民爱民思想的继承，又是来自对前朝败亡的反思。以唐太宗为首的贞观统治集团，在总结历代治乱兴衰经验和教训的基础上，认识到人民群众的巨大历史作用。他们不仅强调以民为本，“国以人为本”①，而且对君民关系有了进一步的认识，他提出：“为君之道，必须先存百姓，若损百姓以奉其身，犹割股以啖腹，腹饱而身毙”②，人君如果不能做到以民为本，以百姓为重，那么将遭到民众的背弃，“天子者，有道则人推而为主，无道则人弃而不用”③。而当时的思想家则从官民关系的角度认识民众力量，如柳宗元提出了“吏为民役”的思想，“夫为吏者，人役也”④，如果官吏不称职，就要受到百姓的批评甚至罢黜，“朝拜而不道，夕斥之矣；夕受而不法，朝斥之矣”⑤。国家存亡、政权更迭、官吏升降由多数民众决定的政治观念，是对古代民本思想理论的总结和提升，在一定程度上丰富了廉政思想的内涵。

二是重视道德教化在廉政建设中的重要作用。自汉代以后，儒家思想占据了主导地位，逐渐被统治阶级所重视和利用。隋唐王朝统治者也吸收儒家思想，强调礼在国家治理中的重要性。隋文帝主张“治国立身，非礼不可”⑥，用教育感化的方式，使人向善，“以德训人”，要求所有官吏“澡身浴德”⑦。唐朝建立后，统治者制定了《唐律疏议》，明确提出“德礼为政教之本，刑罚为政教之用”作为法律制定的重要原则。⑧以德礼为

① 《贞观政要·论务农》。
② 《贞观政要·论君道》。
③ 《贞观政要·论政体》。
④ 《河东先生集·送宁国范明府诗序》。
⑤ 《河东先生集·封建论》。
⑥ 《隋书·柳机传》。
⑦ 《隋书·高祖纪下》。
⑧ 《唐律疏议·名例》。

本，重视道德教化在国家治理中的重要作用，也是唐朝实施廉政建设的重要方针。

三是崇尚节俭，力戒奢靡。魏晋南北朝时期，受世家门阀的影响，官场的奢靡之风尤甚，国家吏治迅速堕入腐化，甚至民间各阶层也掀起了奢靡之风。鉴于前代的教训，隋唐开明统治者不仅采取了严厉的惩贪反腐措施，而且注意带头崇尚节俭，释放廉洁效应，以此作为廉政文化建设的重要思想和观念。隋文帝崇尚节俭，以身作则，“躬履俭约，六宫咸服浣濯之衣，乘舆供御有故敝者，随令补用，皆不改作”①，使当时社会形成了一种节俭的风气，“居处服玩，务存节俭，令行禁止，上下化之”②。唐太宗也倡导简朴，率先垂范，他说：“若安天下，必须先正其身，未有身正而影曲，上理而下乱者。朕每思伤其身者不在外物，皆由嗜欲以成其祸……朕每思此，不敢纵逸”③，为此他“崇尚节俭，大布恩德”④，在他的影响下，贞观集团的重臣多数能戒奢从俭，身死后家无余财。

（二）隋唐时期的监察制度

隋唐统治集团在吸收前代监察制度建设经验和教训的基础上，结合当时政治、经济和社会发展的新情况，对传统监察制度进行了一些调整和变革，使监察制度臻于成熟。

一是监察体系日益健全。御史台作为主要监察机构，在魏晋南北朝时期基本实现独立和统一，在此基础上，唐朝对御史台机构进一步充实和调整，下设三院。“御史台……其属有三院：一曰台院，侍御史隶焉；二曰殿院，殿中侍御史隶焉；三曰察院，监察御史隶焉。”⑤这三院分工各有不同，台院执掌纠弹中央百官，殿院主要承担对朝仪的监察，而察院行使对

① 《隋书·食货志》。

② 《隋书·高祖纪下》。

③ 《贞观政要·论君道》。

④ 《贞观政要·论政体》。

⑤ 《新唐书·百官志》。

地方官吏的监察权。一台三院制分工细致、职责分明，使监察体系得以健全，形成一个充实统一的有机系统。

二是监察职能更为全面。唐朝时御史台的监察职能，在承袭传统御史监察职能的基础上，还根据当时的实际情况，拓展了其他监察职能。如司法审判权，参与重要案件的审理，“侍御史掌纠举百僚，推鞫狱讼”，如果遇到重大疑难案件，就由御史台长官御史中丞与大理寺、刑部长官共同审理，即“三司推事”。“其事有大者，则诏下尚书刑部、御史台、大理寺同案之，亦谓此为三司推事”①，三者之间互相监督和制约，有利于减少冤狱。又如，财政经济监督权，御史巡按地方，明文规定拥有对地方的户口流散、籍帐隐没、赋役不均、农桑不勤、仓库减耗、盐铁税征收、钱币铸造等方面的财政经济事务监督权。②

三是监察法制逐渐完备。隋唐统治者重视监察活动法治化、规范化，监察立法活动进一步发展。隋朝制定了地方监察的六条法规，唐代以此为基础制定了监察御史的“六察”之法，“其一察官人善恶；其二察户口流散、籍帐隐没、赋役不均；其三察农桑不勤，仓库减耗；其四察妖猾盗贼，不事生业，为私蠹害；其五察德行孝悌，茂才异等，藏器晦迹，应时用者；其六察黠吏豪宗兼并纵暴，贫弱冤苦，不能自申者”③。由这些法规内容可见，当时的监察官不仅监督地方官德修养、执政得失、政绩表现等，而且将地方的户口、赋役、农桑、仓库、治安、民情、人才等方面纳入监督和巡察范围，开展全方位的监察监督，有利于进一步促进地方吏治建设。

（三）隋唐时期的廉政法律制度

为了加强对吏治的整饬，隋唐廉政法律制度在继承前代的基础上不断发展完善。主要体现在以下几个方面：一是科举选官取士制度的创立与发展。针对魏晋以来看重门第、偏袒士族的九品中正制的选官制度，隋朝开

① 《通典·职官六》。

② 邱永明：《中国古代监察制度史》，上海人民出版社 2006 年版，第 255 页。

③ 《新唐书·百官志》。

始以科举考试作为主要选官方式，不再考虑豪族利益，而是以德行、文才作为选拔标准，“诏京官五品以上及总管、刺史，并以志行修谨、清平干济二科举人”[①]。唐因隋制，要求报名应试的人员“清廉无争”，选拔的人才要求德才兼备，“其择人有四事。一曰身，取其体貌丰伟。二曰言，取其言辞辨正。三曰书，取其楷法遒美。四曰判，取其文理优长。四事皆可取，则先德行，德均以才，才均以劳”[②]。科举选官制度看重人品德行，贯彻任人唯贤的思想，一定程度上保证了清正廉洁的人进入官僚体系。二是考课制度更加完备。这一时期对官吏的考课制度也有所发展，唐朝法律确立了严格的职官考绩制度，对官吏的考核制定了考课标准，奖惩规范也更加细致和完备。法律规定对官吏的考核实行“四善二十七最”[③]的考课标准，经过对官吏的德才表现进行考核，评判官吏符合的“善”与“最”的数量，以此评定三等九级。之后再根据《考课令》的规定对官员进行奖廉惩贪，奖勤惩懒。三是反腐倡廉立法进一步系统化。隋唐的重要法典，无论是《开皇律》还是《唐律疏议》均有《职制》篇，专门为治吏而设，内容涉及官吏的选任、出勤、职责等各个方面。与此同时，为促进各级官吏忠于职守、清廉自勉，上述法典对官吏贪污盗窃、行贿受贿、玩忽职守、经商牟利等不法行为分别设立不同罪名，制定具体的惩处标准。

隋唐王朝是我国古代社会的鼎盛时期，廉政文化发展进入新阶段。从廉政思想看，唐朝统治者所提出的“德礼为政教之本，刑罚为政教之

① 《通典·选举二》。

② 《通典·选举三》。

③ “凡考课之法有四善：一曰德义有闻，二曰清慎明著，三曰公平可称，四曰恪勤匪懈。善状之外，有二十七最：一曰献可替否，拾遗补阙，为近侍之最；二曰铨衡人物，擢尽才良，为选司之最；三曰扬清激浊，褒贬必当，为考校之最；四曰礼制仪式，动合经典，为礼官之最；五曰音律克谐，不失节奏，为乐官之最；六曰决断不滞，与夺合理，为判事之最；七曰部统有方，警守无失，为宿卫之最；八曰兵士调集，戎装充备，为督领之最；九曰推鞫得情，处断平允，为法官之最……二十七曰边境肃清，城隍修理，为镇防之最。”（《唐六典·尚书·吏部》）

用”，强调德本刑用，既是立法指导思想，也是治国主要原则，亦是廉政建设的重要理念。这一思想是对西周“明德慎罚”、西汉“德主刑辅”、魏晋“礼法结合”思想的继承与发展，对后世也产生了深远的影响。从廉政制度看，无论是监察制度的设计，还是法律制度的内容，各方面的规范更为健全与完备。相关体制机制内容，如监察体制、科举制度、考课制度等内容，均为后世所沿用。从这个意义上说，隋唐是中国古代廉政文化成型的阶段。

五、古代廉政文化的发展

宋元时期，中国封建社会的发展出现转折。政治上，鉴于隋唐之后五代十国的分裂局面，宋朝统治者将加强专制主义中央集权作为基本国策，中央集权制度的完备程度超过汉唐。经济上，宋朝采取“不立田制”“不抑兼并”的政策，推动了农业生产的发展，手工业和商业出现空前的繁荣。民族关系上，一方面民族冲突异常尖锐，北方游牧民族与中原农耕民族之间战争不断；另一方面民族之间的融合进程进一步加快。思想上，程朱理学的出现，适应了中央集权政治发展的需要，并逐步为统治阶级接受和推崇，成为思想文化的权威正统。与时代特征相适应，宋元时期中国廉政文化也进入一个新的发展阶段。

（一）宋元时期的廉政思想

宋元时期廉政思想的新变化主要体现在以下两个方面：一是民本思想的新发展。在接续和发扬了儒学传统的民本思想的同时，宋元儒学家还把民本思想置于理学架构中，赋予其新内涵。在宋代儒学家看来，“理”是一个超越天地万物的最后根据，以“理”为最高范畴，“未有天地之先，毕竟也只是理”[①]。以“天理”为依据，对传统的民本思想做了理论性的阐释和发展。对民心有更深刻的感悟，强调民心乃执政之基，民心向背是国

① 《朱子语类·理气上·太极天地上》。

家存亡的基础，北宋学者李觏说：“民之所归，天之所右也；民之所去，天之所左也。”[①] 南宋理学家朱熹也提出：“丘民，田野之民，至微贱也，然得其心，则天下归之。”因此他说：“盖国以民为本，社稷亦为民而立，而君之尊又系于二者之存亡，故其轻重如此。”[②] 元代儒学家许衡也强调立国之要在“得天下心”，“得天下心无他，爱与公而已矣。爱则民心顺，公则民心服，既顺且服于为治也。”[③]

二是吏不廉则政治削。鉴于唐末五代以来吏治腐败导致国家覆亡的教训，宋代开明政治家都深刻认识官吏贪腐的危害性，宋太祖赵匡胤曾说：“吏不廉则政治削”[④]，官吏腐败将危及国家的统治基础，因此告诫臣下说：“朕固不吝爵赏，若犯吾法，唯有剑耳”[⑤]。宋初的几位君主对吏治均采取了严惩政策，“宋以忠厚开国，凡罪罚悉从轻减，独于治赃吏最严……所以塞浊乱之源也”[⑥]。一些思想家也从统治基础的角度论及官吏贪腐的危害，如北宋大臣包拯指出了官吏贪腐的危害性，他说“贪者，民之贼也”，贪腐不仅危害百姓，而且将危害国家统治，又说贪污腐败“诛求于民，无纪极尔，输者已竭，取者未足，则大本安所固哉？”[⑦] 南宋大臣杨简论及吏治腐败的危害性时向朝廷上奏说：“民怨吏，卒怨官，遂怨及朝廷，朝廷何由而知。臣大惧中外积怨之久，一夫大呼，从之者如归市。”[⑧]

（二）宋元时期的监察制度

宋元时期为进一步加强中央集权和君主专制，统治者更加注重监察制

① 《直讲李先生文集·安民策》。

② 《四书章节集注·孟子集注·尽心章句下》。

③ 《许鲁斋集·立国规模》。

④ 《宋朝大诏令集存·政事三十一》。

⑤ 《续资治通鉴·太祖》。

⑥ 《廿二史札记·宋初严惩赃吏》。

⑦ 《包公奏议·致君》。

⑧ 《历代名臣奏议·治道》。

度在廉政制度建设中的保障作用，推动了监察制度深化发展。

一是中央监察机构一元化。在传统监察机构中，御史台系统和言谏系统各司其职、相互独立，前者主要职责是监察百官，后者主要规劝、纠正君主之失，两种系统发挥着各自的监督功能。宋代以后，虽然两者仍然分立，但在职责上有混合的趋势，宋真宗天禧年间，开始设置言事御史，“御史得兼谏职”①，而谏官对百官违失“皆得谏正”②，从而开启了台谏合一的先声。迨至元代，朝廷不再设置言谏机构，将其职责归入御史台，元成宗元贞二年，监察御史李元礼上疏曰：“今朝廷不设谏官，将御史职当言路，即谏官也”③，从此台谏完全合一，中央监察机构一元化。台谏合一，实际上意味着言谏权被削弱，由牵制皇权变成监察百官，监察官的职能主要集中于监督官吏是否忠于皇帝、是否勤政廉政。

二是强化地方监察体制。为了加强地方监察，宋代在全国各地设置路，作为中央在地方上的监察区，代表中央监察地方州县。诸路分设转运司、安抚司、提点刑狱司、提举常平司，各司虽互不统属，各自对朝廷负责，但均有监察州县之责，故称为“监司”。元代在全国设立二十二个监察区，每区设提刑按察司，后改称肃政廉访使司，作为地方监察机构，强化了地方监察体制。

三是监察法规更为健全。随着监察制度的强化，这一时期监察法规也更加健全。宋元都制定了较为完备的地方监察法规，例如鉴于监察制度的重要性，元代在元世祖至元五年制定了《宪台格例》，这是一部规制御史台监察的法规。后来又陆续制定了《察司体察》《行台体察等例》《察司合察事例》《廉访司合行条例》等地方监察法规，这样中央与地方监察制度都有相应的法规体系，使监察法规体系更加健全。

---

①《宋史新编·职官志二》。

②《宋史·职官志一》。

③《元史·李元礼传》。

（三）宋元时期的廉政法律制度

相较于隋唐，宋元时期廉政法律制度建设有进一步的深化发展，主要表现在以下几个方面。

一是科举制度更加完善。为了加强中央集权、促进廉政建设，宋代对科举制度进行了一些变革，如殿试制度化，士人的去取由皇帝亲自裁决，防止科举取士徇私舞弊，选拔更为公平，如宋太祖所言："向者登科名级，多为势家所取，塞孤贫之路，今朕躬亲临试，以可否进退，尽革前弊矣"①。又如在考试内容上，为了能选拔更具有行政管理能力的人才，宋代改变一味以诗赋取士的做法，将经义、国策内容升至首位，后来进士只考经、论、策三场。此外，还实行锁院制、弥封制、誊录制等，以确保人才选拔公正、公平，为廉政建设提供人才保障。

二是考课制度更加健全。为了调动官员治事积极性，促进官员勤政廉政，宋代对考课制度进行变革，最主要的是实行磨勘制和历纸制。前者是朝廷对百官功过进行考核，根据官员的业绩、资格决定其升迁。后者是各部院长官平时记录所属政绩优劣的考状，作为官吏考核依据。这些做法对于改善吏治、提高统治效能起到一定的积极作用。

三是反贪惩治更为严厉。鉴于五代十国时期贪污横行所带来的教训，宋初反贪惩腐比前代更严厉。宋太祖实行严治赃吏之法，"郡县吏承五季之习，黩货厉民，故尤严贪墨之罪"②。宋太宗对犯赃之官吏继续实行严治之法，"诸职官以赃致罪者，虽会赦不得叙，永为定制"③。宋哲宗还规定官吏犯赃，不得适用官吏司法特权的规定，"重禄人受乞财物，虽有官印，并不用请、减、当、赎法"④。宋初严惩吏治之法，收到了显著之效，然而到宋中期以后，惩贪之法由严而宽、由重而轻，贪腐之风越

① 《续资治通鉴·太祖》。

② 《宋史·刑法志》。

③ 《宋史·太宗纪》。

④ 《宋会要辑稿》刑法一之一七。

来越不可抑制。

宋元时期，随着中央集权君主专制制度的加强，统治集团在思想上更加重视廉政建设，从儒家民本思想、国家政权兴亡、官德修养的角度，深刻阐述贪污腐败的危害，提出制止贪腐的主张，不断丰富中国传统廉政思想。与此同时，在制度上采取一些强化廉政建设的举措，使监察制度体系更加健全，法律制度更加完善，并在实践中对严重危害封建政权统治基础的贪腐行为进行严厉惩处。综合来看，宋元时期的廉政文化进入了深化发展阶段。

六、古代廉政文化的固化

明清是我国封建社会发展的最后时期，也是中国古代中央集权专制主义制度发展的最高阶段。这一时期，一方面是传统政治、经济、文化发展到了新的高峰，中国社会的各个方面发展在原有的体系框架下达到极致。另一方面，由于长期实行闭关自守政策，使中国与世界隔绝，逐渐落后于世界潮流，封建统治更趋专制保守。在这种社会背景下，这一时期的廉政文化发展从形式、内容和效果上带有封建社会没落的时代特色。

（一）明清时期的廉政思想

明清时期，廉政思想理念既有对传统廉政思想的继承和发展，又有超越传统廉政思想框架的新内容。主要体现在：一是以儒家思想为主导的传统廉政思想的进一步发展。明清时期，站在维护封建统治的立场，统治集团政治家与思想家以儒家学说为基础，注重倡廉肃贪，在民本、治吏、任贤、节用等方面提出丰富的主张。如在民本思想上，主张民为国家之本，朱元璋曾对大臣说“凡治以安民为本，民安则国安”，因此他要求大臣“询民疾苦，廉察风俗”。[①]康熙皇帝认为“致治之道，民为最要，凡是

① 《明通鉴·太祖》。

与民生有益，即宜行之”[①]，他又说：“民为邦本，勤恤为先，政在养民”[②]。又如在治吏思想上，主张整饬吏治，朱元璋吸取元朝灭亡的教训，认为“元以宽失天下，朕救之以猛”[③]，主张用重典治吏。明末改革家张居正认为吏治关系国家兴亡，要求整饬吏治，“致理之道，莫急于安民生。安民之要，惟在于核吏治”[④]，因此主张严肃法度整顿吏治。清初几任皇帝也主张整饬吏治，其中雍正以从严治吏而著称于世，他把贪吏视为地方四害之首，“盖地方之害，莫大于贪官蠹役之朘削”[⑤]，主张严法治吏，“从来察吏之道，莫先于奖廉惩贪”[⑥]。

二是启蒙思想家的廉政主张。明末清初，伴随着资本主义萌芽的出现，新的工商市民阶层形成，在此基础上形成的启蒙思想家以新的思想武器分析传统制度、反思传统思想，用新视角提出廉政主张，超越了传统廉政思想的框架。如在民本思想上，顾炎武提出“保天下者，匹夫之贱，与有责焉耳矣”[⑦]，黄宗羲认为“天下为主，君为客”[⑧]，认为君主的权力是民授予的，君主的职责就是为民服务，突破了传统儒家的“忠君”思想，肯定了民的主体性价值。又如在廉政措施上，启蒙思想家提出严法治吏，但他们认为这个“法”是天下之法，天下之公法，而不是一己之法，黄宗羲认为法治之法应是天下之法，而历代王朝“其所谓法者一家之法，而非天下之法”[⑨]。他主张法治不是只维护君主利益的“一家之法”，而是以保障人民平等的“天下之法”，应以“天下之法”代替“一家之法”。王夫

---

① 《东华录·康熙五十三》。

② 《东华录·康熙八十六》。

③ 《明通鉴·太祖》。

④ 《张太岳集·请定面奖廉能仪注疏》。

⑤ 《东华录·雍正十二》。

⑥ 《东华录·雍正十六》。

⑦ 《日知录·正始》。

⑧ 《明夷待访录·原君》。

⑨ 《明夷待访录·原法》。

之也主张立法应为天下的公法，他认为“不以一人疑天下，不以天下私一人”，因而主张“帝王立法之精意寓于名实者，皆原本仁义，以定民志、兴民行，进天下以协于极，其用隐而化以神”①，即法是天下之公法，是“定民志、兴民行”之法，而非“一人”一姓之法。

（二）明清时期的监察制度

在强化君主专制的背景下，明清时期的监察制度得到了进一步完备和发展。一是中央监察权高度集中。明初，朱元璋将御史台改为都察院，统率监察之事。后来又在六部设立六科给事中，监察六部官员。两者都直接听命于皇帝，互不统属，但又互相监督，以弥补监察机关无人监督之空缺。清代雍正时期，又将六科并入都察院，使中央监察机构达到空前统一，监察权高度集中。二是地方监察体系更加严密。明清对地方监察，既有在各省设立的按察司，作为省级的主体监察机关，又在全国设立十三道监察御史，作为中央派驻地方的监察机构，履行监察职能。此外，还设置总督、巡抚监察地方。三者之间相辅相成，形成了严密的地方监察网络。三是监察法规更为完备。在宋元的基础上，明代的监察立法又有进一步发展，明初制定了《宪纲》，后来又相继制定了《出巡相见礼仪》《巡历事例》《刷卷条格》《奏请点差》等专门性的监察法规。清代统治者更加重视监察法规的制定，先后制定了《都察院拟监察职权条例》《钦定台规》《都察院则例》《五城巡城御史处分例》等专门法规。其中《钦定台规》是中国封建社会最完整的一部监察法规，包括训典、宪纲、六科、各道、五城、稽查、巡察、通例等八个方面的内容，对各级各类监察官的职责、选拔、考绩、礼节等方面进行全面规定。

（三）明清时期的廉政法律制度

在法律制度上，这一时期的廉政法律制度进一步完备，主要体现在：一是科举考试更加规范化。明初，朱元璋继续推行开科取士，使科举成为

---

①《读通鉴论》卷22。

选官制度的正途，“使中外文武皆由科举而选，非科举，毋得与官”[1]。同时，正式将科举考试分为乡试、会试、殿试。清承明制，建国伊始就将科举选官放在首位，为促进科举考试的规范化，统治者不仅制定《钦定科场条例》《钦定武场条例》等专门的科举法规，还有部分规制科举行为的法规，如《钦定礼部则例》《学政全书》等。二是考课制度的法律化。明代对官员的考核主要有考察和考满两种，前者重点考核业绩，后者考核法纪。清代继承这一规定，同时又根据需要对考核制度进行变革，于康熙年间取消考满，而确定京察、大计作为考核办法，前者是对京官的考核，后者是对地方官的考核。为促进考核制度的规范化，清廷还为此制定了《京察法》《大计法》进行规制。三是惩贪立法与重典治吏。为避免重蹈元朝灭亡的覆辙，明朝朱元璋推行重典治吏，严惩贪官污吏，“吾治乱世，刑不得不重”[2]。在《大明律》的《职制》中，专设《受赃》一篇，对官吏赃罪处罚进行具体规定，同唐律相比，惩治力度明显加重。为了防范“法外遗奸”，他还亲自制定《大诰》，严惩官吏赃罪，法外用刑，以弥补《大明律》规定的不足。清初统治者也重视严以察吏，重视以法治贪，以乾隆朝为例，先后制定了《京察滥举处分条例》《侵贪犯员罪名》《侵亏案条例》《职官犯罪脱逃治罪例》等十几部惩贪治吏法。

出于强化皇权的需要，明清统治者进一步加强廉政文化建设，在廉政思想上提出更为丰富的主张，在廉政制度上构建更为完整的体系，使廉政文化在形式上、内容上更为完备成熟。但随着封建统治的腐朽没落，日益丰富的传统廉政思想难以应对僵化的政治体制。与此同时，虽然依托于皇权政治的传统廉政制度在制度层面不断完善，但官吏侵贪现象仍屡禁不止，制度的繁密无法从根本上解决廉政实践中存在的问题。这些都预示着传统廉政文化发展走向了固化和保守，后来随着清末新政改革才逐步开启

① 《皇明诏令·太祖高皇帝上》。

② 《明史·刑法志上》。

了转型之路。

第二节　近代廉政文化

一、清末廉政文化

1840年鸦片战争以后，西方列强的入侵和封建统治的腐败，使中国逐渐沦为半殖民地半封建社会，中国社会危机日益加重。为挽救民族危机，近代中国人开始向西方学习，寻找近代化之路，先后展开了一系列自强、维新变革运动。及至八国联军侵华，清政府遭遇空前重创，为缓解国内外危机，巩固自身统治，决定实行新政。1901年，慈禧以光绪帝的名义颁布“变法”谕旨，历时10年的包括吏治变革的清末新政改革随之揭幕。

（一）清末廉政思想

清朝统治后期，整个官僚队伍加速腐化，加上民族矛盾、阶级矛盾、社会矛盾等各种矛盾的交织，统治危机出现了。这种危乱局面使清末开明人士认识到，要挽救社会危机，吏治改革是不容置疑的选择，并提出一些思想主张。

一是改革政治体制。一些开明思想家在接触到西方各国的历史、地理和政治情况后，寄希望于借鉴西方民主政治模式以改革现有的政治体制。改良派思想家康有为、梁启超、严复等主张借鉴民主政治，提出应当兴民权，“今欲举秦、汉以来积弊，推陷而廓清之，以举自强维新之政，则必自恢复民权始”①，呼吁效仿西方设议院、开国会、定宪法。康有为说“国会者，君与国民共议一国之政法也”，恳请朝廷“大开国会，以庶政与国

①《饮冰室文集·民权篇》。

民共之"[①]，强调"各国之一切大政皆奉宪法为圭臬也"[②]，呼吁朝廷仿效西方国家制定宪法。严复多次呼请"设议院于京师，而令天下郡县各公举其守宰"[③]。梁启超提出设立议院、国会事关国家强弱，他认为"强国以议院为本"[④]，主张"制定宪法，为国民第一大业"[⑤]。

二是改革选官制度。开明思想家在提出改革变法主张的同时，也认识到吏治改革、国家治理的关键在于人才选拔。他们认为以科举考试为主导的选拔人才机制存在许多弊端，已不符合时代所需，主张改革现行教育制度和选官办法。早在鸦片战争失败后，就有一些地主阶级开明思想家针对清廷选官制度的不合理性，提议朝廷进行人才选拔制度的变革，如龚自珍呼唤"我劝天公重抖擞，不拘一格降人才"。维新派思想家针对科举之弊，也提出改革选官的新理念，梁启超认为，"夫近代官人，皆由科举，公卿百执，皆自此出。……然内政外交，治兵理财，无一能举者，则以科举之试以诗文楷法取士，学非所用，用非所学"[⑥]，呼吁对传统科举取士办法进行改革。严复强烈批判了八股取士的弊端，"夫八股锢智慧、坏心术、滋游手，积将千年之弊，流失败坏，一旦外患凭陵，使国家一无可恃，欲战则忧速亡，忍耻求和则寖微寖灭。当是之时，其宜改弦更张，不待议矣"[⑦]，因此呼吁对人才选拔制度进行变革。

三是改革法律制度。清廷决定实行新政后，袁世凯、张之洞、刘坤一连衔上奏，强调变法应从改律入手，主张对传统法律制度"择要译修"，举荐沈家本、伍廷芳开设修律馆负责修律事宜。实际主持法律修订的沈家本十分重视东西各国法律的翻译，他说"欲明西法之宗旨，必研究西人之

---

① 《康南海文集·奏议》。

② 《康南海文集·拟案》。

③ 《清经世文新编·通论》。

④ 《饮冰室文集·古议院考》。

⑤ 《饮冰室文集·进步党政务部特设宪法问题讨论会通告书》。

⑥ 陈茂同:《中国历代选官制度》，昆仑出版社 2013 年版，第 325 页。

⑦ 《严几道全集·诗文集》。

学，尤必编译西人之书”[①]。在此基础上，他还主张参照西方的法律对中国旧律进行修订，借鉴西方立法经验“各法之中，尤以刑法为要”[②]，从刑法入手，摒除旧刑法中的残酷野蛮的内容，改变清朝法律落后状态，或借鉴西方法律体系，制定诉讼法，促进法制文明。

（二）清末监察制度的变革

传统行政机构和管理体制在传统君主专制制度中起到了一定积极作用。但至清末，固有的行政体制已经难以适应政治、经济和社会变化，不符合廉政建设发展的要求。为此，清末统治者在新政中，首先从官制改革入手，推行机构改革。以中央官制改革为例，1906 年，朝廷将原有中央机构采取整合、裁撤、新设等方式，确立了外交部、民政部、法部、吏部等十一个部门。值得关注的是，清末朝廷欲引进西方的行政诉讼制度。所谓的行政诉讼，是指民众认为行政机关违法行政行为侵害其合法利益，而向审判机关请求救济的制度。与行政诉讼制度有着直接联系的都察院便成为改革焦点，在这次改革中，为了兼顾新政改革和维护旧官僚的既得利益，原有中央监察机关都察院保留但进行了大规模调整，编制员额大为缩减，意味着职权功能大不如前。据学者研究，从 1907 年至清朝灭亡的几年间，都察院向朝廷提出用人不当、办事不实的参奏几乎没有。[③]而同时，清政府另行创设行政审判院，并且拟定了《行政审判院官制草案》，决定建立行政诉讼。草案在第一条就规定了该院的职责功能，“行政裁判院掌裁判行政各官员办理违法致被控诉事件”[④]。至 1911 年 10 月辛亥革命爆发，都察院也随之退出历史舞台，而《行政审判院官制草案》虽然未及颁行，行政审判院亦未设立，但这一制度设计对后来民国政府行政诉讼制度

---

① 《寄簃文存·新译法规大全序》。

② 《大清光绪新法令·修订法律大臣沈家本等奏进呈刑律草案折》。

③ 刘志勇：《清末都察院改革：方案设计、改革结果及其影响》，载《中共中央党校（国家行政学院）学报》2018 年第 2 期。

④ 《大清光绪新法令·附录·行政裁判院官制草案》。

与行政监察制度的建构产生了深刻影响。

（三）清末廉政法律制度

清末新政期间，为适应新政改革的需要，清政府还陆续制定和颁布了职官考选和惩戒的法律。如《民政部官制章程》《度支部职掌员缺章程》《学部官制》《礼部职掌员缺》《法官考试任用暂行章程施行细则》《州县改选章程》《切实考验外官章程》《考核巡警官吏章程》等。[①]此外，为了适应新政要求，都察院整饬台规，也展开了本院台规的编纂工作。在辛亥革命爆发前夕奏定法规总纲，先撮举大要，编成总纲十章，具体有：曰训典，曰官制，曰规谏，曰弹劾，曰条陈，曰奏请，曰监察，曰稽核，曰研究，曰考选。[②]但来不及再详细制定相应规章，清朝就覆灭了。

清末新政的核心在于政治体制的变革，在思想上以西方思想政治学说为重要借鉴，在政治上效仿当时西方国家政治运行中的一些做法，采取了一些改良性措施。这些改良措施的重点是官制改革，而在官制改革中，从改革行政机构到制定行政法律，从行政体制到官僚政治系统，诸多改革措施都是针对固有政治体制的弊端。从这个意义上说，这次改革也是一场官场改革，对于整饬吏治，变通政治，促进传统廉政文化的转型、推进近代廉政文化建设具有积极作用。

二、孙中山等的廉政文化

1911年10月10日，辛亥革命爆发，推翻了清王朝。1912年1月1日，在南京成立了以孙中山为主要领导的中华民国临时政府。在民国时期，经历了临时政府、北洋政府和国民政府三个不同时期的政权更迭。民国时期中国正式开启了从封建时代向民主时代的转型，是中国近代化的重要阶段。中国近代化是与工业化相伴随的政治、经济、思想、文化的整体

① 参见朱勇主编：《中国法制通史》第九卷，法律出版社1999年版，第192页。

② 《宣统政纪》卷60，宣统三年八月戊申条。

变迁，其中也包括廉政文化发展的转型。

（一）孙中山的廉政思想文化

孙中山是中国民主革命的伟大先行者，也是中华民国和中国国民党的创始人。他的廉政思想在民国时期的廉政文化建设中具有重要影响，其思想内容主要包括以下方面。

一是“三民主义”为理论基础。以“民族主义、民权主义、民生主义”为内容的“三民主义”学说，是孙中山廉政思想的理论基础和指导原则。三民主义学说是孙中山在接受了西方资产阶级的天赋人权论，以及对中国传统民本思想的继承和发展的基础上提出的。他在就任中华民国临时大总统的就职宣言中说：“国家之本，在于人民。”① 并强调“君政时代则大权独揽于一人，今则主权属于国民之全体，是四万万人民即今之皇帝也”②。三民主义的核心在于民权主义，何谓民权？“民权便是人民去管理政治”，“今日我们主张民权，是要把政权放在人民掌握之中”。③

二是“权能分治”为社会条件。在主张政权在民、人民是国家的主人的同时，他又强调让人民管理国家事务是不可能的，人民应当把治理国家事务的权力授予有治理能力的“专门家”，“讲到国家的政治，根本上要人民有权，至于管理政府的人，便要付之于有能的专门家”④。他进一步提出政治权力分为政权和治权两种，“政是众人之事，集合众人之事的大力量，便叫作政权；治是管理众人之事，集合管理众人之事的大力量，便叫作治权。所以政治之中包含有两个力量，一个是政权，另一个是治权。这两个力量，一个是管理政府的力量，另一个是政府自身的力量”⑤，人民是“政权”的主人，但由于当时中国社会发展比较落后，人民知识水平和政

① 《孙中山全集》第三卷，人民出版社 2015 年版，第 22 页。
② 《孙中山全集》第一卷，人民出版社 2015 年版，第 60 页。
③ 《孙中山全集》第一卷，人民出版社 2015 年版，第 448 页。
④ 《孙中山全集》第一卷，人民出版社 2015 年版，第 455 页。
⑤ 《孙中山全集》第一卷，人民出版社 2015 年版，第 465 页。

治素质较低，因此需要将管理国家事务的“治权”交到有能力的人手里，把“政权”与“治权”分开，即所谓的权能分治。

三是“五权分立”为制度保障。为了达到权能分治的目的，孙中山又设计了一套由“政权”和“治权”相配合而成的完整的政治制度。他规划的“政权”，即民权包括选举权、创制权、复决权和罢免权，“能够实行这四个权，才算是彻底的直接民权。……人民能够实行四个民权，才叫作全民政治”①，选举权和罢免权，尤其是保障人民行使随时监督官吏的权利的重要制度设计。而政府的“治权”，就是采用五权分立体制，即行政权、立法权、司法权、考试权、监察权相互独立、相互制约。五权分立体制实际上就是在西方三权分立的基础上，加上中国传统政治制度中的考试权和监察权。他强调要用人民的“四权”管理政府的“五权”，“用人民的四个政权来管理政府的五个治权，那才算是一个完全的民权政治机关。有了这样的政治机关，人民和政府的力量才可以彼此平衡”②。

（二）监察制度

中华民国成立后，民国初年成立的中华民国临时政府实施的监察方案并没有完全按孙中山设计的“五权分立”方案执行③，而是实行三权分立制度。《中华民国临时约法》规定参议院在行使立法权的同时，还行使监察权，其中包括“请临时政府查办纳贿、违法事件”“参议院对于临时大总统认为有谋叛行为时……可决弹劾之”“参议院对于国务员认为失职或违法时……可决弹劾之”等。④临时政府仅存在三个多月，就被袁世凯篡夺革命果实，于1912年3月建立北洋政府。为达到其独裁专制目的，袁世凯利用军事、政治等手段废除《临时约法》，制定为其独裁服务的《中

① 《孙中山全集》第一卷，人民出版社2015年版，第468—469页。

② 《孙中山全集》第一卷，人民出版社2015年版，第471页。

③ 其中的缘由在于，一方面是保守势力并未因清朝覆灭而消亡，另一方面是孙中山出任国家元首的时间非常短。（参见张晋藩，焦利：《中国近代监察制度与法制研究》，中国法制出版社2017年版，第50页）

④ 魏新柏选编：《孙中山著作选编（上）》，中华书局2011年版，第168页。

华民国约法》，其中规定人民对于行政官署违法损害权利之行为，有“陈诉于平政院之权”①。1914年6月，北京政府创设平政院，是直属于大总统的行政裁判机构，其具体职责是审理纠弹事件，“察理行政官吏之违法不正行为”②，行使监督官吏职能。

1927年4月，蒋介石在南京成立国民政府，并于1928年12月在名义上统一中国。南京国民政府成立后，即以孙中山“权能分治”“五权分立”等思想为理论基础，推进监察制度建设。南京国民政府建立了由行政院、立法院、司法院、考试院、监察院组成的中央机构，制定了《国民政府组织法》《监察院组织法》，对监察院人员的构成、职责以及监察区划进行了详细规定。根据上述法律规定，监察院设院长、副院长各一人，由中国国民党中央执行委员会选任，而监察委员人选由监察院院长提名，国民政府任命。监察院履行的职权主要有弹劾权、调查权、监试权、巡察权等。南京国民政府除了在中央设立监察院之外，还将全国划分为十四个监察区，由中央政府派驻监察使，分赴各个监察区，代表中央政府在地方行使监察权，纠弹地方官员，建议地方政事。

（三）廉政法律制度

民国政府进行了一些反贪立法，为反贪工作提供具体的法律依据。民国成立之初，南京临时政府明令宣示清末制定的《大清新刑律》，除与民主国体抵触之处，应行废止外，其余均准暂时适用，“现在民国法律未经议定颁布，所有从前施行之法律及新刑律，除与民国国体抵触各条应失效力外，余均暂行援用，以资遵守”③，暂行援用者其中也包括惩治贪污腐败的专章与条文。北洋政府时期，除了继续沿用《大清新刑律》有关惩贪治罪有关规定之外，袁世凯还制定了一些特别法规促进反腐倡廉建设，如《官吏犯赃条例》《官吏犯赃治罪条例》《纠弹条例》等。南京国民政府时

① 胡春惠编：《民国宪政运动》，正中书局1978年版，第226页。

② 彭勃主编：《中华监察大典·法律卷》，中国政法大学出版社1994年版，第824页。

③ 《辛壬春秋·大政纪下附癸丑》。

期，对反贪反腐亦有许多立法，如先后制定、实施了两部刑法，即1928年制定的“二八刑法”与1935年制定的“三五刑法”，涉及廉政的罪名主要有渎职罪、赃物罪、侵占罪、妨害选举罪等，同时还制定了相关刑事特别法，包括《惩治贪官污吏暂行条例》《公务员犯赃治罪条例》《公务员惩戒法》等。又如制定前述的《国民政府组织法》《监察院组织法》，还有《监察委员保障法》《监察使巡回监察规程》《监察院调查规则》等行政法规，以促进监察制度的规范化。再如在选官方面，制定了《考试法》《现任公务员甄别审查条例》《官吏服务规程》《公务员任用法》等，规范选人用人制度，提高官吏素质。

总之，民国时期随着传统社会的转型，以及近代西方文化在中国的深入传播，中国廉政文化建设也进行近代转型发展。孙中山在吸收西方政治法律思想的同时，又注意结合中华优秀传统廉政文化，对整个民国时期的廉政制度设计产生了一定影响。民国政府的廉政制度建设取得了一定成果，从南京临时政府、北洋政府，再到南京国民政府，都在探索构建有效的监察制度，并颁布了一系列法律法规规范监督政务行为。但总体来说，整个民国时期的廉政制度趋于表面化，难以在实践中推行，如袁世凯及北洋政府时期，由于帝制复辟和政权频繁更迭，使原本并不健全的廉政制度根本无法付诸实施。而在南京国民政府时期，由于国民党的独裁专制，廉政制度在实际操作中也趋于表面化，最终沦为维护蒋介石独裁统治的政治工具。

小结

纵观中华文明五千多年的历史进程，廉政文化建设始终贯穿其中。古代廉政文化从先秦时期廉政文化的萌芽，历经秦汉、魏晋南北朝，一直到明清时期，经历了产生、前行、成型、发展、固化的演变过程，各个时期在廉政思想、监察制度、廉政法律制度方面呈现了丰富多彩的廉政文化内容。及至近代，随

着西方列强的入侵，西方文化的输入和传播，迫使中国廉政文化进行了近代转型发展。中国传统廉政文化蕴含的廉政智慧，对当今的廉政文化建设具有借鉴和指导意义。

思考题

1. 先秦时期有哪些主要廉政思想主张？这些思想主张对当今廉政文化建设有何启示意义？

2. 有人认为：古代社会盛世的出现，与当时廉政文化盛行有密切关系。唐朝是我国封建社会的繁荣时期，请阐述唐朝统治者在廉政文化建设方面的举措。

3. 习近平同志强调："研究我国反腐倡廉历史，了解我国古代廉政文化，考察我国历史上反腐倡廉的成败得失，可以给人以深刻启迪，有利于我们运用历史智慧推进反腐倡廉建设。"结合教材内容，谈谈对这句话的理解。

第四章
中国共产党的廉政文化建设历程

导 语

清正廉洁、建设廉洁政治是马克思主义政党建设的本质要求。中国共产党作为马克思主义政党，一直强调廉政的重要性，高度重视廉政文化建设。本章主要回顾中国共产党自成立以来的廉政文化建设历程，阐述中国共产党在不同历史时期的主要廉政文化主张，以及廉政文化建设的重要措施。

第一节　新民主主义革命时期的廉政文化建设

1921 年 7 月，中国共产党宣告成立。党的一大通过的《中国共产党第一个纲领》规定中国共产党要推翻资产阶级的政权，实行无产阶级专政，消灭社会的阶级区分，消灭资本家私有制，直至阶级斗争结束为止。[①] 党的无产阶级性质和奋斗目标决定了党必然以崇尚廉洁、摒弃贪污为基本价值取向，也决定了它必然站在广大人民群众的立场上，将廉政文化建设贯穿党的建设全过程。

一、大革命时期的廉政文化建设

在大革命时期，中国共产党虽然还处在幼年阶段，但已经意识到，要实现党的奋斗目标，就必须同人民群众站在一起，就应该加强反腐倡廉建设。此时，中国共产党已经有意识地开展反腐倡廉活动，以廉洁政治思想为导向，以严格的纪律制度建设为保障，以建立健全监察制度为突破口，开始探索独具特色的廉政文化建设道路。

（一）确立廉洁政治思想

思想建党是马克思主义政党的鲜明特色。从新民主主义革命初期开始，拒腐防变的廉洁政治思想就深深融入中国共产党的骨血之中。第一次国共合作后，在中国共产党不断发展壮大的同时，也有许多投机分子混入党内，造成恶劣的影响。为应对这一情况，1926 年中国共产党发布第一个反腐败文件——《中共中央扩大会议通告——坚决清洗贪污腐化分子》，该文件分析了当时党内反腐倡廉所面临的形势，对于党内发生贪污腐化行为保持高度警惕，并指出：腐化分子会给党带来恶劣影响，若有此

① 参见中共中央党史研究室、中央档案馆编：《中国共产党第一次全国代表大会档案文献选编》，中共党史出版社 2015 年版，第 3—5 页。

类行为，要严肃处理，“大会为此决议特别训令各级党部，迅速审查所属同志，如有此类行为者，务须不容情的洗刷出党，不可令留存党中，使党腐化，且败坏党在群众中的威望”①。这是中国共产党历史上正式开展反腐败工作的实践起点，集中体现了中国共产党惩治腐败，建立廉洁政治的初心和决心。

（二）制定和实行严格的纪律制度

在列宁建党原则的影响下，中国共产党从一开始就高度重视纪律制度建设，以此来约束和规范党员的行为，保证廉政建设常态化进行。

党的一大规定了党的保密纪律和宣传纪律。党的二大在继承的基础上增加了组织纪律、财经纪律以及政治纪律方面的规定。这些纪律和规定，对建党初期规范党员行为，健全党内政治生活起到了重要作用。1923 年，中国共产党进一步把党章的修改重点放在了强化组织纪律上，通过了《中国共产党中央执行委员会组织法》，对中央领导机构体制、工作程序和监督等作出明确规范，形成了集体领导下的分工负责制，以达到互相制约和监督的效果。1927 年，中共中央政治局会议通过了《中国共产党第三次修正章程决案》，强调“严格党的纪律是全体党员及全体党部最初的最重要的义务”②，并进一步细化了违纪处分规定及审查程序。与此同时，党中央还加强对党内财务制度的管理，严格管理党的经费。公开透明的党费报告管理制度与严格的财经纪律，对防范贪污腐败起到了积极作用。

（三）建立监察机构和监察制度

权力如果得不到监督和制约，必然陷入贪污腐化的风险之中。要在党内真正落实奉公守法的廉政文化，就必须建立监察机构和监察制度。新生的中国共产党已经开始逐步探索党内监督与纪律监察的客观规律。在1921 年中国共产党成立之后的一段时间内，虽然并未设立监察机关，但

---

① 中共中央文献研究室、中央档案馆编：《建党以来重要文献选编（1921—1949）》第 3 册，中央文献出版社 2011 年版，第 348 页。

② 《中国共产党历次党章汇编（1921—2017）》，中国方正出版社 2019 年版，第 93 页。

党内监督的实质内容已经初步体现在党的各项纪律和规定之中。随着党的不断发展壮大，设立专门纪律检查机关的需求越来越紧迫。1927 年，党的五大选举产生中央监察委员会，这是党首次设置的专门纪律检查机构，负责对党组织和党员进行监督、检查和处分。中央监察委员会的成立，标志着我党纪律检查制度的初步创立，而且为后来中央纪律检查委员会这一党内专责监督机关的形成和创立奠定了基础。

二、土地革命时期的廉政文化建设

土地革命时期，中国共产党工作重心从城市转入农村，领导广大农民开展土地革命。由于复杂的国内外环境，在各革命根据地上，出现了一些贪污浪费、官僚主义等不良行为，如果不及时解决，将会给苏维埃政权带来毁灭性影响。为此中央发出指示，提出“要严厉地反对党员中有官僚主义腐化堕落或比一般群众处在特别优越的地位的状态”[①]。在这一时期，中国共产党通过开展党风廉政教育、颁布反腐败法规和建立廉政监督体制以保证党的纯洁性，保持党的革命性。

（一）开展党风廉政教育

开展党风廉政教育、统一党员队伍思想，是这一时期反腐倡廉建设的重要举措。在这一时期，中国共产党以学校作为主要的宣传阵地，不断推进学校廉政教育的生活化。通过编排戏曲、演唱歌曲、张贴标语等丰富形式，将党风廉政教育与日常生活结合起来，提高了廉政文化建设的实效性。

在整个土地革命战争时期，无数革命先辈在克己奉公、清正廉洁方面发挥了模范带头作用。毛泽东、朱德、刘启耀等老一辈无产阶级革命家率先垂范，以实际行动为无数党员树立了廉洁榜样。同时，我党对于那些腐败奢侈的官员也绝不手软，严格查处了谢步升、左祥云、唐达仁等腐败分子，并且通过报纸向社会公开处理情况，增强了教育的说服力和惩罚的震

① 《中共中央文献选集（1930）》，中共中央党校出版社 1989 年版，第 324 页。

慑力。我们党正是通过树立正反两个方面的典型案例，切实开展党风廉政教育，进一步加强了廉政文化的导向功能。

（二）颁布和实行反腐败法规

对权力腐败的制约需要刚性的法律制度。在土地革命时期，中华苏维埃政府颁布和实行了一系列反腐倡廉法规。在政府人员管理上，1930 年颁布的《政府工作人员惩办条例》规定，如有侵吞公款、受贿、借公济私等行为，要撤职查办。党中央还多次颁发训令为反腐败斗争提供法律依据。1933 年发布的《关于惩治贪污浪费行为的第二十六号训令》，对政府机关、公营企业和公共团体工作人员的贪污腐败行为做了明确规定，“贪污公款在五百元以上者，处以死刑；贪污公款在三百元以上、五百元以下者，处以二年以上、五年以下的监禁”①。该训令的发布以制度和党内法规的形式及时刹住了贪腐之风，是党的历史上首次主动的“自我革命”。

除了上述法规外，还有闽西革命根据地制定的《裁判条例》基础法令，代表着党内反腐败法律框架初步形成。一系列反腐败法规对于约束权力运行、保障党员干部清正廉洁产生了积极影响，使苏区的反腐防腐斗争逐步走上了法制轨道。

（三）建立廉政监督体制

为了防止权力带来腐败，就要形成全社会防腐反腐的廉政监督体制。首先，建立权威的党内监督机构。1928 年，党的六大改设审查委员会，主要负责“监督各级党部之财政会计及各机关之工作”。②1934 年，中央成立了党务委员会，作为党的纪律检查的职能机关，领导党内监察工作和考察各级党部的工作。其次，强化形式多样的行政监督。1932 年 12 月，各级工农检察机关开始设立检举委员会，建立了多种形式的群众监督机构，如设立控告局，悬挂控告箱；设立巡视员，组织巡回检查；设立专门

① 《中国共产党反腐倡廉文献选编》，中央文献出版社 2002 年版，第 10 页。

② 中共中央文献研究室、中央档案馆：《建党以来重要文献选编（1921—1949）》第 5 册，中央文献出版社 2011 年版，第 480 页。

检查委员会，组织群众法庭等等。最后，开展舆论监督。当时苏区党政机关创办的许多报纸都单独设立专栏鼓励群众监督、批评政府工作人员，为廉政文化建设提供良好的舆论环境。

三、抗日战争时期的廉政文化建设

抗日战争时期，中国面临着前所未有的复杂局面。为了适应新形势，中国共产党提出“建立廉洁政府”的号召。这一时期的廉政文化建设以开展信仰信念教育为主基调，以强化廉政制度建设为保障，进一步完善民主监督机制，践行廉政使命。

（一）开展信仰信念教育

全面抗战时期，中国共产党的规模不断扩大，从 1937 年到 1945 年，党员人数规模增长三倍之多，然而大批的新党员、新干部还没有足够的革命经验。开展党员的信仰信念教育工作，培育勤俭节约的革命信仰，夯实艰苦奋斗的理想信念，成为这一时期廉政文化建设的重要内容。

毛泽东发表了《改造我们的学习》《整顿党的作风》《反对党八股》等一系列文章，号召整顿党内不良风气，在党内开展整风运动，以整风促廉洁。1941 年，中共中央政治局通过《中共中央关于增强党性的决定》，提出要进一步强化无产阶级历史使命、理想信念、为人民服务的宗旨，强化艰苦朴素作风的教育。

（二）强化廉政制度建设

随着各根据地民主政权的不断巩固和发展，党的廉政制度建设日趋完善，“廉洁政府”的内涵不断深化。在法治建设上，陕甘宁边区成立了专门立法机构，颁布《陕甘宁边区施政纲领》《各级政府干部管理暂行通则》《陕甘宁边区保障人权财产条例》等相关法规，奠定了抗日民主政权廉政建设的法规基础。陕甘宁边区政府还针对贪污腐败问题出台了两部重要的法规，1938 年颁布的《陕甘宁边区政府惩治贪污暂行条例》，是一部专门性惩治贪腐的法律法规，对贪污犯罪行为及其惩处标准做了明确规定；

为加强整治贪污腐败，保护人民群众的私人财产和人身权利，1939年又颁行《陕甘宁边区惩治贪污条例（草案）》，对《陕甘宁边区政府惩治贪污暂行条例》的一些内容进行补充和修改，遏制了贪污腐败行为蔓延，进一步推动党内廉政文化建设。

除了廉政法规制度外，各根据地还不断完善各种规章制度。例如在干部管理制度方面，制定《关于审查干部问题的指示》《陕甘宁边区各级政府干部任免暂行条例》《各级政府干部奖惩条例》等，对领导干部的登记审查、培养提拔、任免调动、考绩奖惩等方面进行规范性要求。又如在财务管理制度方面，通过《关于严格建立财政经济制度的决定》《对财政经济政策的指示》等，完善会计、税收、审计制度。通过狠抓廉政制度建设，在全党树立起廉洁风尚，最终形成“奖励廉洁、禁绝贪污”的解放区特色，同国民党发国难财、贪污成风的政治风气形成鲜明对比。

（三）加强民主监督机制建设

厉行廉洁政治，防止腐败滋生，监督是关键。抗日民主政权发扬和继承党内民主监督的优良传统，通过强化党内检查，设立各级监察委，扎紧了对各级党员干部和政府的监督之网。建立“三三制”（共产党员占1/3，非党的左派进步分子占1/3，不左不右的中间派占1/3）政权，允许非党员干部参与政权管理，加强对党员干部的民主监督。

在加强内部监督建设的同时，抗日民主政权还在外部监督建设上下功夫。群众监督是发现腐败问题线索的重要渠道，陕甘宁边区政府十分重视保障人民群众监督权，规定政府如接到人民对上级的控诉，“须随时转呈”，不得阻难和置之不理。[①]边区政府还通过设置控告箱、组织突击检查、召开座谈会以及开展实地调查等多种途径倾听群众呼声和意见。群众监督有利于帮助及时发现革命队伍中的腐败分子，不仅保证党的干部队伍纯洁，而且加强了战时的军民团结，推动民主政权的廉洁政治建设。

① 李光:《陕甘宁革命根据地史料选辑》，甘肃人民出版社1981版，第296页。

四、解放战争时期的廉政文化建设

中国共产党在解放战争时期的主要任务是带领全国人民夺取新民主主义革命的彻底胜利，同时也没有放松廉政文化建设，而是将抗日战争中建立起来的民主廉洁的优良传统进一步发扬光大，把艰苦奋斗、廉政勤政、廉洁奉公的延安精神发扬光大，推动革命形势向着更光明的方向发展。

（一）加强干部队伍的思想政治教育

强化思想政治教育是保持党的纯洁性的有效手段。1945 年，毛泽东同志在《论联合政府》中提到了思想教育的高度重要性，他写道："掌握思想教育，是团结全党进行伟大政治斗争的中心环节"①。思想政治教育是保持党员廉洁从政、拒腐防变的重要手段，而思想政治教育的重点必须放在干部队伍上。

廉政文化建设的成效如何，主要看领导干部的廉政观念是否养成、宗旨意识是否筑牢、理想信念是否坚定。中国共产党通过重点强化党员干部的思想政治工作，以上率下、以身作则，带动全党形成风清气正、崇廉拒腐的廉政文化氛围。华北财经办事处在《关于反贪污浪费的指示》中指出："有些干部，利用自己职位，破坏制度，窃取不应得的享受，亦应进行批评教育，促其迅速纠正。机关首长必须以身作则，拒绝一切不应得的享受，否则，便不能与贪污现象进行严肃斗争"②。在这一时期，鼓励教育干部艰苦奋斗、反对贪污浪费成为廉政文化建设的重要内容。

（二）制定肃贪惩腐的法规与制度

防止权力异化滥用，离不开法律规章的刚性约束和制度建设的保驾护航。以法规做利剑，用制度防贪腐，才能真正保证权力的廉洁运行。

1947 年 5 月，东北解放区、晋冀鲁豫边区和苏北解放区相继颁布

① 《毛泽东选集》第三卷，人民出版社 1991 年版，第 1094 页。

② 华北财经办事处《关于反对贪污浪费的指示》（1948 年 1 月 4 日），转引自董瑛：《党内干部监督制度建设论》，人民出版社 2010 年版，第 37 页。

《东北解放区惩治贪污暂行条例》《晋冀鲁豫边区惩治贪污条例》《苏北区奖励节约惩治贪污暂行条例》等文件。这些条例与抗日战争时期的条例相比，内容更加丰富，具有更强的可操作性，更好地发挥了反腐倡廉法规制度在廉政文化建设过程中的规范和保障作用。

各解放区还陆续对相关规定进行修订补充。如东北局公布的《关于禁止机关部队学校经营商业之决定》《关于打击一切投机牟利行为的通知》，华北地区太岳区行署制定的《太岳区惩治滥用浪费民力暂行条例》，淮海区颁布的《淮海区修正惩治贪污暂行条例》等等，建立起了一系列惩治贪污、奖励节约的法规制度，将法规制度与廉政文化建设相结合，为廉政文化建设提供有力保障。

（三）强化监督管理制度

为了强化党内廉政建设，党中央不断强化监督管理制度，通过健全监察机构、加强行政监督等手段，保证党的政策正确执行。1948 年，华北临时人民代表大会设华北人民监察院为行政监督机关，设人民监察委员会，负责处理行政人员、司法人员和公营企业人员的违法失职行为。允许农会、工会和机关单位人员选举加入人民检察院，充分发挥人民群众的监督作用。陕甘宁解放区、中原解放区等也紧随其后，设立监察机构和基层监察小组，通过不断完善党内监督管理机制，保障党内政治生态，进一步规范党内权力的运行，提高了廉政建设的实效性。

第二节　社会主义革命和建设时期的廉政文化建设

一、新中国成立后毛泽东同志关于廉政文化的重要论述

在新中国成立前召开的党的七届二中全会上，毛泽东就对新中国成立后可能滋生的腐败问题有了预测。他说：因为胜利，人民感谢我们，资

产阶级也会出来捧场。敌人的武力是不能征服我们的，这点已经得到证明了。资产阶级的捧场则可能征服我们队伍中的意志薄弱者。可能有这样一些共产党人，他们是不曾被拿枪的敌人征服过的，他们在这些敌人面前不愧英雄的称号；但是经不起人们用糖衣裹着的炮弹的攻击，他们在糖衣炮弹面前要打败仗。我们必须预防这种情况。为此，毛泽东做出了不做寿、不送礼、少敬酒、少拍掌、不以人名做地名、不要把中国同志和马恩列斯平列的六条规定。毛泽东向全党提出“两个务必”的告诫和要求，务必使同志们继续地保持谦虚、谨慎、不骄、不躁的作风，务必使同志们继续地保持艰苦奋斗的作风[①]，提醒全党不做李自成，要把防止腐化变质、加强廉政文化建设作为党的建设的关键问题。

新中国成立后，毛泽东对廉政文化建设的重要论述大体上围绕以下三个方面。

（一）廉政文化建设要重视思想教育

毛泽东认为，现在有些干部搞官僚主义、命令主义、主观主义，究其原因，就党本身来说是因为我们中国共产党虽然主要是由工人和半无产阶级的贫农出身的人组成。但是，也有许多党员是地主、富农、资本家组成，或者是富裕中农和城市小资产阶级出身。他们中间有相当多的人，虽然艰苦奋斗多少年，有所锻炼，但是马克思主义学得不多。[②]毛泽东认为，即便有了多年艰苦奋斗的经历，但是马克思主义理论学习不够，依然容易产生贪污腐败问题。他提倡用马克思主义作为我们党的指导思想，作为我们反对腐败、保证廉洁，以及保持自身纯洁性和先进性最锐利的思想武器。毛泽东一贯十分重视马克思主义理论的学习，他要求党员要精通马克思主义，只有精通了马克思主义，才能运用其立场、观点、方法去回答现实问题，才能真正做到为人民服务，才能抵制错误的思想。

---

① 《毛泽东选集》第四卷，人民出版社 1991 年版，第 1438 —1439 页。

② 《毛泽东选集》第五卷，人民出版社 1977 年版，第 335 页。

（二）廉政文化建设要注意依靠群众

为了更好地发挥人民群众的监督作用、贯彻群众路线，毛泽东非常注意人民群众的来信来访，亲自处理人民来信，倾听群众呼声。对来信来访检举揭发的问题他亲自过问，对打击报复的领导干部公开通报处理。他指出：必须重视人民的通信，要给人民来信以恰当的处理，满足群众的正当要求，要把这件事看成是共产党和人民政府加强和人民联系的一种方法，不要采取掉以轻心、置之不理的官僚主义态度。①他还提出要邀集党外群众中的积极分子参加党的支部会议，开展批评和自我批评，借以改变党的组织的成分不纯或者作风不纯的现象，使党和人民群众密切地联系起来。他进一步强调："对于某些犯有重大错误的干部和党员，以及工农群众中的某些坏分子，必须进行批评和斗争。……应当宣布，群众不但有权对他们放手批评，而且有权在必要的时候将衙门撤职，或建议撤职，或建议开除党籍，直至将其中最坏的分子送交人民法庭审处"②，通过群众的广泛参与和监督，有效地推动了反腐倡廉工作。

（三）廉政文化建设要运用法制力量

用法制的力量保障廉政建设是毛泽东廉政文化建设论述的重要内容。早在新民主主义革命时期，毛泽东就意识到要用法制加强党的廉洁性建设，提出了"三大纪律、六项注意"，并不断加以修改完善为"三大纪律、八项注意"。新中国成立以后，毛泽东更加注重运用法制加强廉政建设，《政协共同纲领》第十八条明确规定要"严惩贪污"，把廉政原则用法律形式写进了新中国的临时宪法中。法律具有指导、教育、评价作用，更具有规范、约束和强制作用，而且这种规范约束是刚性的、持久的。毛泽东强调在廉政建设中应当重视法律法规制度的规范和约束作用，他指出："为了对贪污分子和盗窃分子分别予以惩治，为了巩固'三反'和

① 董边：《毛泽东和他的秘书田家英》，中央文献出版社 1990 年版，第 8 页。

② 《毛泽东选集》第四卷，人民出版社 1991 年版，第 1272 页。

'五反'运动已得的胜利，并继续和一切贪污与盗窃行为进行坚持不懈的斗争，制定一个法律就是完全必要的了"[①]，以此发挥法律法规的作用。

二、廉政机构和制度设计

新中国成立后，中国共产党成为执政党，加强党的纪律、防止官僚主义和腐化变质的任务更加紧迫。中国共产党在反对和惩治贪污腐败行为过程中，围绕如何构建有效的工作机制、保障廉政工作的顺利进行，进行了积极探索和实践。

（一）从纪律检查委员会到监察委员会

为了加强自身廉政制度建设，防止党员干部腐化变质，中共中央决定成立专门机构负责处理党组织和党员违犯党章党纪工作。1949年年底，中共中央做出《关于成立中央及各级党的纪律检查委员会的决定》，成立了由朱德等十一人组成的中共中央纪律检查委员会。纪律检查机关的任务和职权是"检查中央直属各部门及各级党组织、党的干部及党员违犯党的纪律的行为""受理、审查并决定中央直属各部门、各级党的组织及党员违犯纪律的行为，或取消其处分""在党内加强纪律教育，使党员干部严格地遵守党纪，实行党的决议和政府法令，以实现全党的统一与集中"[②]。然而，在实践中，纪律检查机关在领导体制和工作机制上也暴露了一些问题，如纪律检查委员会对同级党委缺乏有力监督、上级纪律检查委员会对下级纪律检查委员会领导不够等。

为加强党的纪律建设，1955年3月，中国共产党全国代表会议通过了《关于成立党的中央和地方监察委员会的决议》，决定设立中央和各级地方监察委员会，代替中央和地方各级党的纪律检查委员会。与纪律检查委员会相比，监察委员会在组成方式、职权范围和工作体制等方面都有重

① 《建国以来毛泽东文稿》第三册，中央文献出版社1989年版，第415页。

② 中共中央组织部等编：《中国共产党组织史资料》第九卷，中共党史出版社2000年版，第4—5页。

大调整，其中在工作体制上，“各级监察委员会在各级党委的指导下工作。上级监察委员会有权检查下级监察委员会的工作，下级监察委员会把工作报告给上级监察委员会。”① 这体现了各级监察委员会的领导体制，一方面强化了监察委员会系统内部的领导；另一方面保留了同级党委对监察委员会的领导，为中共纪律检查机关的双重领导体制奠定了基础。

（二）成立检察机关

1949 年 9 月 27 日，中国人民政治协商会议通过《中华人民共和国中央人民政府组织法》（以下简称《中央人民政府组织法》），该法规定组织最高人民检察署为国家最高检察机关。1951 年，毛泽东发布命令公布《中央人民政府最高人民检察署暂行组织条例》和《各级地方人民检察署组织通则》，我国的检察机关就此奠基。最高人民检察署设置了办公厅、人事处、研究室，以及三个业务处，分别称为一处、二处和三处，其职责分别是：一处对政府机关、公务人员、全国国民执行法律法令进行检察，负责抗诉、刑事申诉工作；二处办理刑事案件之侦查、检举与公诉事项，监督监所改造事项；三处办理行政诉讼和民事案件。检察机构的设立，使国家公职人员监督不仅有了法律依据，而且有了处理机构，为建设廉政文化提供了组织基础和法律保障。

1954 年第一届全国人民代表大会召开，《中华人民共和国宪法》（即“五四宪法”）正式诞生。该宪法将人民检察署统一更名为人民检察院。参照苏联检察机关的机构设置，各级检察机关的内设机构由原来的按照案件进行分工，改变为按照各项法律监督职权进行分工。最高人民检察院共设八个厅局单位，包括一般监督厅、侦查厅、侦查监督厅、审判监督厅、劳动监督厅等业务机构，以及办公厅、人事厅和研究室等综合管理机构。除了侦查厅以外，内设业务机构名称全部带有“监督”二字，突出了监督色彩，其打造廉洁的公职人员和党员队伍的目的不言而喻。

① 中共中央纪律检查委员会办公厅：《中国共产党党风廉政建设文献选编》第八卷，中国方正出版社 2001 年版，第 55—56 页。

（三）成立行政监察机关

为了加强国家政权机关的廉政建设，1949年9月29日通过的《中国人民政治协商会议共同纲领》决定在县、市以上的各级人民政府内设置人民监察机关，监督国家机关和公务人员是否履行职责，纠举违法失职的机关和人员。[①]1949年10月19日，中央人民政府人民监察委员会正式成立。1950年10月，政务院发布《政务院人民监察委员会试行组织条例》，对于人民监察委员会的委员组成、机构设置、会议安排、职责范围等进行了详细的制度规划。其中规定人民监察委员会的职责是“监察政府机关和公务人员是否履行其职责”[②]，主要任务包括监察全国各级国家机关和公务人员是否违反国家政策法规或损害国家和人民的利益，并纠举其中的违法失职机构和人员，接受及处理人民对各级国家机关和公务人员违法、失职的控告等等。此后，地方各级行政监察机关也相继建立。1954年9月，第一届全国人民代表大会明确将政务院改为国务院，下设监察部，代替了之前的人民监察委员会。与此相适应，全国各地方的行政监察机关也相继更名。

三、廉政法制建设

廉政建设和反腐败斗争，根本上要从制度抓起。为加强反腐倡廉建设，党和国家在这一时期逐步颁发了有关法规文件，如人民政协第一届全国委员会通过了具有临时宪法作用的《共同纲领》，中央人民政府通过了《中央节约检查委员会关于处理贪污、浪费及克服官僚主义错误的若干规定》《关于追缴贪污分子赃款赃物的规定》《中华人民共和国惩治贪污条例》等法规文件。这些文件在廉政法治上进行了初步探索，为加强反腐倡廉建设提供了制度上的保障。

---

① 《中共中央文件选集》第十八册，中共中央党校出版社1992年版，第588页。

② 政协全国委员会办公厅编：《开国盛典——中华人民共和国诞生重要文献资料汇编》上编，中国文史出版社2009年版，第519页。

（一）《中央节约检查委员会关于处理贪污、浪费及克服官僚主义错误的若干规定》

1952年3月8日，政务院颁布《中央节约检查委员会关于处理贪污、浪费及克服官僚主义错误的若干规定》，该规定的目的是正确地、统一地处理运动中所发现的有关处理贪污浪费及克服官僚主义错误的问题，对于犯贪污、浪费、官僚主义错误的分别性质、情节、后果，以及认识程度等情况，做出具体的处理规定。该规定强调，贪污分子的处理，必须采取改造与惩治相结合的方针，对大多数情节较轻或彻底坦白，立功自赎者从宽处理。对少数情节严重恶劣而又拒不坦白者予以严惩。对浪费及官僚主义问题的处理，亦应以严肃态度，分别情况予以适当解决。以教育干部，团结群众。只有这样才能严肃国家法纪，保持与发扬廉洁朴素的、密切与群众结合的工作作风。[①]可见宽严结合，教育改正与惩戒相结合是当时处理贪污腐败、浪费及官僚主义问题的总体方针。此外，廉政建设与艰苦奋斗、反对浪费相结合的廉政文化建设思想也被此规定进一步发扬。该规定的出台为集中处理“三反”运动出现的贪污浪费及官僚主义问题提供了法纪依据，促进了廉政文化的建设。

（二）《中华人民共和国惩治贪污条例》

1952年4月21日，毛泽东发布主席令，公布施行《中华人民共和国惩治贪污条例》，这是新中国成立后制定的第一部惩治贪污法规。该条例首先对贪污罪进行了界定，“一切国家机关、企业、学校及其附属机构的工作人员，凡侵吞、盗窃、骗取、套取国家财务，强索他人财物收受贿赂以及其他假公济私违法取利之行为，均为贪污罪。”[②]该条文既规定了贪污罪的侵吞、窃取、骗取、套取等一般表现形式，还以其他违法取利行为作

① 中共中央文献研究室：《建国以来重要文献选编》第三册，中央文献出版社1992年版，第111页。

② 中共中央组织部等编：《中国共产党组织史资料》第九卷，中共党史出版社2000年版，第1188页。

为兜底条款。同时，该条例还对贪污罪的刑罚措施、惩治贪污罪的基本原则、行使贿赂和介绍贿赂等问题，进行了详细、明确的规定。此外，该条例还规定了加重或从重处罚的情形，以及从轻处罚的情形。该条例为我国惩治贪污犯罪、打造廉洁的干部队伍提供了法律保障。

四、社会主义、共产主义教育与反贪污腐化等廉政教育运动

为了巩固新生政权，面对党内出现的贪污腐化现象，中国共产党开展了严肃认真的思想教育运动，以提高党员干部和公务人员的思想水平和政治水平，筑牢廉政思想防线。

（一）整风运动

为了及时克服执政后党内存在的不正思想和作风，维护党风党纪，保证党组织的纯洁性和先进性，提高党组织的战斗力，1950 年 5 月 1 日，中共中央决定在全党范围内开展一次大规模的整风运动。中共中央在《关于在全党全军开展整风运动的指示》中明确指出，此次整风要以整顿干部作风为首要任务，克服执政初期党内出现的骄傲自满情绪和命令主义作风。中共中央明确规定了这次整风运动的整顿对象、任务和重点。一是从整顿对象来看，整顿的重点是各级负责领导工作的党员干部；二是从整顿任务来看，是在以解决党群关系问题为中心的前提下，增强党员干部和一般党员的思想政治素养和执政能力，克服工作中损害党的形象和党群关系的错误，特别是克服取得政权后的居功自傲情绪，以及随之产生的官僚主义和命令主义作风；三是从整顿工作重点来看，在还没有完成土地改革的新解放区以准备土改减租为重点，在部队以准备复员为重点，在一般政权机关，则以改善与党外人士的合作关系为重点，着重解决各级领导部门中存在着的各种形态的官僚主义作风问题。

这次整风运动主要采取自上而下逐级召开整风会议或举办整风训练班的方式，由各级党委主要负责人领导，组织全体党员、干部学习毛泽东同志在党的七届三中全会上的报告等相关整风文件，结合各地发现的官僚主

义作风、命令主义的恶劣行为的典型，对整风工作进行检查和总结，有效地延续批评与自我批评的优良传统。整风运动的顺利开展促进了党的廉政建设，为后续的党建工作打下了良好基础。

（二）“三反”“五反”运动

1951 年年底，毛泽东在回复东北局关于增产节约、精兵简政的工作报告后，便直接下派检查组督促各地开展反贪污、反浪费、反官僚主义的“三反”运动。为加强增产节约和“三反”运动工作的领导，中共中央成立了各级节约检查委员会，并要求对于“三反”斗争必须大张旗鼓地进行。毛泽东呼吁广大人民群众参与进来，要求各指战员参与进来，将“三反”运动看作同镇压反革命的斗争一样重要。①

在“三反”运动中，对于被揭发处理的贪污腐败分子，其犯罪行为多数是和资产阶级不法分子互相勾结。为配合“三反”运动的开展，1952 年 1 月，中共中央下发了《关于在城市中限期展开大规模的坚决彻底的“五反”斗争的指示》，要求在全国开展反行贿、反偷税漏税、反盗窃国家财产、反偷工减料、反盗窃经济情报的“五反”运动。

“三反”、“五反”运动既是中国共产党领导的反腐败斗争，也是深刻地反对资产阶级思想腐蚀的教育运动。在党和政府的领导下，经过全国人民努力，运动斗争查出了真老虎，及时遏制了党的贪污腐败之风。与此同时，这场运动也是对资产阶级腐化堕落思想进行政治改造的运动，是一个移风易俗的社会改革运动，“反贪污、反浪费、反官僚主义斗争，本质上就是反对资产阶级腐化堕落思想的斗争”②，使广大党员干部深受革命锻炼和思想教育。

（三）“四清运动”

1964 年年底到 1965 年年初，中共中央出台了《农村社会主义教育运

① 《毛泽东文集》第六卷，人民出版社 1999 年版，第 191 页。

② 中共中央文献研究室：《建国以来重要文献选编》第 3 册，中央文献出版社 2011 年版，第 25 页。

动中目前提出的一些问题》(以下简称“二十三条”),决定城乡社会主义教育运动的内容统一定为清政治、清思想、清经济、清组织,统称“四清运动”,其主要目的是加强党的作风建设。“四清运动”期间,主要通过教育的手段进行作风建设,“说服教育、洗手洗澡、轻装上阵,团结对敌……对于运动中揭发出来的坏人坏事,要有分析。要区别情况,分别对待……必须以教育为主,惩办为辅”①。农村基层干部和广大社员活学活用毛泽东的著作,推动了社会主义教育运动的发展。不少大队党支部成员利用各种机会,在各种会议上宣讲毛泽东的《中国社会各阶级的分析》《反对自由主义》《纪念白求恩》《愚公移山》《为人民服务》等著作,以提高社员的思想觉悟。“四清运动”的开展,改进了干部思想作风、工作作风,提高了干部的生产积极性,客观上促进了党的廉政建设和生产发展。

第三节 改革开放和社会主义现代化建设新时期的廉政文化建设

一、以邓小平同志为主要代表的中国共产党人的廉政文化建设

(一)邓小平同志关于廉政文化的重要论述

党的十一届三中全会以后,面对改革开放带来的各种严峻考验,邓小平站在历史的高度,做出了许多关于廉政文化的重要论述,这些论述为我们党在改革开放初期反腐倡廉工作的顺利进行提供了科学的思想指引。

1. 反腐败斗争要坚持以经济建设为中心的原则

邓小平指出:“现代化建设的任务是多方面的,各个方面需要综合平

① 中共中央文献研究室:《建国以来重要文献选编》第16册,中央文献出版社2011年版,第281页。

衡，不能单打。但是说到最后，还是要把经济建设当作中心。离开了经济建设这个中心，就有丧失物质基础的危险”[①]，廉政文化建设的一个重要目的就是为改革开放提供坚实的后盾，保证经济建设的顺利开展，因此反腐倡廉工作的开展必须牢牢把握经济建设这一中心，把经济建设和廉政文化建设结合起来。他强调经济上不去，要垮台；腐败不反掉，也要垮台。他进一步指出“我们要反对腐败，搞廉洁政治。不是搞一天两天、一月两月，整个改革开放过程中都要反对腐败”[②]。在他看来，如果廉政建设偏离经济建设这一中心，廉政文化建设的进程就会因丧失物质条件而停滞甚至倒退；如果只注重发展经济，忽视廉政文化建设，就会为腐败滋生提供温床。

2. 加强制度建设，以制度保障廉政文化建设

在邓小平看来，制度问题比思想作风问题更为重要。他在 1980 年发表讲话指出：我们过去发生的各种错误，固然与某些领导人的思想作风有关，但是组织制度、工作制度方面的问题更重要。这些方面的制度好可以使坏人无法任意横行，制度不好则使好人无法充分做好事，甚至会走向反面。[③]邓小平认为，制度问题是一个带有根本性、全局性的问题，领导制度、组织制度问题更带有根本性、全局性、稳定性和长期性。这种制度问题，关系到党和国家是否改变颜色，必须引起全党的高度重视。[④]他认为腐败现象之所以屡禁不止，是因为制度上存在缺陷，因此需要进行制度改革，建立健全完备的制度体系，从体制的角度预防腐败。

3. 实施教育和法制并用的策略

在谈到如何解决少数人贪污、腐化和滥用权力的问题时，邓小平指

① 《邓小平文选》第二卷，人民出版社 1994 年版，第 250 页。

② 《邓小平文选》第三卷，人民出版社 1993 年版，第 327 页。

③ 《邓小平文选》第二卷，人民出版社 1994 年版，第 333 页。

④ 《邓小平文选》第二卷，人民出版社 1994 年版，第 333 页。

出：我们主要通过两个手段来解决：一个是教育，另一个是法律。[①]他认为腐败滋生的一个重要原因就是思想的腐化与堕落，因此非常重视廉政文化建设中思想教育工作的作用。他指出：我们最大的失误是在教育方面，思想政治工作薄弱了，教育发展不够。我们经过冷静考虑，认为这方面的失误比通货膨胀等问题更大。……所以要加强对人民进行思想政治工作，提倡艰苦奋斗。[②]除了教育，邓小平还非常重视法制对廉政文化建设的作用，主张依法反腐，“廉政建设要作为大事来抓，还是要靠法制，搞法制靠得住些”[③]。他认为正是我国法制的不健全以及领导干部法治思维的欠缺，才导致腐败现象的发生，因此要完善我国的法制建设，将廉政建设纳入法制轨道，坚持依法办事，改变传统的依靠个别领导人意志运作的人治做法，杜绝因法制不健全而使腐败现象滋生。

（二）以邓小平同志为主要代表的中国共产党人对廉政文化建设的实践探索

我国进入改革开放新时期后，党的廉政建设面临着新的挑战，为此以邓小平同志为主要代表的中国共产党人恢复和发扬党的优良传统与作风，重建民主与法制，对廉政文化建设进行了一系列的积极探索。

1. 加强法制建设，制约腐败

在邓小平“廉政建设要靠法制”的思想指导下，相关立法部门制定颁布了一系列关于反腐倡廉的法律法规。1979 年，中共中央、国务院联合发布《关于高级干部生活待遇的若干规定》，该规定的出台旨在防止领导干部特殊化、利用职权谋求私利等特权行为，具体规定了高级干部的生活待遇标准等内容。1980 年，党的十一届五中全会通过了《关于党内政治生活的若干准则》，要求全党端正党风，打击揭露贪污腐败、违法乱纪行为，不准搞特权。1983 年，党的十二届二中全会通过的《中共中央关

① 《邓小平文选》第三卷，人民出版社 1993 年版，第 148 页。
② 《邓小平文选》第二卷，人民出版社 1994 年版，第 290 页。
③ 《邓小平文选》第二卷，人民出版社 1994 年版，第 379 页。

于整党的决定》，决定用三年时间对党的作风等问题进行全方位整顿。同时，在党中央领导下，全国人民代表大会制定颁布的《中华人民共和国刑法》《中华人民共和国刑事诉讼法》等国家法律法规，也对如何惩治腐败做出了规定。这些党的法规与国家法律，为有效打击腐败行为，加强党风廉政建设提供了制度保障。

2. 严惩违法乱纪与腐败分子

在制定一系列法律法规，从制度层面对违法乱纪和腐败分子进行规制的同时，党和各级政府还严格依照法律法规办理了一些贪污受贿案件。其中，比较有代表性的典型案件有原广州市电信局党委书记王维经因走私、套汇、投机倒把罪被查处，原广东省海丰县县委书记王仲因贪污受贿罪被判处死刑等。中央纪委向党的第十三次全国代表大会的工作报告中载明，从 1982 年到 1986 年，我们党共处分违纪党员六十多万人，其中开除党籍的人数超过十五万；1985 年和 1986 年，仅两年时间便处分高级干部七百余人。[①] 党和国家惩治贪污腐败的力度体现了我们党在改革开放新时期严厉打击经济犯罪、惩治腐败分子的决心。

3. 重建中央纪委和设立监察部，加强对权力的监督与制约

邓小平同志吸取“文化大革命”的教训，重视对权力进行监督与制约，建立一整套切实有效的监督与制约机制。1978 年，党的十一届三中全会恢复设立中央纪律检查委员会，其主要工作就是协助党的委员会进行党风建设，加强对党员的纪律教育，保证党的基本路线的贯彻执行，中央纪委的恢复设立标志着党的纪检工作开始走向正轨。除了重建中央纪委来制约权力，打击腐败外，1986 年国务院向全国人大常委会提请设立监察部，1987 年国家监察部正式设立。随后地方积极响应中央，地方各级监察机关的设立也基本完成。在党中央领导下，各级纪委和监察部在反腐倡廉工作中切实发挥了重要作用。

---

① 参见《近 5 年来全党受处分党员 65 万多人》，《党的建设》1988 年第 10 期。

二、以江泽民同志为主要代表的中国共产党人的廉政文化建设

（一）江泽民同志关于廉政文化的重要论述

党的十三届四中全会以后，江泽民提出了一系列关于反腐倡廉的重要观点，这些观点成为我们在社会主义市场经济体制建设过程中加强党的自身建设，深入开展廉政文化建设的重要指南。

1. 廉政文化建设事关党和国家生死存亡

江泽民认为党风廉政建设是与党和国家生死存亡密切相关的重大问题，他指出，腐败现象是侵入党和国家机关健康肌体的病毒，如果我们掉以轻心，任其泛滥，就会葬送我们的党，葬送我们的人民政权，葬送我们的社会主义现代化大业。① 我们党的宗旨是全心全意为人民服务，如果不解决人民所深切关注的腐败问题，党和政府就会脱离群众，丧失人民的信任与支持，改革发展就没有坚实的政治保证，就会有亡党亡国的风险。在党的十五大报告中，江泽民进一步把反对腐败上升到"关系党和国家生死存亡的严重政治斗争"的历史高度。② 这一论断，深刻揭示了我国当时廉政文化建设的重要性和紧迫性，对我们党充分认识和开展反腐倡廉工作具有重大意义。

2. 廉政建设应当坚持标本兼治、三位一体

廉政文化建设应当坚持标本兼治，综合治理。江泽民指出，治标和治本是反腐败斗争相辅相成、互相促进的两个方面。治标为反腐败治本创造前提条件。治本巩固和发展反腐败已经取得的成果。③ 因此，廉政文化建设必须坚持治标和治本共同发力，一手抓预防，一手抓惩治，从根本上解决腐败问题。其中，教育是基础，江泽民认为，要保持广大党员、干部的

① 《江泽民文选》第一卷，人民出版社 2006 年版，第 319 页。

② 《江泽民文选》第一卷，人民出版社 2006 年版，第 323 页。

③ 《江泽民文选》第三卷，人民出版社 2006 年版，第 187—188 页。

革命意志、革命精神、革命气节很不容易，必须加强教育、加强引导、加强管理[①]，通过教育手段培养党员干部廉洁从政的理想信念。法制是保证，江泽民指出：廉政建设要靠教育，更要靠法制[②]，廉政文化建设除了以教育为基础外，必须以法制为保障，通过党的法规和国家法律防止滥用权力。监督是关键，江泽民强调监督对防止腐败的作用，他曾指出：要建立健全党内和党外、自上而下和自下而上相结合的监督制度。[③]总之，廉政文化建设，必须坚持教育、法制与监督相结合，治标和治本相结合的方针策略以铲除腐败现象滋生蔓延的土壤。

3. 领导干部要带头廉洁自律

江泽民指出，廉洁奉公，勤政为民，要从各级领导机关和领导干部做起。党员领导干部首先是高级干部，要严以律己，以身作则，教育好子女，并且要带头同腐败现象做斗争。[④]作为党的事业骨干，各级领导干部尤其是高级干部的一言一行都关系着党的威信，关系着党群关系。因此，江泽民认为，各级领导干部应该带头廉洁自律，增强自律意识，依法办事，自觉接受人民的监督，让领导干部做反腐倡廉的典范。而对于领导干部的违法乱纪行为要严肃处理，无论领导干部的职位高低，绝不手软。只有严惩领导干部的腐败行为，才能让人民群众看到我们党惩治腐败的决心，警醒广大干部，让不敢腐的观念深入人心。

（二）以江泽民同志为主要代表的中国共产党人对廉政文化建设的实践探索

党的十四届三中全会后，以江泽民为主要代表的党中央把党风廉政建设摆到稳定全局的突出位置，大力加强民主和法制建设，坚决惩治腐败，把党风廉政建设推向了一个新阶段。

---

① 《江泽民文选》第三卷，人民出版社 2006 年版，第 190 页。

② 《江泽民文选》第一卷，人民出版社 2006 年版，第 26 页。

③ 《江泽民文选》第一卷，人民出版社 2006 年版，第 249 页。

④ 《江泽民文选》第一卷，人民出版社 2006 年版，第 249 页。

1. 加强教育，打好廉政文化建设的思想基础

以江泽民为主要代表的中国共产党人十分重视对党员的反腐倡廉教育。1998 年，中共中央发出《关于在全党深入学习邓小平理论的通知》，要求加强对邓小平理论的研究和宣传，由领导干部带头，带动全党学习邓小平理论。1995 年，江泽民指出在对领导干部进行教育时，需要突出强调“讲学习、讲政治、讲正气”，通过“三讲”教育解决当前干部队伍存在的问题。随后在 1998 年，党中央发出《中共中央关于在县级以上党政领导班子、领导干部中深入开展以“讲学习、讲政治、讲正气”为主要内容的党性党风教育的意见》，要求集中接下来两年的时间，深入进行以“讲学习、讲政治、讲正气”为主要内容的党性党风教育。“三讲”教育的开展，使广大党员干部的政治素质、党性修养、思想作风都有所提高，促进了廉政文化建设的有力开展。

2. 完善组织机构，增强权力监督与制约

纪委和监察机关重设以后，切实发挥了对权力的监督和制约作用，打击惩治了一批贪污腐败、违法乱纪分子，有效地促进了反腐倡廉建设。但是，纪委和监察机关也存在职能交叉、重复审查办案和责任不明确的现象，对反腐倡廉工作的开展造成了一定阻碍。1992 年，中共中央和国务院决定改革纪检监察机关设置，将纪委和监察机关合署办公。此次改革是我国党政监督机关的重大改革，有助于发挥监督机关的整体作用。1995 年，广东省先行试点设立的反贪污受贿工作局受到了最高人民检察院的认可。反贪局的设立，标志着检察机关开始在推进廉政文化建设和反腐败斗争中发挥重要作用。

3. 集中力量，查办一批大案要案

查办违法乱纪案件是廉政建设的重要工作任务，以江泽民为主要代表的中国共产党人加大了对违法乱纪案件的惩办力度，用党纪国法惩处了许多腐败分子。江泽民指出：“对大案要案要集中力量查办，查清的要依法惩处。”[①]在这一思想指导下，各级纪检、监察和检察机关集中力量、相互协作办理了一批大案要案，提振了人民群众对廉政文化建设的信心。

三、以胡锦涛同志为主要代表的中国共产党人的廉政文化建设

（一）胡锦涛同志关于廉政文化的重要论述

党的十六大以后，以胡锦涛同志为主要代表的中国共产党人，团结带领全党全国各族人民，高举中国特色社会主义伟大旗帜，开启了全面建成小康社会的新时期。面对新形势、新任务，胡锦涛高度重视党风廉政建设和反腐败工作，提出了一系列关于反腐倡廉的重要思想观点，深化了对反腐倡廉建设规律的认识。

1. 将反腐倡廉建设纳入党的五大建设

随着时代的发展，反腐倡廉建设逐渐凸显其重要性，胡锦涛提出了要“切实改进党的作风，着力加强反腐倡廉建设”的要求。党建格局从此在邓小平提出的思想、组织、作风、制度四大党的建设布局的基础之上扩展成为思想、组织、作风、制度、反腐倡廉“五位一体”的新格局。“五位一体”的党建格局在党建工作中承担着不同的功能，其中思想建设是根本、组织建设是基础、作风建设是关键、制度建设是保证。胡锦涛提出的反腐倡廉建设这一全新的命题是一项党的重大政治任务，反腐倡廉建设是其余四项建设顺利推进的重要保障，也是党的建设的必然要求。全党同志一定要充分认识反腐败斗争的长期性、复杂性、艰巨性，把反腐倡廉建设放在更加突出的位置，旗帜鲜明地反对腐败。[②]“反腐倡廉建设”作为党的五大建设之一，这一命题的提出是我们党对以往反腐败斗争的高度总结，标志着我们党对反腐败工作和廉政文化建设工作的开展有了新的认识。

---

① 《江泽民文选》第一卷，人民出版社 2006 年版，第 408 页。

② 胡锦涛:《高举中国特色社会主义伟大旗帜 为夺取全面建设小康社会新胜利而奋斗》，人民出版社 2007 年版，第 55 页。

2. 提出坚持标本兼治、综合治理、惩防并举、注重预防的方针

2004年，在党的十六届四中全会上，胡锦涛提出建立健全与社会主义市场经济体制相适应的教育、制度、监督并重的惩治和预防腐败体系，应当坚持“标本兼治、综合治理、惩防并举、注重预防”的十六字方针[①]。关于治标和治本的关系，胡锦涛指出：只有抓紧治标，严惩各种腐败行为，有效抑制腐败分子的猖獗活动，才能为治本创造前提条件。只有抓好治本，从源头上不断铲除腐败滋生蔓延的土壤，才能巩固和发展反腐败取得的成果，从根本上解决腐败问题。[②]关于惩治和预防的关系，胡锦涛强调，进行有效预防本身就要求实行严肃惩治，而实行严肃惩治本身又有利于进行有效预防[③]，惩治和预防两者是相辅相成、互相促进的关系。十六字方针是在总结反腐倡廉历史经验的基础之上做出的创新，为新时期开展廉政文化建设明确了工作思路，也是保证新时期反腐败斗争取得成效的指导方针。

3. 主张教育是基础，高度重视思想政治教育

彻底铲除腐败滋生蔓延的土壤，其中教育是基础。胡锦涛高度重视思想政治教育，他指出：“大量事实告诉我们，腐败行为的发生，首先是思想道德防线出了问题”[④]，为此要筑牢拒腐防变的思想防线，开展广泛针对广大党员干部的思想教育工作。具体需要通过以下三个方面来进行，首先，要加强领导干部的理想信念教育。要求领导干部接受马克思主义基本理论教育，从而构筑起以马克思主义为指导的世界认知、人生追求和价值判断体系。其次，要加强廉洁从政教育，胡锦涛多次强调党员干部要常

---

① 中共中央文献研究室:《十六大以来重要文献选编（中）》，中央文献出版社2006年版，第252页。

② 中共中央文献研究室:《十六大以来重要文献选编（中）》，中央文献出版社2006年版，第596页。

③ 中共中央文献研究室:《十六大以来重要文献选编（中）》，中央文献出版社2006年版，第605页。

④ 胡锦涛:《加强以完善惩治和预防腐败体系为重点的反腐倡廉建设，努力为发展中国特色社会主义提供有利条件和坚强保障》，《人民日报》2008年1月18日，第1版。

修为政之德，常思贪欲之害，常怀律己之心，真正做到一身正气、一尘不染，[①]因此要加强对党员干部的廉洁从政教育，增强党员干部的廉政意识。最后，要加强党纪国法教育。党员干部要加强对党纪国法的学习，通过学习党纪国法，培养党员干部对法律的敬畏之心。

（二）以胡锦涛同志为主要代表的中国共产党人对廉政文化建设的实践探索

党的十六大以来，以胡锦涛同志为主要代表的中国共产党人从加强党的建设的全局出发，把廉政文化建设摆在更加突出的位置，在体制机制改革方面把廉政文化建设提高到了新的水平。

1. 坚决纠正损害群众利益的不正之风

人民群众是我们党最坚实的政治基础和最深厚的力量源泉，必须解决群众身边的腐败问题，让人民群众切实感受到廉政文化建设的实效。以胡锦涛同志为主要代表的党中央，围绕征地拆迁、食品药品安全等与人民群众密切相关的领域采取了一系列的整治措施。2010 年，原国土资源局印发《关于进一步做好征地管理工作的通知》，要求各地严查在征地过程中领导干部等相关人员利用职务之便，违规征地的行为。当年，国务院办公厅颁发了《关于加强地沟油整治和餐厅废弃物管理的意见》，要求各地依照意见严厉打击非法生产销售“地沟油”的行为。党的十六大以来，我们党在切实整治损害群众利益的不正之风上展现出坚定的决心，并且取得显著的成果，切实保障了人民群众最为关心、最为现实的利益，为全面建成小康社会打下坚实基础。

2. 建立反腐败国际平台，开展反腐败国际合作

反对腐败是国际社会面临的共同课题。随着我国加入世界贸易组织，以及改革开放的逐步深入，我国同国际社会的联系日益密切，腐败现象也

① 中共中央文献研究室：《十六大以来重要文献选编（下）》，中央文献出版社 2007 年版，第 877 页。

呈现全球化，部分腐败分子外逃、逍遥法外，反腐败工作日益严峻。针对反腐败斗争新形势，党中央积极推进建立反腐败国际平台。2005 年，全国人大常委会批准《联合国反腐败公约》。《联合国反腐败公约》作为联合国反腐败领域最权威、最具影响力的国际法律文件，对强化国内反腐成效、推动反腐败国际合作具有重要意义。2006 年，最高检发起成立了国际反贪局联合会，旨在加强各国反腐机构的国际合作，推动了反腐败工作的进一步开展。

3. 从严治党，加大办案力度

党的十六大以来，党中央继续保持惩治腐败的高压态势，严肃查处了一批大案要案。一方面是坚决查处高级干部违法乱纪案件。2003 年至 2008 年，有多名省部级以上官员落马，其中包括原国土资源部部长田凤山、黑龙江省政协原主席韩桂芝、上海市市委原书记陈良宇等。另一方面是坚决查处重点领域的腐败案件。较典型的有上海原浦东新区副区长康慧军土建工程腐败案、国家食品药品监督管理局原局长郑筱萸受贿腐败案等。对高级干部以及重点领域腐败案件的严惩，昭示了我们党坚持法律面前人人平等，严惩腐败的决心。

第四节　中国特色社会主义新时代的廉政文化建设

党的十八大以来，习近平同志把廉政文化建设摆在更加突出位置，围绕新时代廉政文化建设，发表一系列重要论述，为新时代廉政文化建设提供了强大思想武器和科学行动指南。

一、习近平同志关于廉政文化的重要论述

（一）加强廉政文化建设是全面从严治党的必然要求

推进全面从严治党，首先要解决思想问题。推进廉政文化建设对于全

面从严治党而言，尤为重要。通过推进廉政文化建设，加强党员干部的思想教育工作，让党风更加纯洁，促进党员干部廉洁从政，坚持全心全意为人民服务，让政治更加清明。

腐败问题的滋生严重影响到我党与人民群众之间的联系，极容易导致群众对党的不信任。在全面从严治党过程中，习近平同志指出，要深刻把握党风廉政建设规律，一体推进不敢腐、不能腐、不想腐。一体推进不敢腐、不能腐、不想腐，不仅是反腐败斗争的基本方针，也是新时代全面从严治党的重要方略①。全面从严治党，既要治标，也要治本，正心修身、涵养文化，需要大力建设廉政文化，通过廉政文化教育使党员干部从思想上做到“不想腐”，从源头上防止腐败的滋生与蔓延。

（二）廉政文化建设要汲取传统廉政文化精髓

新时代廉政文化建设，要立足新时代，贯通历史与现实，正确看待中华传统廉政文化的地位与作用、价值与意义。习近平同志高度评价中华优秀传统文化的根脉意义，强调新时代廉政文化建设要“积极借鉴我国历史上反腐倡廉的宝贵遗产”②，汲取中华优秀传统文化廉政理念。

正如习近平同志所强调的，研究我国反腐倡廉历史，了解我国古代廉政文化，考察我国历史上反腐倡廉的成败得失，可以给人以深刻启迪，有利于我们运用历史智慧推进反腐倡廉建设。③在新时代廉洁文化建设中，积极借鉴我国历史上反腐倡廉的宝贵遗产，对于党员、干部加强党性修养，陶冶道德情操，永葆共产党人的政治本色，有着重要价值和现实意义。中华文明绵延数千年，历代廉政建设蕴含了丰富的文化精华，如以民为本、选贤任能、廉为政本、崇尚节俭的廉政思想，以及围绕反腐惩贪设计的监察制度、巡视制度、科举制度、考课制度等廉政制度。这些思想和

① 《习近平在十九届中央纪委四次全会上发表重要讲话强调 一以贯之全面从严治党强化对权力运行的制约和监督 为决胜全面建成小康社会决战脱贫攻坚提供坚强保障》，《人民日报》2020 年 1 月 14 日，第 1 版。

②③ 《习近平谈治国理政》，外文出版社 2014 年版，第 390 页。

制度为我们留下了宝贵的廉政文化遗产，也是开展新时代廉政文化建设的重要思想资源。

（三）廉政文化建设要强化理想信念教育

新时代廉政文化建设的一个重要着力点就是要引导广大党员干部夯实廉洁从政的思想根基。习近平同志指出，理想信念是立党兴党之基，也是党员干部安身立命之本。① 他强调理想信念是共产党人精神之“钙”。理想信念坚定，“骨头”就硬。没有理想信念，理想信念不坚定，精神上就会“缺钙”，就会得“软骨病”，就可能导致政治上变质、经济上贪婪、道德上堕落、生活上腐化。②

习近平同志高度重视理想信念教育，他强调坚定理想信念要抓好思想理论建设这个根本，理想信念的坚定，来自思想理论的坚定。认识真理，掌握真理，信仰真理，捍卫真理，是坚定理想信念的精神前提③。因此党员干部必须加强自身的思想理论学习，以科学理论来武装思想。通过理想信念教育，筑牢思想道德的基石，补足精神之钙，牢记初心使命，强化党员干部全心全意为人民服务的意识。通过理想信念教育，规范党员干部的言行，引导党员干部的言行更加符合共产党人的要求，增强做到忠诚干净担当的主动性和自觉性。

（四）廉政文化建设要加强权力运行的制约和监督

推进廉政文化建设的核心问题是制约和监督权力。腐败的实质是权力的滥用，反腐败的核心是制约和监督权力。权力不论大小，只要不受制约和监督，都可能被滥用。习近平同志指出，没有监督的权力必然导致腐

① 习近平：《努力成长为对党和人民忠诚可靠、堪当时代重任的栋梁之才》，《求是》2023年第13期。

② 中共中央宣传部：《习近平总书记系列重要讲话读本（2016年版）》，学习出版社、人民出版社2016年版，第106—107页。

③ 《习近平在纪念红军长征胜利80周年大会上的讲话》，《人民日报》2016年10月22日，第1版。

败，这是一条铁律。[①] 因此如何加强权力运行的制约和监督，完善权力的规范运行机制，成为新时代廉政文化建设的重要课题。

加强权力运行的制约和监督，根本上要靠制度。习近平同志指出，铲除不良作风和腐败现象滋生蔓延的土壤，根本上要靠法规制度。只有建好制度、立好规矩，发挥法规制度的激励约束作用，才能筑起遏制腐败现象滋生蔓延的“堤坝”[②]。如何依靠制度更有效地防治腐败，习近平同志提出了“要把权力关进制度的笼子里”这一论断，强调通过制度规范权力运行的重要性。他强调，要加强对权力运行的制约和监督，把权力关进制度的笼子里。[③]

制度的生命力在于执行。习近平总书记指出：制定制度很重要，制度执行更重要[④]，再好的廉政制度，如果没有落到实处，流于形式，那么只是一纸空文，无法发挥其真正有效的作用。当前我们党已经基本确立了廉政制度体系，制定制度以后，更重要的是抓落实，九分气力要花在这上面，不能让它们形同虚设，成为“稻草人”“纸老虎”“橡皮泥”，形成“破窗效应”。要坚持制度面前人人平等、执行制度没有例外，不留“暗门”、不开“天窗”，坚决维护制度的严肃性和权威性，坚决纠正有令不行、有禁不止的行为。习近平同志明确表示执行制度刻不容缓，要让反腐倡廉法规制度一经建立，就让铁规发力，制度生威，确保各项制度落地生根，使制度真正成为硬约束。[⑤]

（五）廉政文化建设要注重家风建设

注重家风家教是中国共产党人的优良传统。党的十八大以来，习近平

① 《习近平关于坚持和完善党和国家监督体系论述摘编》，中央文献出版社 2022 年版，第 193 页。

② 习近平：《论党的自我革命》，党建读物出版社 2023 年版，第 113 页。

③ 中共中央纪律检查委员会，中共中央文献研究室：《习近平关于党风廉政建设和反腐败斗争论述摘编》，中央文献出版社、中国方正出版社 2015 年版，第 121 页。

④ 《习近平关于全面从严治党论述摘编》，中央文献出版社 2021 年版，第 452 页。

⑤ 《习近平关于全面从严治党论述摘编》，中央文献出版社 2021 年版，第 444 页。

同志对家庭家教家风建设高度重视，并从治国理政的高度谋划部署家庭家教家风建设工作。他指出党员干部家风建设不仅事关民风世风，对于全社会具有教化和熏陶作用，而且事关党风政风，对党风廉政建设具有重要的现实意义。他强调，领导干部的家风不是个人小事、家庭私事，而是领导干部作风的重要表现[①]，要求领导干部把家风建设摆在首位，做到“廉洁修身，廉洁持家”，以良好家风带动优良政风，促进党风廉政建设。

由于家风建设在党风廉政建设中的重要地位，习近平同志曾在多次讲话中提出良好家风建设的途径。首先，要继承优良传统。习近平同志指出，领导干部要继承和弘扬中华优秀传统文化，继承和弘扬革命前辈的红色家风。[②]中华优秀传统文化和革命文化都含有深厚的优良家风文化，新时代家风建设应该继承和发扬优良传统，从这些家训家规家风中汲取营养和智慧。其次，党员干部要发挥带头作用。党员干部是党和国家的中坚力量，要肩负起党和人民的重托，以俭齐家、以廉守家，做家风建设的表率，“党员、干部特别是领导干部要清白做人、勤俭持家、干净做事、廉洁从政，管好自己和家人，涵养新时代共产党人的良好家风”[③]，从而树立良好家风的价值取向。最后，要加强制度建设。制度问题更带有根本性、全局性、稳定性、长期性，“靠制度是长远之策，根本之策，这是一条重要经验”[④]，家风建设要强化制度保障，把新时代家庭观的要求体现到法律法规、制度规范和行为准则中，建立有效的制度规范，以党纪国法促进党员领导干部的家风建设。

---

① 习近平：《在第十八届中央纪律检查委员会第六次全体会议上的讲话》，《人民日报》2016 年 5 月 3 日，第 1 版。

② 《习近平：在会见第一届全国文明家庭代表时的讲话》，《人民日报》2016 年 12 月 16 日，第 2 版。

③ 《深入贯彻新发展理念主动融入新发展格局 在新的征程上奋力谱写四川发展新篇章》，《人民日报》2016 年 6 月 10 日，第 1 版。

④ 《习近平新时代中国特色社会主义思想学习纲要》，学习出版社、人民出版社 2023 年版，第 126 页。

二、中国特色社会主义新时代的廉政文化建设

（一）持续开展主题教育活动

办好中国的事情，关键在党。这就要求我们必须努力把党建设好、建设强。把党建设好、建设强，不仅要通过严肃党的纪律和反腐败斗争来净化党内政治生态，而且要通过加强党内教育凝聚统一全党思想。2013年以来，中共中央先后开展了党的群众路线教育、“三严三实”专题教育、“两学一做”学习教育、“不忘初心、牢记使命”主题教育、党史学习教育、党纪学习教育等，都把坚定理想信念、加强党性修养、提升道德境界作为重点内容，对领导干部在思想、作风、党性上进行集中“补钙”和“加油”，各级领导班子和领导干部作风明显好转，政治纪律和政治规矩这根弦绷得更紧。通过持续开展主题教育，坚持思想建党、理论强党，促使党员干部不断增强“四个意识”、坚定“四个自信”、做到“两个维护”，筑牢信仰之基、补足精神之钙、把稳思想之舵，教育引导广大党员干部自觉践行党的根本宗旨，走群众路线，着力解决群众最关心最现实的利益问题，不断增强人民群众对党的信任和信心，筑牢党长期执政最可靠的阶级基础和群众根基。

（二）加强党内政治文化建设

党内政治文化是中国共产党通过自身思想、作风、组织、制度等全面建设而在党内逐渐形成的，充分体现中国共产党政治理想、价值取向、行为准则和精神风貌的一种文化形态，不仅体现在党员个体的思想言行中，还体现在各级党组织的整体运行状态中。2016年10月，习近平同志在党的十八届六中全会上首次提出“党内政治文化”的重要命题，他指出，党内政治生活、政治生态、政治文化是相辅相成的，政治文化是政治生活的灵魂，对政治生态具有潜移默化的影响，[①]并强调要注重加强党内政治文

① 习近平：《在党的十八届六中全会第二次全体会议上的讲话（节选）》，《求是》2017年第1期。

化建设，倡导和弘扬忠诚老实、光明坦荡、公道正派、实事求是、艰苦奋斗、清正廉洁等价值观，旗帜鲜明抵制和反对关系学、厚黑学、官场术、“潜规则”等庸俗腐朽的政治文化，不断培厚良好政治生态的土壤。2017年10月，党的十九大报告明确提出了“发展积极健康的党内政治文化，全面净化党内政治生态”的重要任务。2019年10月，党的十九届四中全会进一步把“发展积极健康的党内政治文化”作为坚持和完善党的领导制度体系、完善全面从严治党制度的一项重要内容予以突出强调。党内健康政治文化关系到党的建设方向和效果，发展积极健康的党内政治文化，既是党的政治建设的重大任务和时代课题，也有助于引领廉洁文化建设。

（三）建立系统的廉政文化制度保障体系

习近平同志指出：要在不能腐上深化拓展，前移反腐关口，深化源头治理，加强重点领域监督机制改革和制度建设，健全防治腐败滋生蔓延的体制机制。[①] 新时代廉政文化建设，不仅要重视党员干部的思想建设，也要在体制机制建设上推动，加强反腐倡廉党内法规制度建设，健全反腐倡廉的法律制度体系。

新时代廉政文化建设，一方面要不断提升党员干部的清廉意识，及时发现并果断纠正党员干部的腐败问题，把腐败倾向扼杀于摇篮；另一方面要系统完备、衔接配套，立治有体、施治有序，把反腐倡廉法规制度的笼子扎细扎密扎牢，做到前后衔接、左右联动、上下配套、系统集成。必须加快反腐倡廉党内法规制度建设，完善已有的法规制度、废止不适应的法规制度，努力形成系统完备的反腐倡廉法规制度体系。

（四）构建一体推进“三不腐”体制机制

党的十八大以来，鉴于复杂严峻的反腐败斗争形势，习近平同志提出反腐败斗争体制机制建设的重要性，明确了反腐败斗争中“打铁必须自身

① 《一刻不停推进全面从严治党　保障党的二十大决策部署贯彻落实》，《人民日报》2023年1月10日，第1版。

硬”的治本之策。2014 年 9 月，习近平同志在庆祝全国人民代表大会成立 60 周年大会上明确提出，要坚持用制度管权管事管人，抓紧形成不敢腐、不能腐、不想腐的有效机制。①2019 年 1 月，习近平同志在出席十九届中央纪委三次全会时强调要深化标本兼治，夯实治本基础，一体推进不敢腐、不能腐、不想腐，使“一体推进”的系统逻辑与“不敢腐、不能腐、不想腐”紧密联系起来。2020 年 1 月，习近平同志在党的十九届四中全会上明确提出“构建一体推进不敢腐、不能腐、不想腐体制机制”，强调“要深刻把握党风廉政建设规律，一体推进不敢腐、不能腐、不想腐。一体推进不敢腐、不能腐、不想腐，不仅是反腐败斗争的基本方针，也是新时代全面从严治党的重要方略。不敢腐、不能腐、不想腐是相互依存、相互促进的有机整体，必须统筹联动，增强整体效果。要以严格的执纪执法增强制度刚性，推动形成不断完备的制度体系、严格有效的监督体系，加强理想信念教育，提高党性觉悟，夯实不忘初心、牢记使命的思想根基”②，将“一体推进”的系统逻辑嵌入“三不腐”体制机制构建的要求中。2022 年 10 月，党的二十大在北京召开，习近平同志在会上重申全面巩固反腐败斗争压倒性胜利成果必须坚持不敢腐、不能腐、不想腐一体推进，将一体推进不敢腐、不能腐、不想腐的方针战略在新时代新征程反腐败斗争中的历史地位提升到了新的高度。

（五）营造崇尚廉洁的社会风气

2022 年 2 月，中共中央办公厅印发了《关于加强新时代廉洁文化建设的意见》，对新时代廉洁文化建设的原则、目的、具体要求、重大意义等做了明确阐释，并发出通知要求各地区各部门结合实际认真贯彻落实。

① 习近平：《在庆祝全国人民代表大会成立六十周年大会上的讲话》，《求是》2019 年第 18 期。

② 《习近平在十九届中央纪委四次全会上发表重要讲话强调 一以贯之全面从严治党强化对权力运行的制约和监督 为决胜全面建成小康社会决战脱贫攻坚提供坚强保障》，《人民日报》2020 年 1 月 14 日，第 1 版。

从发布《中国共产党廉洁自律准则》以分别规范党员和党员领导干部的廉洁自律行为，到出台《关于新形势下党内政治生活的若干准则》以严格规定全党政治生活与政治作风，再到印发《关于加强新时代廉洁文化建设的意见》以明确新时代廉洁文化建设对党员、干部廉洁自律意识的培养以及对全面从严治党战略的意义，这些都表明以习近平同志为核心的党中央对加强廉洁文化建设以清除腐败文化的决心。新时代廉洁文化建设的主要任务就是清除党内腐败文化，做到有案必查、以案促治，使廉洁文化占领作风高地，引领文化潮流、形成社会风尚。要养成清正的党风，关键是依靠党内制度的规范与强制约束和党员的自律性；要实现党员的自律，增强其“不想腐”的心理尤为重要。

新时代廉政文化建设还特别强调要重视家风建设。党员干部能否树立正确的权力观、亲情观与家风好坏有着千丝万缕的联系，好的家风建设能够为领导干部清正廉洁助力。党员干部的家风作为社会风气的重要组成部分，也能够带动、影响到社会中千万家庭的风气。从当前披露出的许多腐败案件来看，“家风败坏往往是领导干部走向严重违纪违法的重要原因”①。廉政文化建设不仅要求党员干部要严格自身，同时对于自己的配偶、子女及身边工作人员也要言传身教。在日常工作生活中，要积极开展良好家风教育、宣传革命前辈的红色家风等活动，在潜移默化中形成良好家风。家风正推动党风纯，党风纯而后民风净，民风净则使社会主义核心价值观不断完善且发挥效用，使全社会形成抵制腐败的意识与自觉，从而营造更加浓厚的崇廉拒腐社会风气。

小结

中国共产党的性质和宗旨决定了其与腐败天生水火不容。中国共产党的

① 中共中央党史和文献研究院：《习近平关于注重家庭家教家风建设论述摘编》，中央文献出版社 2021 年版，第 55 页。

历史，既是一部带领中国人民进行争取民族独立、解放和强盛的奋斗史，也是一部坚持反对腐败、建设廉洁政治的反腐倡廉史和廉政文化建设史。回顾历史发现，中国共产党无论是在革命战争年代、社会主义革命和建设时期，还是在改革开放和社会主义现代化建设新时期、中国特色社会主义新时代，都始终坚持反腐倡廉，把加强党风廉政建设、推进廉政文化建设作为推动自身成长、发展、壮大的强大内驱力。始终坚持党的领导、团结和依靠人民群众不断推动廉政文化建设，是中国共产党百年奋斗的宝贵经验。

思考题

1. 新民主主义革命时期，中国共产党廉政文化建设进行了哪些实践探索？取得了哪些重要成就？

2. 党的十八大以来，中国共产党廉政文化建设取得了哪些主要成就？

3. 从中国共产党廉政文化建设的历史脉络中，请梳理出中国共产党廉政文化建设的基本经验。

4. 结合本章内容和当前国内外形势，中国特色社会主义新时代中国共产党廉政文化建设需要面对哪些现实挑战？应当如何应对这些挑战？

第五章 廉政教育文化

导 语

廉政教育文化是廉政文化的重要组成部分，旨在通过教育活动实现廉政文化的传承、创新与发展。本章立足新时代廉政教育文化的功能定位，界定廉政教育文化的概念，明晰其基本特征与主要作用，并对其主体内容与实施方式进行系统阐释。

第一节　廉政教育文化概述

一、廉政教育文化的概念

廉政教育文化是指通过廉政教育培养党员、干部的廉洁意识和自律能力，增强党员、干部廉洁自律和遵纪守法的自觉性，进而推动全社会形成公正、诚信、守法、勤政、奉公、清廉的文化氛围。

廉政教育文化源自廉政教育的丰富内容与多样形式，承载着廉洁从政和廉政建设的价值追求。廉政教育的内容体系呈现鲜明的特定性，其构成元素丰富且层次分明，主要包括对党员干部和公职人员的理想信念教育、道德修养教育、纪律法律教育、从政从业教育以及反腐败形势教育等多个维度。这些教育内容相互关联、互为支撑，共同构成了廉政教育的核心内容框架，旨在全方位提升教育对象的廉洁意识与行为。廉政教育旨在通过各种形式的教育、培训以及思想建设手段，有组织、有计划地对党员干部和公职人员施加影响，促使他们遵循廉政准则，贯彻廉政规范。① 廉政教育的有效实施，应不断丰富教育的形式，以增强吸引力与感染力。此外，完善相关配套保障措施，如建立廉政教育师资库、开发廉政教育资源库、构建廉政教育评估体系等，也是确保廉政教育顺利实施的重要保障。通过廉政教育所培育的个体廉政素养，不仅能够提升教育对象的廉洁自律能力，更能够在全社会范围内形成崇尚廉洁、抵制腐败的良好风尚，从而反过来推动整个社会廉政文化水平的提升。

廉政教育文化与廉政文化教育是两个既相互联系又相互区别的概念。廉政教育文化提炼并升华了廉政教育过程中所形成的政治现象、道德要

① 参见杨永庚:《廉政教育与我国新时期意识形态的建构》,《陕西师范大学学报(哲学社会科学版)》2016 年第 4 期。

求、价值观念与行为准则，从而构成了一种独特且富有内涵的文化形态。廉政教育文化的落脚点是“文化”，它不仅涵盖了以廉政为主题的教育形态，而且包括了廉政文化教育实施过程中所形成的一系列文化现象。廉政教育文化不仅服务于党员干部廉洁意识的提升，更致力于在全社会范围内形成一种清正廉洁的文化环境。这种文化氛围的营造，不仅有助于提升个体的道德修养和廉洁意识，还能在社会层面形成一股强大的廉政力量，推动社会的公平与和谐发展。廉政文化教育，其本质在于“教育”，即教育者运用廉政文化的思想理论与价值观念，对教育对象施加有目的、有计划、有组织的影响，旨在不断培养道德自律意识，增强拒腐防变的良好心理品质，并引导其形成以诚实守信、正直节俭、崇尚廉洁为核心价值观念的社会实践活动。[①] 廉政文化教育具有筛选、整理、传递和保存廉政教育文化的作用，通过开展廉政文化教育活动，廉政教育文化得以传递和深化。

二、廉政教育文化的特征

（一）政治性

政治性是指政党以及政府在治理国家的过程中所体现出来的特定属性。加强新时代廉政文化建设，是贯彻全面从严治党战略方针的重要举措，旨在建设廉洁政治，保持党的先进性和纯洁性，确保党能够成功跳出治乱兴衰的历史周期率，永远不变质、不变色、不变味。这深刻反映了中国共产党作为执政党，为实现国家长治久安、人民幸福安康而进行的自我革新与自我完善。通过廉政教育，党员干部能够深刻理解党的宗旨、纪律和使命，增强党性修养，提升拒腐防变能力，为党的长期执政奠定坚实的思想基础。在中国共产党的领导下，新时代廉政教育更加注重从思想上正

---

① 参见宋富军:《开展大学生廉政文化教育的几点思考》,《思想教育研究》2010 年第 6 期。

本清源、固本培元，强调加强理想信念教育，将廉政要求贯穿党员干部的日常教育管理监督之中。这要求廉政教育不能仅停留在理论教育层面，更要深入党员干部的内心世界，通过党内谈话、警示教育等多种形式，开展常态化、长效化的思想建设。特别是做深做实警示教育，通过剖析典型案例，让党员干部从他人的错误中吸取教训，筑牢廉政防线，形成不敢腐、不能腐、不想腐的有效机制，为党内政治生态的健康发展提供坚实保障。

（二）主体性

廉政教育文化的主体性，是指廉政教育在塑造和培育个体及集体道德观念、价值观念和行为准则过程中，所展现出的自主性、能动性和创造性。主体性是廉政教育文化的重要特征，体现了教育者与受教育者作为主体，在廉政文化建设中的积极作用和重要地位。在廉政教育中，教育者不再是单纯的知识传授者，还是引导者和启发者。他们通过创新教育方式方法，激发受教育者的内在动力，使其主动参与到廉政文化的学习和实践中。同时，在廉政教育这一实践过程中，特定组织或单位作为廉政教育的组织者、规划者、协调者和推动者，不仅承担着对客体实施教育的责任，更需以身作则、率先垂范，通过加强自身修养，提升廉政水平，为廉政教育树立标杆。在廉政教育中，受教育者也不再是被动接受者，而是成为学习的主体，通过自我反思、自我提升，将廉政理念内化于心、外化于行，用实际行动诠释着廉政的真谛。廉政教育文化的主体性不仅推动了廉政文化的深入发展，更为社会的廉政风气注入了强大动力。在推进廉政文化建设中，应继续发挥廉政教育文化的主体性作用，不断提升党员干部的廉政素养，为构建和谐社会、实现国家长治久安贡献力量。

（三）广泛性

廉政教育文化的广泛性体现在受众宽广、内容丰富和形式多样。一是受众的宽广性。我国廉政教育体系的构建，不仅旨在提升党员干部和公职人员的个人素养和职业操守，更在于在全社会范围内营造崇廉拒腐的良好风尚。因此，廉政教育的受众范围涵盖了社会各阶层群众，力求在全社

会形成廉洁自律、风清气正的良好氛围。这种受众的宽广和包容性，使廉政教育文化越来越成为一种全民参与、全民受益的文化现象。二是内容的丰富性。廉政教育文化旨在加强廉洁意识和自律能力，包括精神层面的廉政理想信念和道德修养、制度层面的纪律要求、实践层面的从政从业，以及政策层面的反腐败形势等，都归属于廉政教育的组成内容，从而构建起系统的廉政教育文化体系，使受教育者全方位地浸染在廉政氛围之内。三是形式的多样性。廉政教育文化在发挥教育作用时，既注重正面引领，通过树立先进典型，激发受教育者的学习热情和进取精神；也重视反面警示教育，通过深入剖析违纪违法典型案例，发挥其惩治震慑、教育警醒的作用，使受教育者深刻认识到腐败行为的严重危害和沉重代价。同时，廉政教育文化还充分利用了各种教育资源，既有实体教育基地，如廉洁文化主题公园、廉政教育场馆的实地参观学习；也有网络信息技术作用的发挥，如线上廉政教育公众号、小程序、短视频等的便捷传播，从而增强了廉政教育的吸引力和感染力。

（四）计划性

廉政教育文化的计划性，是指廉政教育的开展应当经过事先周密安排和部署，在明确目标、内容、时间、责任人等前提下有序开展。通过制定详细的策划方案和有效的执行机制，不仅增强了廉政教育的系统性和针对性，还提升了其有效性和可持续性，使得廉政教育活动有序开展，保障廉政教育目标落到实处，进而促进党员干部和公职人员的廉洁自律素养得到有效提升。具体而言，主要体现在以下三个方面。一是廉政教育目标的计划性。我国进行廉政教育的核心目标是贯彻全面从严治党战略方针，强化党员干部廉洁自律意识，增强党员领导干部廉洁从政、廉洁用权、廉洁修身、廉洁齐家的思想自觉。因此，每一项具体的廉政教育工作任务都必须设定预期的目标，体现计划性，这些目标不仅涵盖宏观的战略导向，还细化到具体的行为准则，确保党员干部深刻理解党的纪律要求，明确行为界限，始终保持忠诚、干净、担当的政治本色。二是廉政教育方案的计划性。廉政教育的有效实施离不开翔实可行的方案支持，为廉政教育活动的精准实施提供指引。廉政教育方案包括但不限于廉政教育方式的选择、教育对象的选定、教育活动开展的时间与地点等，并通过细致的规划把握教育的节奏，确保廉政教育活动有序开展。三是廉政教育管理的计划性。开展廉政教育应当合理规划人力、物力、财力。在人力资源管理方面，廉政教育活动应明确各个组织和参与主体的职责，根据实际工作需要分配不同的任务；在教育经费保障方面，应当做好经费预算，并明确经费使用路径和方式方法，提高经费的使用效益，用最小的经费投入达成最大的教育效果。

三、廉政教育文化的作用

（一）增强党员干部的廉洁意识

廉政教育文化，凭借其廉政教育手段的影响力与廉政教育内容的感召力，成为构筑党员干部廉政防线的重要基石，是提升党员干部廉洁意识、增强其拒腐防变能力的有效路径。教育作为塑造人的品格、丰富人的知识的重要手段，其核心在于引导人们树立正确的价值观，提升个人的思想境界。通过廉政教育这一载体，将党和国家的廉洁标准、纪律要求以及道德准则，深入浅出地传递给党员干部，使其能够在潜移默化中接受廉政文化的熏陶。这不仅在于传播廉政知识，更在于通过思想建设和教育影响，帮助党员干部树立正确的权力观、政绩观和利益观，告诫党员干部要时刻保持清醒的头脑，对党纪国法心存敬畏、对权力运行心存戒惧、对个人行为严格把关，坚决守住廉洁自律的底线。同时，廉政教育文化还鼓励党员干部要以身作则，廉洁从政从业，以实际行动践行党的宗旨，为人民群众谋利益、办实事。在这一过程中，廉政教育文化不仅为党员干部提供了丰富的精神滋养，更为他们树立了明确的行为导向，使党员干部在面临各种诱惑和考验时，能够坚守原则、不为所动，始终保持共产党人的政治本色。

（二）营造崇廉拒腐的社会风尚

良好社会风尚的形成，从根本上讲是社会成员个体行为习惯与意识形态在长期社会实践中塑造与培育的结果。廉政教育文化作为社会文化的重要组成部分，通过其特有的教育方式，对社会风尚的营造发挥着举足轻重的作用。一方面，廉政教育文化直接作用于党员干部这一关键群体。党员干部的言行举止、价值观念以及行为模式，对社会其他成员具有极强的示范效应与引领作用。廉政教育文化通过强化党员干部的廉洁自律意识，促使其在工作中秉持公正无私、廉洁奉公的原则，以实际行动践行廉政理念。这种示范效应不仅提升了党员干部的公信力与形象，而且形成了由上至下、由内而外的正向影响，无形中引导社会其他成员向廉洁自律的方向靠拢，推动整个社会风气向崇廉拒腐的积极方向转变。另一方面，廉政教育的辐射范围并不限于党员干部，它还广泛触及社会的各个角落，渗透于社会的各个阶层与领域。通过传播廉政文化的价值观念和道德规范，潜移默化地影响并改变人民群众的思想观念与行为模式。这种全方位、深层次的渗透，为塑造一个健康向上、崇廉尚洁的社会风尚奠定了坚实的基础。当社会成员普遍遵循廉洁自律的行为准则，将廉洁理念内化于心、外化于行时，整个社会将形成一种廉洁奉公、诚信守法的浓厚氛围。这种良好风尚的形成，不仅是社会文明进步的体现，更是国家长治久安的重要保障。

（三）巩固中国共产党的领导地位和执政地位

中国共产党作为一个承载着中华民族伟大复兴历史使命的马克思主义政党，其追求的理想崇高而神圣，肩负的责任艰巨而繁重。在领导人民以中国式现代化全面推进强国建设、民族复兴伟业的伟大实践中，中国共产党必须以时代发展的要求审视自身，以强烈的忧患意识警醒全党，以自我革命精神锻造全党，不断提升党的领导能力和执政水平。党的领导地位和执政地位的巩固，并非一蹴而就、一劳永逸，必须依靠广大党员干部的共同努力。党员干部作为党的中坚力量，是党的事业的重要执行者与推动者，党员干部的思想品质、工作能力以及廉政水平，直接关系到党的形象与声誉，更直接影响到人民群众对党的信任与支持。因此，只有广大党员干部始终保持高度的政治觉悟、坚定的理想信念以及优良的作风纪律，才能共同筑牢党的领导地位和执政地位，确保党的事业始终沿着正确的方向稳步前进。在此过程中，廉政教育文化作为一种重要的教育资源，起到举足轻重的作用。廉政教育文化通过提升党员干部的廉洁意识，帮助党员干部树立正确的世界观、人生观、价值观，培养党员干部的崇高政治信仰和优良品德，不仅使党在人民群众中树立了良好的形象和崇高的威信，赢得了广泛的信任与支持，更为党在长期执政过程中保持先进性和纯洁性提供了坚实保障。同时，当党员干部的廉政素养得以显著提升，中国共产党才能祛杂质、强免疫、壮筋骨，经受住“四大考验”、抵御住“四种危险”、解决好“四个不纯”，始终成为中国特色社会主义事业的坚强领导核心。

第二节　廉政教育文化的主要内容

廉政教育文化的内容植根于廉政教育过程，呈现为一个条理清晰、层次分明的内容体系，其中包含廉政理想信念教育、廉政道德修养教育、廉政纪律法律教育、廉洁从政从业教育以及反腐败形势教育。掌握廉政教育文化的主要内容，有助于全面把握廉政教育文化的构成要素。

一、廉政理想信念教育

理想信念是思想和行动的“总开关”，理想的滑坡是最致命的滑坡，信念的动摇是最危险的动摇。[①] 廉政理想信念教育是廉政教育的核心内容，是廉政教育文化在精神层面的体现，代表廉政教育所要达到的至高境界。

① 参见乔德福等:《廉政文化论》，中国社会出版社 2015 年版，第 124 页。

习近平同志指出，共产主义远大理想和中国特色社会主义共同理想，是中国共产党人的精神支柱和政治灵魂。[①]坚定的理想信念，是中国共产党人精神上的“钙”，也是保证全党同心同德、团结统一的思想基础。[②]中国共产党成立以来，之所以能够经受住种种考验，一次次于绝境中重生，带领中国人民走向民族复兴光明前景，就是因为中国共产党人始终秉持着共产主义的崇高理想信念，始终以马克思主义为根本指导思想，始终将实现共产主义作为最高奋斗目标和价值追求。

廉政理想信念教育在于教育党员干部坚定共产主义崇高信仰，明确共产党人一生应当矢志不渝追求的崇高目标，以此激发他们的信念之锚，确保对党和国家的忠诚永不褪色。崇高的理想信念赋予党员干部自我引领的力量，使他们能够自觉抵御外界的各种诱惑，以正确的视角审视并坚决抵制腐败现象与行为，以廉洁奉公的行为方式为党和国家的事业奋斗终身。廉政理想信念教育不能仅停留在抽象概念层面，而应转化为具体而实际的教育行动，进而营造出浓厚的廉政教育文化氛围。要深入学习马克思主义基本理论，掌握马克思主义理论最新研究成果，学习贯彻习近平新时代中国特色社会主义思想，树立正确的世界观、人生观、价值观。要将廉政理想信念纳入常态化的教育实践过程中，通过落实“四下基层”制度，教育引导广大党员干部将廉政理念实践在一线、服务在一线、锻炼在一线，通过社会实践锻造廉政理想信念的坚定性。[③]

二、廉政道德修养教育

党员干部的道德修养水平，直接关系到党和国家的事业能否顺利推

① 《决胜全面建成小康社会夺取新时代中国特色社会主义伟大胜利——在中国共产党第十九次全国代表大会上的报告》，人民出版社 2017 年版，第 63 页。

② 参见郭蕊：《理想信念是党百年奋斗的内在动力》，《中国教育报》2024 年 7 月 18 日，第 6 版。

③ 参见吴潜涛，潘一坡：《推动理想信念教育常态化制度化》，《光明日报》2024 年 8 月 7 日，第 6 版。

进。廉政道德修养教育，作为廉政教育文化的重要一环，承载着塑造党员干部高尚品德的重任。中国古代先贤十分重视个人道德修养。儒家如孔子、孟子，对廉政道德修养进行了深刻的剖析与阐述，构建了以“修身、齐家、治国、平天下”为框架的伦理道德体系。儒家思想所包含的“耻感”文化，也是廉政道德修养教育思想的一种体现。在《论语》中，孔子多次提到“耻”，强调“行己有耻”，[①] 认为人们在言行举止中应有知耻之心。孟子将“羞恶之心”视为人的内在规定性，提出“不耻不若人，何若人有”[②] 的观点。儒家思想将“耻感”文化作为“公私之辨”的核心，通过这种教育手段和思想要求唤醒人们的良知，在思想上接受廉洁观念，自觉提升个人修养。唯有正心修身、涵养文化，才能守住为政之本。习近平同志指出，在任何时候、任何情况下，党的领导干部在政治上都要站得稳、靠得住，对党忠诚老实、与党中央同心同德，严守政治纪律和政治规矩，不断增强政治定力、纪律定力、道德定力、抵腐定力，把“四个意识”转化成听党指挥、为党尽责的实际行动。[③] 这一重要论述不仅是对党员干部廉政道德修养的明确要求，也是廉政教育应达成的目标之一。

廉政道德修养教育应当将党和国家的廉政要求内化为党员干部的自我要求，把思想引领、党性锻炼、廉洁要求贯穿教育始终，不断提高党员干部的政治自觉、思想自觉和行动自觉，进而提升党员干部的道德情操，推动全社会形成崇廉拒腐的良好风气。廉政道德修养教育应当融入党员干部的日常学习、工作和生活之中，督促其严格遵循职业道德规范，做到言行一致，信守承诺，以高标准严要求约束自己，通过实践进行自我教育和自我改造，清白公正完成各项工作任务。党员干部应自觉学习社会道德规范，深化对廉洁道德行为及其意义的认识，学习廉洁先进榜样，塑造个人优良的廉洁道德品质，经常进行自我反省，及时发现和纠正苗头性和倾向

① 《论语·子路》。

② 《孟子·尽心章句上》。

③ 《习近平著作选读》第二卷，人民出版社 2023 年版，第 119 页。

性作风问题，培养和加深自己的道德情感，做到自省自律。

三、廉政纪律法律教育

纪律和法律，作为党员干部必须遵守的行为准则，是对党员干部具体行为予以约束的基本依据。在廉政教育文化建设过程中，纪律和法律方面的教育是不可或缺的内容。习近平同志强调，要把纪律建设摆在更加突出位置，党规制定、党纪学习教育、执纪监督全过程都要贯彻严的要求，既让铁纪“长牙”、发威，又让干部重视、警醒、知止，使全党形成遵规守纪的高度自觉。[①] 在全面从严治党的伟大实践中，必须始终重视纪律教育在廉政建设方面的重要作用，将纪律与规矩挺在前面，以严明的纪律整饬作风，用铁的纪律消除一切损害党的先进性和纯洁性的因素。法律是由国家制定或认可并依靠国家强制力保证实施的行为规范体系，党员干部必须率先垂范，带头守法，这不仅是全面从严治党的基本要求，也是党员干部自身应当具备的基本素养。对党员干部进行普法宣传与教育，有助于让其全面而正确理解中国特色社会主义法律体系的具体内容，尤其是与廉洁从政从业密切相关的内容，让党员干部保持对法律的敬畏之心，确立法律底线不得逾越的观念，严格自我要求、自我约束，以遵法、知法、守法的态度和方式践行廉政要求。

对党员干部进行廉政纪律法律教育，要引导他们准确理解纪律法律的内涵。部分党员干部对纪律法律的理解浮于表面，对党内法规与国家法律的具体规定缺乏学习，难以有效地运用纪律法律规范自身行为。当前，应当强化党员干部对纪律法律的认知基础，丰富他们的纪律法律知识库，引导其明确行为界限，知晓可为与不可为，从而在日常生活与工作中能够遵循正确的行为准则，自觉规范自身言行。要教育党员干部遵纪守法、用纪

① 《习近平在二十届中央纪委二次全会上发表重要讲话强调　一刻不停推进全面从严治党保障　党的二十大决策部署贯彻落实》，《人民日报》2023 年 1 月 10 日，第 1 版。

用法，增强党员干部良法善规意识、正当程序意识、权力规范制约意识，以纪律意识和法治思维进行决策和行动，做到忠诚干净担当。2024 年 1 月，习近平同志在二十届中央纪委三次全会上指出，以学习贯彻新修订的纪律处分条例为契机，在全党开展一次集中性纪律教育。2024 年 4 月，中共中央办公厅印发了《关于在全党开展党纪学习教育的通知》，明确了党纪学习教育的基本要求，要坚持以习近平新时代中国特色社会主义思想为指导，组织党员干部认真学习《中国共产党纪律处分条例》，将党纪学习教育融入日常、抓在经常，各级党委要把开展党纪学习教育作为重要政治任务，精心组织实施，加强督促落实。这一系列举措旨在全面提升党员干部的纪法素养，是廉政纪律法律教育的生动实践。

四、廉洁从政从业教育

党员干部是党的事业的骨干，是人民的公仆。党员干部的廉洁意识要贯彻落实到具体的从政从业过程中，才能发挥其应有的作用。廉洁从政从业教育不仅是廉政教育体系的关键一环，更是构筑廉政教育文化氛围的重要基石。我国传统文化中蕴含着大量公私分明、廉洁奉公的经典理念与生动案例，为当代廉洁从政从业教育提供鲜明镜鉴。比如，东汉名臣杨震在担任东莱太守时，昌邑县令王密趁夜晚前来拜访，并“怀金十斤以遗震”，向杨震赠送一份厚礼。杨震得知后严词拒绝，针对王密无人知晓的一番解释，他做出了振聋发聩的一番回答：“天知，神知，我知，子知。何谓无知！”这句话让王密羞愧难当，更成为传颂千古的名言。杨震以其清廉自守、不谋私利的高尚品德，对后世产生了深远的影响，被后人尊称为“四知太守”。[①] 习近平同志曾多次强调廉洁从政从业的重要性，教育广大党员干部要保持为民务实清廉的政治本色，自觉同特权思想和特权现象做斗争，坚决预防和反对腐败，做到清清白白为官、干干净净做事、老老

① 《后汉书·杨震列传》。

实实做人。对于年轻干部，习近平同志更是寄予厚望，要求他们扣好廉洁从政的“第一粒扣子”，教育年轻干部要树立正确的权力观、地位观、利益观，做到公正用权、依法依规用权、为民用权、廉洁用权，时刻自重自省，严守党纪国法。

对党员干部进行廉洁从政从业教育，一要教育党员干部公私分明，先公后私、克己奉公。党员干部必须清晰界定公务与私事的界限，不能混为一谈，应坚持公共利益为先，克制自己的私欲，不以个人利益取代公共利益，真正做到公正无私。二要教育党员干部坚持崇廉拒腐，清白做人，干净做事。党员干部在实际工作中面临来自多方面的诱惑，必须始终以马克思主义和共产主义伟大理想信念为指引，保持廉洁自律品格，拒绝腐化堕落，做事干净利落，自觉抵制不良风气。三要教育党员干部坚持吃苦在前，享受在后，甘于奉献。党员干部是人民的公仆，必须始终以党和人民的利益为重。面对困难和挑战时，应勇于担当，敢于冲锋在前，以实际行动践行共产党人的初心与使命。

五、反腐败形势教育

反腐败斗争是一场关乎国家命运、不容有失的重大政治斗争，必须决战决胜。坚决同反腐败做斗争，就必须对当前反腐败斗争的复杂形势有清醒且准确的认识。反腐败形势教育作为廉政教育的重要组成部分，其核心在于通过系统的教育引导，向广大党员干部清晰传达党中央反腐败的坚定决心，深入分析反腐败斗争的现状与挑战，从而激发党员干部对于反腐败斗争的必胜信念与顽强意志。党的十八大以来，以习近平同志为核心的党中央，以猛药去疴、重典治乱的决心，以刮骨疗毒、壮士断腕的勇气，坚持“打虎”“拍蝇”“猎狐”多管齐下，有效消除了党、国家、军队内部存在的严重隐患，营造了自觉抵制腐败、杜绝腐败、远离腐败的良好氛围，推动反腐败斗争取得压倒性胜利，有力保障党和国家的事业健康发展。与此同时，我们也应清醒地认识到，反腐败斗争形势依然严峻复杂。压倒性胜利不等于彻底性胜利、根本性胜利，腐败问题仍然存在，稍有松懈，反腐败斗争就可能半途而废，前功尽弃。① 习近平总书记在二十届中央纪委三次全会上强调，“我们对反腐败斗争的新情况新动向要有清醒认识，对腐败问题产生的土壤和条件要有清醒认识，以永远在路上的坚韧和执着，精准发力、持续发力，坚决打赢反腐败斗争攻坚战持久战。” ② 他在二十届中央纪委四次全会上强调，要始终保持反腐败永远在路上的坚韧执着，保持战略定力和高压态势，一步不停歇、半步不退让，一体推进不敢腐、不能腐、不想腐，坚决打好这场攻坚战、持久战、总体战。③ 在持续进行反腐败斗争的过程中，加强反腐败形势教育，有助于党员干部提高对腐败形势的认识，树立反腐败斗争的信心，从而自觉抵制腐败，积极参与反腐败斗争，推进反腐败斗争取得最终胜利。

开展反腐败形势教育，既要重点讲好全面从严治党的重大原则、重大任务和历史性成就，增强反腐败斗争必胜的信心决心；也要深入剖析腐败问题的严峻性、复杂性，讲清楚反腐败斗争的长期性、艰巨性，教育党员、干部始终保持对“腐蚀”“围猎”的警觉，任何时候都要稳得住心神、管得住行为、守得住清白。为有效传递反腐败斗争的最新动态，应充分利用多种渠道与形式，充分发挥反腐败形势教育的积极作用。开展反腐败形势教育，可以邀请相关领域专家对党员干部进行理论宣讲、政策解读，向党员干部精准解读党风廉政建设和反腐败斗争的最新做法和最新要求；也可以在深入调研的基础上向党员干部宣讲反腐败形势，通过现实数据和案例发挥警醒教育作用，提醒党员干部时刻保持廉洁习惯；还可以由党员领导干部带头讲廉政党课，通过举办领导干部党风廉政建设研修班等形式，

① 黄蓉生：《坚决打赢反腐败斗争攻坚战持久战》，《红旗文稿》2024 年第 9 期。

② 《习近平在二十届中央纪委三次全会上发表重要讲话强调 深入推进党的自我革命 坚决打赢反腐败斗争攻坚战持久战》，《人民日报》2024 年 1 月 9 日，第 1 版。

③ 习近平：《坚持用改革精神和严的标准管党治党 坚决打好反腐败斗争攻坚战持久战总体战》，《人民日报》2025 年 1 月 7 日，第 1 版。

围绕某一主题进行廉政教育学习，引导党员干部主动应对反腐败斗争的新形势与新挑战。

第三节　廉政教育文化的实施方式

廉政教育文化的实施方式直接影响到廉政教育的效果。相较于传统的单一化手段，多样化、生动化的教育方式，可以使受教育者更容易接受和理解廉政文化理念，提高廉政文化教育效果。选择并执行科学合理的廉政教育文化实施方式，需要在明确廉政教育对象和基本原则的基础上，充分利用廉政教育载体，加强廉政教育配套制度建设，确保廉政教育文化发挥其应有功能。

一、明确廉政教育对象

准确界定廉政教育的对象范围是构建廉政教育文化实施方式的前提。廉政教育的对象范围主要包括党员领导干部、一般党员干部、公职人员、普通党员、社会公众等。

（一）廉政教育的主要对象

党员领导干部、一般党员干部以及公职人员是廉政教育的主要对象。作为党的骨干力量，党员领导干部是“关键少数”，是廉政教育的重点对象。首先，党员领导干部不仅是党的路线方针政策的执行者和推动者，更是党风廉政建设和反腐败斗争的领导者和示范者。党员领导干部的言行举止、道德品质、工作作风等会直接影响到党的形象和公信力。因此，党员领导干部必须以身作则，带头遵守党的纪律，做到廉洁自律、勤政为民，为全党全社会树立良好形象。其次，党员领导干部在参与反腐败斗争，推动建立健全惩治和预防腐败体系中发挥着关键作用。通过加强制度建设、强化监督制约、深化体制改革，不断铲除腐败现象滋生的土壤和条件，为全面从严治党提供有力保障。此外，党员领导干部必须时刻保持清醒头脑，坚定理想信念，增强党性观念和组织纪律性，自觉接受党和人民监督，做到公私分明、克己奉公，始终保持共产党人的政治本色和浩然正气。

相较于党员领导干部，一般党员干部的权力和责任相对较小，但其在党的组织结构和事业发展中同样扮演着重要角色。因此，接受廉政教育，增强廉洁自律意识，对于一般党员干部来说也不可或缺。通过系统的廉政教育，一般党员干部可以更加深入地了解党的纪律和规矩，明确自己的职责和使命，从而增强党性观念，保持党的先进性和纯洁性；可以更加清晰地认识到廉洁自律的重要性，自觉遵守党的纪律和规矩，做到清正廉洁、公正执法。廉政教育有助于一般党员干部树立正确的权力观和利益观，更加深刻地认识到权力的本质和来源，明确权力的使用范围和限制，从而做到依法用权、为民用权。

在党政军部门和企事业单位中担任公职的人员作为公共事务的管理者和服务者，同样需要接受廉政教育，以确保在工作中保持廉洁自律，维护党和政府的形象，以及赢得人民群众的信任和支持。廉政教育能够增强公职人员的法律意识和道德观念，明确职业行为规范，防止权力滥用和腐败行为的发生。通过廉政教育，公职人员可以更加深入地了解党的纪律和国家法律，明确自己的职责和权力范围，做到依法办事、廉洁奉公。廉政教育还有助于提升公职人员的服务意识和群众观念。公职人员必须时刻牢记为人民服务的宗旨，把人民群众的利益放在首位，积极履行职责，提供优质高效服务。通过廉政教育，公职人员可以更加深刻地认识到自己的责任和使命，增强服务意识和群众观念，努力为人民群众排忧解难，促进社会和谐稳定。

（二）廉政教育的其他对象

中国共产党党员作为党的基本细胞，都需要接受廉政教育。通过系统的廉政教育，增强普通党员的廉洁自律意识，可以使其更加深入地了解党

的宗旨、纪律和规矩，明确自己的职责和使命，从而坚定理想信念，增强党性修养，做到公私分明、克己奉公、清正廉洁、不贪不占，为党的事业发展营造风清气正的环境。

廉政教育不仅面向公职人员，还应面向社会公众，通过普及廉洁知识，可以提高公众的廉洁意识，形成全社会共同反腐倡廉的良好氛围，为构建清廉社会奠定坚实基础。通过廉政教育的引导，可以让社会公众了解法律法规，明确道德底线，自觉抵制腐败行为，形成全社会共同维护公平正义的局面；还可以让社会公众了解如何行使监督权利，如何发现、举报腐败行为，在反腐倡廉中发挥积极作用。

二、遵循分层分类的实施原则

明确廉政教育文化的实施原则是确定其实施方式的重要前提。不论选择何种具体的实施方式，都必须建立于廉政教育文化实施的基本原则之上。当前，意识形态趋向多元化，人们的思想活动展现出越来越强的独立性、选择性、差异性和变化性。这就需要根据不同社会群体和层次的特点，有针对性地确定教育的重点，并采用易于被教育对象接受的方法和手段，以此来提升教育的实际效果。

（一）在教育对象上分层分类施教

不同的廉政教育对象从事不同的工作，具有不同的思想政治素养。廉政教育过程中应充分考虑这些因素，因人而异，因地制宜。[①] 党员领导干部政治素养的高低，廉洁意识的强弱，不仅对其个人能否严格遵守党纪国法，能否秉公用权起决定作用，而且还可能对整个单位的风气产生极大的影响。党员领导干部往往位于所在单位的核心权力地位，掌握着人、财、物等主要资源配置权力，行使着重要的决策管理权力，一旦党员领导干部自我放松、管理松懈，其所在单位就难以形成廉洁自律、不谋私利的文化

---

① 参见乔德福等:《廉政文化论》，中国社会出版社 2015 年版，第 138 页。

氛围。因此，廉政教育应当重点关注党员领导干部这个“关键少数”，根据其所处的岗位特点开展有针对性的教育。

对于同类型、同层次的党员干部，可以采取集中培训的方式，按职级或类别分期分批组织专题廉政教育班。通过分享同一职级或类别中的正面典型与反面教训，深入剖析相同岗位党员干部在思想意识与日常工作中的共性问题，以及特定工作环境中潜在的廉政风险点，从而增强教育的针对性和实效性。而对于不同类型、不同层次的党员干部，廉政教育则需更加注重灵活性与个性化。这意味着，我们必须根据地域特色、时代要求、岗位职责及个人特点，量身定制教育内容与方式。既要考虑到共性问题的普遍教育，也要注重个性差异的精准施策，确保每位党员干部都能在接受教育的过程中找到共鸣，真正将廉政理念内化于心、外化于行。此外，还应着重体现其在工作中所面临的腐败风险，通过案例警示的方式让其时刻警惕，不放松自我要求，坚守廉洁底线。党员领导干部承担所在单位的领导和管理职责，需对党和国家的大政方针有精准而深刻的认识。对他们进行廉政教育，还应将重点放在党的基本理论和政策形势方面，通过党委中心组学习等途径，持续加强其理论修养和对政策的解读能力，提升其廉洁意识和管理能力。对于其他党员干部，则应根据其所在岗位的性质，着重进行岗位职责和职业道德方面的廉政教育，通过组织党纪教育培训、其他在职培训等方式，或者日常谈心谈话、党课学习等方式，将廉政教育渗透到日常工作生活，使他们在实践中逐渐将廉政理念内化于心、外化于行。

对于人民群众，应当倡导更灵活、更生动、更贴合实际的廉洁教育形式。比如，通过文学、电影、电视等文艺作品的形式，向人民群众讲述廉洁故事，倡导廉洁精神；再如，通过网络信息、自媒体等方式，拓展廉洁教育覆盖面，让更多老百姓足不出户了解党纪国法相关规定，潜移默化地养成廉洁行为习惯。

（二）在教育内容上分层分类施教

廉政教育的内容丰富多彩，涵盖了理想信念的灌溉、反腐倡廉形势

与任务的剖析、职业道德的塑造、公仆意识与权力观的培育，以及党纪政纪、法律法规的深入教育等多个方面。在实施这些教育内容时，我们既要确保它们的普遍适用性能够覆盖广大党员干部和公众，又要精心区分不同教育对象，确保教育内容的精准性和针对性。

对于党员领导干部这个“关键少数”，廉政教育应着重于系统的反腐倡廉理论教育，旨在深化他们对反腐倡廉重要性的认识，强化其作为领导干部的示范引领作用。教育重点应放在：如何以身作则，用自身的良好形象影响和带动广大党员干部；如何自觉接受组织和群众的监督，从而在思想上筑起一道坚不可摧的拒腐防变防线。通过理论与实践相结合的教育方式，帮助党员领导干部深刻理解权力背后的责任与担当，确保权力在阳光下运行。

对于一般党员干部和公职人员，廉政教育则应侧重于世界观、人生观、价值观的改造与提升。通过一系列教育活动，帮助他们牢固树立廉洁意识，深刻理解岗位责任的重要性，正确行使人民赋予的权力，始终坚守党纪、政纪及国家法律法规的底线。同时，要引导他们时刻保持共产党员的先进性，不断提升个人修养，做到清正廉洁，全心全意为人民服务。

对于人民群众，廉政教育应注重培养其反腐倡廉的意识和能力，引导他们树立正确的价值观念和行为取向。通过广泛宣传和教育，让公众了解反腐倡廉的重要性，遵纪守法，遵守社会公德，以廉为荣、以贪为耻。同时，要将廉洁价值理念与社会公德、职业道德、家庭美德、个人品德教育紧密结合，将廉洁要求融入市民公约、乡规民约和行业规范之中，使廉洁成为一种社会风尚，转化为人们的自觉行动。通过举办讲座、展览，投放公益广告等多种形式的宣传活动，让廉洁文化深入人心，激发公众的参与热情，共同营造风清气正的社会环境。

（三）在教育方式上分类分层施教

廉政教育方式的选择与实施需细致入微，力求精准对接不同受众的需求与特点，实现教育效果最大化。针对不同对象，我们应灵活采取多样化的教育手段，将思想教育、道德规劝与舆论引导紧密结合，赋予廉政教育更强的政治性和思想性。

针对党员领导干部这个“关键少数”，在廉政教育方式上应当更加注重组织教育与自我教育的结合。具体而言，可通过党委理论学习中心组学习，深入研读党的反腐倡廉理论，强化理论武装；利用专题民主生活会，开展批评与自我批评，直面问题，剖析根源；领导干部上党课，以身示范，传递清廉正能量；开展廉政谈话，点对点提醒，防患于未然。这些举措旨在引导党员领导干部树立正确的权力观、政绩观、事业观，时刻绷紧廉洁自律这根弦，做到心有所畏、言有所戒、行有所止。

面向一般党员干部和公职人员，廉政教育应更加注重实践导向与示范引领的双重作用。通过理论教育打牢思想根基，主题教育激发内在动力，示范教育树立身边榜样，自我教育促进自我提升。加强“三会一课”等组织生活制度，使廉政教育成为党内政治生活的常态；开展专题辅导、民主评议党员、廉政培训等，提升教育的针对性和实效性；通过廉政短信平台、廉政网站、廉政网上课堂等新媒体阵地，推送廉政资讯，拓宽教育渠道，营造浓厚的廉政文化氛围。通过开展定期或不定期的廉政知识测试，检验学习成果，巩固教育效果。

对于人民群众，廉政教育则需更加注重贴近民生、寓教于乐，充分利用现代传媒的广泛影响力。报刊、电视、电影、广播、互联网等媒介，应成为传播廉政理念、弘扬清风正气的重要平台。通过制作播出廉政公益广告、纪录片、微电影等，以直观生动、贴近生活的文艺形式，增强廉政教育的吸引力和感染力。同时，鼓励基层和群众的创新实践，如开展廉政文化进社区、进校园、进企业等活动，让廉洁理念融入社会生活的各个方面，形成全社会崇尚廉洁、抵制腐败的良好风尚。

三、创新廉政教育载体

随着科技进步和社会发展，信息传播的方式和速度发生了巨大变化。

传统的廉政教育方式，如会议传达、文件学习等，已难以满足现代社会的需求。丰富廉政教育方式载体，如利用互联网、新媒体等现代技术手段，可以拓宽信息传播渠道，加快信息传播速度，使廉政教育更加贴近群众、深入人心。

（一）充分利用新媒体技术工具

充分利用新媒体工具是活跃廉政教育载体的重要实现策略，旨在通过网站、微博、微信公众号、短视频平台等新媒体平台，提升廉政教育的趣味性和互动性，从而增强教育效果。一是开设廉政专栏与发布资讯。在官方网站或政府门户网站上开设廉政专栏，定期发布廉政政策解读、反腐案例剖析、廉洁人物事迹等内容，确保信息的权威性和时效性；利用微博平台的即时性和广泛性，发布廉政短信、警示案例、反腐动态，通过话题标签引导讨论，增加用户参与度；在微信公众号上设立廉政专题，定期推送深度文章、图文并茂的廉政故事，以及政策法规解读，增强用户的阅读兴趣。二是制作多媒体内容。如制作以廉政为主题的微电影，讲述廉洁故事，通过情感共鸣传递廉洁价值观；又如利用动画形式，将复杂的廉政法规、政策以简洁明了的方式呈现，提高信息的可接受度；还可设计互动性强、趣味十足的 H5 页面，如廉政知识问答、反腐小游戏等，让用户在娱乐中学习廉政知识。三是利用短视频平台。在抖音、快手等短视频平台上发布廉政教育短视频，内容可以包括廉政故事、警示案例、政策解读等，利用短视频的病毒式传播特性，迅速扩大影响力；定期举办廉政教育直播活动，邀请专家学者、反腐斗士进行在线讲座、访谈，与用户实时互动，解答疑问，增强教育的互动性和实效性。四是开展在线互动活动。在微博、微信公众号等平台发起廉政相关话题讨论，鼓励用户分享观点，形成积极向上的舆论氛围；也可举办线上廉政知识竞赛，设置奖项激励，激发用户学习廉政知识的热情；通过问卷调查、在线投票等方式，收集公众对廉政建设的意见和建议，增强公众的参与感和主人翁意识。此外，还可以在线上构建廉政教育社区。如建立廉政教育微信群、QQ 群，邀请专家学者、公职人员、社会公众加入，形成学习交流平台，在官方网站或第三方平台上开设廉政教育论坛，为公众提供一个自由表达观点、分享经验的场所。

（二）创新廉政教育教学方法

除了充分利用新媒体技术工具之外，创新教育教学方法同样是活跃廉政教育载体的策略之一。作为提升廉政教育效果、增强教育吸引力的关键，创新教育方式方法可以使廉政教育更加贴近受众、深入人心，形成全社会共同关注、共同参与的良好氛围。同时，也有助于提升公职人员的廉洁自律意识，推动廉政建设向纵深发展。一是案例式教学。可以从近年来查处的腐败案件中，选取具有代表性、警示意义的典型案例，进行深入剖析，开展情景式案例教学，让受众扮演案件中的不同角色，通过模拟法庭、案情分析等环节，让受众在情境中学习廉政知识，体验腐败行为的危害性和法律后果。还可以组织场外专家、学者、公职人员、公众等线上参与案例解读，分析腐败行为的原因、教训和防范措施。二是互动式问答。可利用微博、微信公众号、短视频平台等新媒体工具，开展廉政知识问答活动，设置问题库，鼓励受众参与答题，答对者给予奖励或积分，激发其学习兴趣。也可利用直播平台，邀请专家进行廉政教育直播，观众可以通过弹幕、评论等方式提出问题，专家现场答疑解惑，增强教育的实时性和互动性。三是善用虚拟现实（VR）与增强现实（AR）等数智技术开展廉政教育。如利用 VR 技术，创建廉政教育虚拟场景，模拟腐败行为调查、审判过程等，让受众身临其境地体验廉政教育，感受腐败行为的严重性和法律制裁的威慑力。通过 AR 技术，将廉政知识以三维图像、动画等形式呈现，增加教育的趣味性和吸引力。受众可以通过手机或平板电脑等设备扫描特定二维码或图片，观看廉政知识展示。

（三）拓展廉政教育渠道与平台

拓展廉政教育渠道与平台，意味着将廉政教育的内容、形式、手段等扩展到更加广泛的领域和群体。通过不同的渠道和平台，廉政教育可以覆

盖到更多的人群，包括公职人员、学生、社会公众等，使廉政教育更加普及和深入。这种广泛性和包容性有助于形成全社会共同关注、共同参与廉政建设的文化氛围。一是举办廉政讲座与研讨会。邀请国内外知名专家学者、反腐倡廉领域的实践者、先进典型等，就廉政建设、反腐败斗争的最新理论与实践展开分享。二是举办廉政展览与文化节。围绕反腐倡廉的某个具体方面或重大事件，策划主题展览，如“反腐倡廉历程展”“廉政文化作品展”等，运用多媒体手段打造沉浸式展览体验，让参观者直观感受廉政建设的成果与挑战，也可将展览内容制作成便于携带的展板、视频资料等，送至机关、学校、社区等基层单位巡回展出，扩大教育覆盖面。还可以通过廉政文化节活动，结合当地文化特色，举办廉政诗词朗诵、书画展、戏剧表演等文化活动，寓教于乐，弘扬廉政文化；鼓励公众参与廉政文化节的策划与实施，如征集廉政主题作品、开展廉政知识竞赛等，增强活动的群众基础和社会影响力。三是合作共建廉政教育基地。与高校、研究机构、社会团体等签订共建协议，明确双方职责与权益，共同推动廉政教育基地的建设与发展，为廉政教育提供丰富的教学资源和实践平台。也可充分依托廉政教育基地，开展面向公职人员、学生、社会公众等不同群体的廉政教育培训，提升其廉洁自律意识。此外，还可结合城市绿化、公园建设等规划，设计具有廉政文化特色的主题公园，如设置廉政雕塑、廉政文化长廊、廉政故事讲解区等，鼓励公众参与公园的规划、设计与维护，如组织志愿者开展环保、文明劝导等活动，利用公园内的宣传栏、电子显示屏等设施，定期发布廉政教育信息、典型案例等，增强公众的廉洁意识，营造浓厚的廉政文化氛围。

四、加强廉政教育配套制度建设

廉政教育是廉政建设的重要组成部分，应当将各类行之有效的廉政教育方式方法予以制度化，推进廉政教育常态化、长效化，推动新时代廉政教育文化建设走深走实。

（一）加强党纪国法常态化理论学习制度建设

加强党纪国法常态化理论学习制度建设，是提升党员干部理论素养与政治能力的重要策略，旨在打造一个系统化、规范化的学习生态，确保理论学习既持续又有效，为廉政教育奠定坚实的思想基石。一是明确学习目标与内容，完善学习计划制度。紧密跟随党的理论创新步伐和最新的国家法律、党内法规，科学规划年度、季度及月度学习计划，具体设定学习内容、时间安排及学习方式，为党员干部指明学习方向和具体目标。二是创新学习形式，提升学习实效与参与度。充分利用线上线下资源，融合讲座、研讨会、交流分享、实践考察等多种学习形式，增强学习的互动性和吸引力，激发党员干部的学习热情与兴趣，使理论学习更加生动、有效。三是强化考核评估机制，确保学习成果可量化、可评价。将理论学习成果纳入党员干部绩效考核体系，通过考试、测评、述职汇报等手段，全面检验学习成效，激励党员干部持续深化学习。同时，加强组织领导与监督，保障党纪国法常态化理论学习制度落地生根。各级党组织需承担起党纪国法常态化理论学习制度建设的主体责任，明确学习要求，强化学习指导，并建立学习监督机制，对学习计划的执行情况和学习效果的评估进行定期检查与反馈，及时发现问题并督促整改，确保学习不流于形式。四是发挥领导干部的表率作用，引领学习风尚。领导干部应身体力行，带头学习，以实际行动树立学习标杆，带动全体党员干部自觉加强理论学习，营造浓厚的学习氛围。总体而言，加强党纪国法常态化理论学习制度建设需从目标设定、计划完善、形式创新、考核强化、领导监督及表率引领等多个维度综合施策，构建一个全方位、多层次的学习体系，为党员干部提供持续、深入的理论滋养，为党的建设和事业发展提供坚实的思想支撑。

（二）建立健全廉政教育责任制度

建立健全廉政教育责任制度是深化党风廉政建设、促进政治生态风清气正的重要举措，旨在全面提升党员干部的廉洁自律意识，为党和人民事业的发展提供坚强保障。一是要明确责任主体与职责。各级党组织要切实

担负起党风廉政建设的主体责任，将廉政教育纳入工作重要议程，制订年度廉政教育计划，并督促检查落实情况。纪检监察机关要加强对廉政教育工作的组织推动，确保各项教育任务落到实处。此外，各部门、各单位要明确在廉政教育中的具体职责，形成齐抓共管、各负其责的工作格局，确保廉政教育工作有序开展。二是要制订详细的教育计划与内容。根据党的理论创新成果和党内法规内容，科学制订年度廉政教育计划，明确学习内容、时间与方式。教育内容要紧跟时代步伐，紧密结合党员干部的思想实际和工作特点，注重针对性和实效性。既要加强党的纪律规矩、廉洁从政准则、反腐倡廉法律法规等基础知识的学习，又要注重案例警示教育，通过剖析典型案例，让党员干部深刻认识到违纪违法的严重后果，增强廉洁自律的自觉性和坚定性。三是要强化考核评估与监督方面的制度建设。将廉政教育成果纳入党员干部考核体系，通过考试、测评、述职等方式，检验学习效果，激发学习动力。四是要建立健全责任追究制度，对廉政教育工作落实不力、敷衍塞责的党组织和领导干部进行严肃问责，确保廉政教育工作的实效性。总之，建立健全廉政教育责任制度是一项系统工程，需要从明确责任主体、丰富教育内容、强化考核评估与监督以及完善责任追究制度等多个方面同时入手，从而形成廉政教育工作合力，提升党员干部的廉洁自律意识，为营造风清气正的政治生态提供有力保障。

（三）完善廉政教育评估制度

廉政教育评估旨在使廉政教育更具针对性和实效性，是指通过设定一定的标准和指标，对廉政教育活动的成效、过程、方法等进行全面、客观的评价。完善廉政教育评估制度，要以廉政教育目标为指向，设定合理可行的评估指标。以党纪学习教育为例，应当以各项学习任务是否落实到位、各类主体职责是否履行到位、学习目标是否实现到位等作为主要评估依据，在每项评估依据中再明晰其中涉及的具体指标。例如，针对各项学习任务是否落实到位，应着重考察《中国共产党纪律处分条例》是否逐章逐条学、是否联系实际学，学习内容是否涵盖六大纪律，党委理论学习中心组学习是否开展，读书班是否举办，党支部“三会一课”是否落实，党纪主题党日活动是否安排，纪律党课是否举行，党纪培训班是否组织等。再如，针对各类主体职责是否履行到位，应重点考察党委是否开会研究党纪学习教育的具体落实，领导干部是否带头学习，党组织书记和纪委书记是否提出党纪学习具体举措，是否对下级党组织开展党纪学习发挥督促指导作用，其他党员干部是否坚持个人学习与集中学习相结合，等等。评估指标越具体，评估效果越显著，对于进一步强化廉政教育，推进反腐倡廉工作越有利。

此外，廉政教育评估体系建设应当明确评估手段。一方面，可以通过客观手段进行廉政教育评估，包括抽样调查法和考试答题法等方式。抽样调查法通过随机问卷或者访谈的形式，向党员干部了解廉政教育进行情况，评价党员干部接受廉政教育之后的效果，获取有用信息；考试答题法通过在线答题或者线下考试的方式，对党员干部了解廉政知识的情况以及接受廉政教育的情况进行结构化分析，以数据方式客观反映学习效果。另一方面，可以通过党内谈话、走访调研等方式进行廉政教育评估。党内谈话是党的组织生活的重要形式，旨在沟通思想、化解矛盾、增进团结。各级党组织应充分运用这一机制，结合廉政教育内容，及时了解党员干部的思想动态，对存在的理解偏差和意见分歧深入交换意见，反复沟通。通过这种方式了解党员干部对廉政理念和廉政建设的真实态度，从而更加清晰和精准地反映廉政教育效果。走访调研则有助于全面了解和把握廉政教育的效果，有效收集廉政教育的相关数据和情况，确保廉政教育评估更加客观、全面和科学。

小结

廉政教育文化是廉政文化的重要组成部分，具备政治性、主体性、广泛性与计划性等基本特征，可以增强党员干部的廉洁意识、营造崇廉拒腐的社会风

尚、巩固党的领导地位和执政地位。廉政教育主要包括廉政理想信念教育、廉政道德修养教育、廉政纪法纪律教育、廉洁从政从业教育与反腐败形势教育等主要内容。推进廉政教育文化建设，必须明确廉政教育对象，在教育对象、教育内容、教育方式上遵循分层分类的实施原则，充分利用新媒体技术工具，创新廉政教育教学方法，拓展廉政教育渠道与平台，加强党纪国法常态化理论学习制度建设，建立健全廉政教育责任制度，完善廉政教育评估制度，形成党员干部廉洁自律的自觉意识和行为规范，确保清正廉洁的政治本色长久保持。

思考题

1. 廉政教育如何增强党员干部的廉洁自律意识？

2. 廉政教育文化的主要内容有哪些？

3. 廉政教育的实施方式中，技术手段能发挥怎样的作用？

第六章

廉政制度文化

导 语

廉政制度文化是以制度形态呈现的廉政文化，是廉政文化的重要组成部分。本章阐释了廉政制度文化的核心理念，探讨了其主要内容，并揭示了其对规范党员干部和公职人员行为、惩治和预防腐败、净化政治生态的重要作用。

第一节　廉政制度文化概述

廉政制度文化是通过制定和实施相关党内法规和国家法律，构建和完善廉洁自律的体制机制，是促使廉政行为规范化、制度化，从而形成的文化形态。它不仅是一系列制度规范的集合，更是一种深植于党员干部和公职人员内心的价值观念和行为标准。

一、廉政制度文化的内涵

廉政制度文化是廉政制度承载的思想观念和价值理念。制度，一般是由权威机构所发布的、用以规范和约束社会成员行为活动的规范化体系，具有规范性、指导性与约束力。无论是国际社会、国家，还是国家机关、社会团体、企事业单位等，都需要通过制度维护正常的工作、生活秩序。廉政制度是指为规范党员干部和公职人员行为，保障公权力公正、透明运行，而制定和发展出来的一整套规范体系。廉政制度文化以廉政制度为核心支撑，通过制度化的手段，把无形的廉政价值观念、道德准则转化为约束党员干部和公职人员廉洁从政的行为规范和行为准则。与廉政文化体系的其他组成部分相比，廉政制度文化更着眼于党员干部和公职人员的外在行为，更有赖于明确、具体、可操作的制度规范，更加依靠党的纪律和国家强制力保障贯彻落实。

我国历史上的廉政制度文化源远流长，从先秦到明清，各个朝代都在不断丰富和完善廉洁从政的制度规范。近代以来，中国共产党在建立红色政权、探索革命道路的实践中，逐渐形成了具有红色基因的廉政制度文化。党的十八大以来，我们党不断提高拒腐防变和抵御风险的能力，完善相关党内法规和国家法律，逐步形成了一套以全面从严治党为核心，依规治党与依法治国有机结合的新时代廉政制度文化，为腐败治理提供强有力的制度支撑。

二、廉政制度文化的特征

（一）规范性与程序性

廉政制度文化建立在一系列规范与约束党员干部和公职人员行为的廉政制度规范的基础之上，彰显鲜明的规范性与程序性特征。

规范性是指在某一领域或者某一范围内具有普遍约束力的行为规矩和准则，对人们的行为做出明确指引和具体规范。廉政制度文化的规范性特征体现在对党员干部和公职人员行为的明确指引、约束监督和教育引导上。廉政制度文化以关于廉政的党内法规和国家法律为主要载体，通过明确的廉政原则、标准和行为规范，对党员干部和公职人员的行为做出清晰的界定，形成廉政制度的精神文化，引导廉洁从政从业。例如，2023 年修订的《中国共产党纪律处分条例》分别规定了违反党的政治纪律、组织纪律、廉洁纪律、群众纪律、工作纪律、生活纪律的具体情形和相应处分，为党员干部提供了科学、合理的行为规范，使他们能够明辨是非界限、清楚自律标准、守住行为底线。

程序性是指完成某项工作或者任务必须遵循的严格法定的操作步骤以及方法，以确保工作或者任务完成的高效性、准确性与公正性。廉政制度文化的程序性特征体现在其通过程序化的路径得以产生和落实。廉政制度文化寓于廉政制度的制定、实施、监督、保障的全过程。而廉政制度必须通过党和国家的一系列规范程序制定，并依靠一系列具体的操作步骤、流程和时间节点等有效的程序机制予以实施、监督和保障。例如，为了进一步规范监察程序的使用，《中华人民共和国监察法》专设一章“监察程序”，对监察机关行使监督、调查、处置工作程序做出严格规定。其中包括检举控告或者举报的处理、问题线索的管理和处置、决定立案调查、搜查、查封、扣押等程序，要求对讯问和重要取证工作全程录音录像，严格处置涉案财物等。这些规定保障了工作的效率和准确性，使监察制度得以

贯彻落实，使其效能得到充分、合理、准确的发挥。

总之，廉政制度文化的规范性与程序性二者相互依存、相互促进，前者为后者提供了制度基础和道德指引，而后者确保了前者能够得到具体落实和持续优化。

（二）引导性与遏制性

廉政制度文化通过制度的形式对党员干部和公职人员的行为提供指引。这种指引作用的发挥既体现为对符合廉洁要求行为的鼓励，推崇风清气正的从政从业氛围；也体现为对违反廉洁要求行为的遏制，即对于违反廉洁要求的行为予以处置，以纠正腐败行为和其他不良风气。

引导，一般是指通过特定手段，对符合或者超越要求的行为予以肯定，从而为其他社会成员提供一种可供发扬的行为样本和精神理念。从引导性上看，廉政制度文化通过规范化的制度，设定明确的奖励机制，对遵守廉政制度表现突出的个人或集体给予物质或精神上的奖励，以发挥鼓励作用、增强鼓励效果。例如，2017 年颁布的《中国共产党党内功勋荣誉表彰条例》和《国家功勋荣誉表彰条例》，就发挥了功勋荣誉表彰的精神引领、典型示范作用，推动全党全社会形成见贤思齐、争做先锋的良好氛围。通过这些制度规定，廉政制度文化能够促使党员干部和公职人员严格按照党内法规和国家法律约束自己的行为，激发其积极性和创造力，鼓励他们自觉践行廉政精神，形成廉洁自律的良好风尚。

遏制，一般是指为实现特定目标，通过特定方式对社会成员的不合理行为予以否定甚至制裁，从而形塑社会成员的行为习惯，引导社会成员朝着正确的方向前进。从遏制性上看，廉政制度文化对不符合廉洁要求的行为给予否定性评价以及相应的惩戒和处罚。例如，针对党员实施《中国共产党纪律处分条例》中所规定的违纪行为，将可能在党内被处以警告、严重警告、撤销党内职务、留党察看、开除党籍等纪律处分；针对公职人员实施《中华人民共和国公职人员政务处分法》中所规定的违法行为，将可能被处以警告、记过、记大过、降级、撤职、开除等政务处分；针对违法犯罪者，确定凡触犯《中华人民共和国刑法》关于职务犯罪的相关规定，将被判处管制、拘役、有期徒刑、无期徒刑、死刑、剥夺政治权利、罚金、没收财产等刑罚。通过对违反廉政制度的行为进行严格的惩戒和处罚，廉政制度文化能够维护制度的权威性和严肃性，向广大党员干部和公职人员释放强烈的反腐败信号，防止腐败现象的滋生和蔓延。此外，在遏制腐败方面，确定了“四种形态”处理方式。对一些不构成违纪、轻微违纪者，按照涉案程度，运用批评教育、责令检查、谈话提醒、诫勉谈话等方式，予以批评教育，防止腐败现象发生。

总之，廉政制度文化的引导性和遏制性相互补充、互为依托，通过正面激励和反面警示相结合的方式，廉政制度文化能够充分发挥其制度效能，从而有效地推动公职人员廉洁从政、自觉践行廉政精神，维护良好政治生态，倡导崇廉拒腐的社会风气。

（三）权威性与稳定性

廉政制度文化在社会生活中持续有效地发挥作用，除了依靠强制力外，还有赖于制度本身的权威性与稳定性。

权威性，一般指某个人、组织或者某一制度、概念等在特定领域内被广泛认可和尊重，具有较高的地位和公认的社会信誉。廉政制度文化具有权威性，意味着廉政制度能够得到包括党员干部和公职人员在内的全体社会成员的认可和尊崇。廉政制度文化有多种获得权威性的途径，包括制度出台部门较高的法律地位和良好的信誉保障、制度本身规范合理的运行程序和配套机制、制度在全社会所取得的良好效果等。比如，为我国廉政建设提供重要制度性依据的党内法规体系，其权威性的建立源自中国共产党的执政党地位、全体中国人民的认同和支持以及党内法规本身的有效运转。权威性的树立，有助于党内法规在政治上得到各级党组织和全体党员的拥护，在思想上得到他们的高度认同，在组织上得到他们的自觉服从，在行动上得到他们的贯彻执行，从而在党内确立党内法规不可违反，党内

法规面前无特权的重要原则。[1]

稳定性，一般是指某一系统、物体或者状态不随时间推移或者其他外部因素变化而发生变化。廉政制度文化具有稳定性，意味着全体社会成员对某一特定廉政制度有着充分的预期，从而形成稳定的廉政秩序。廉政制度文化以党规国法为基本载体，必须保持一定的稳定性，不能朝令夕改、频繁变动。相关党内法规和国家法律的立、改、废、释、纂都必须进行严格的论证，遵循规定的程序。比如，《中国共产党党内监督条例》自 2003 年颁布以来，仅在 2016 年修订了一次，体现出制度规范的稳定性。这对于广大党员干部充分提高认识、自觉履行党内监督的职责，正确落实党内监督各项权利提供了稳定的制度保障。

总之，廉政制度文化的权威性和稳定性使其得以有效实施和持续发挥效力。通过树立廉政制度的权威形象，保持廉政制度的内容稳定性，廉政制度文化能够使廉政制度建设始终沿着法治轨道稳步前进。

三、廉政制度文化的意义

（一）为规范党员干部和公职人员的行为提供重要依据

严以用权，就是要坚持用权为民，按规则、按制度行使权力，把权力关进制度的笼子里，任何时候都不搞特权、不以权谋私。廉政制度文化以党内法规和国家法律为基本载体。无论是党规还是国法，都通过制定规章制度和行为准则，为党员干部和公职人员廉洁从政从业、合理实施自身行为提供明确的行为指南；通过建立健全的监督机制和问责机制，对违反制度的行为进行严肃处理。我国现行各类廉政制度，都对党员干部和公职人员的行为进行了明确的规定和约束。党员干部和公职人员应当在规定的框架内行事，任何超越权限或者漠视规则的行为，都将面临相应的纪律处分

① 王冰冰：《党内法规权威性的生成逻辑、内在本质与价值功能》，《社会主义研究》2024 年第 1 期。

或法律制裁。廉政制度文化通过设置明确的规章制度，确立行为准则，形成有效的监督与问责机制，为规范党员干部和公职人员的行为提供了重要依据，是廉政秩序得以建立的重要保障。

（二）为推进党风廉政建设和反腐败斗争提供重要保障

加强制度建设是全面从严治党的长远之策、根本之策。党风廉政建设和反腐败斗争必须落实到具体的制度层面，廉政制度文化是构建惩治和预防腐败体系的重要基石。腐败问题易发多发，其重要原因是制度不完善，导致权力得不到有效约束。治理腐败要从源头抓起，总结实践经验，创新体制机制。通过制定科学合理的制度，用科学有效的廉政制度监督约束权力，明确权力运行的程序和规则，从而为“不敢腐”画出红线，为“不能腐”提供支撑，为“不想腐”构筑基础。① 以此防止权力滥用，遏制腐败蔓延，不断提升反腐败工作的整体质量和效能，推动反腐败斗争向纵深发展。

（三）为深化国家治理体系和治理能力现代化提供重要支撑

监督是治理的内在要素，在管党治党、治国理政中居于重要地位。实现国家治理体系和治理能力现代化，要求中国共产党不断完善党内法规和国家法律，建立根本性、全局性、长远性的廉政制度体系，为反腐倡廉工作提供扎实的制度文化基础。廉政制度文化通过规范党员干部和公职人员行为、强化监督制约机制，确保他们依法依规行使权力，有助于减少腐败现象发生，降低行政成本，提高政府工作效率和服务水平，提升国家治理效能。当前，我国已经逐步建立起相对严密的廉政制度体系，反腐败斗争取得了压倒性胜利并全面巩固。但毋庸置疑，现行廉政制度体系还不够完善，限制了腐败治理效能的发挥。应当进一步加强制度建设、完善监督机制、强化宣传教育，为推进国家治理体系和治理能力现代化提供制度支撑。

① 秦斌：《健全“不敢腐、不能腐、不想腐”一体推进机制》，《学习时报》2019 年 7 月 12 日，第 A5 版。

第二节　廉政制度文化的主要内容

廉政制度文化是以制度形态呈现的廉政文化，是廉政制度所承载的思想观念和价值理念。当前我国的廉政制度文化主要基于相关的党内法规和国家法律制度，由廉政党内法规文化和廉政国家法律文化两个主要部分构成。

一、廉政党内法规文化

（一）廉政党内法规制度概况

廉政党内法规文化以廉政党内法规制度为基础。2021 年 7 月 1 日，习近平总书记在庆祝中国共产党成立 100 周年大会上宣布，我们党已经“形成比较完善的党内法规体系”。党内法规是体现党的统一意志、规范党的领导和党的建设活动、依靠党的纪律保证实施的专门规章制度，具有强烈政治属性、鲜明价值导向、科学治理逻辑、统一规范功能。我国现行党内法规体系以“1+4”为基本框架，即在《中国共产党章程》（以下简称《党章》）之下分为党的组织法规、党的领导法规、党的自身建设法规、党的监督保障法规四大板块。无论是《党章》，还是《党章》之下的其他党内法规，都对党员干部廉洁从政从业做出了详细的制度规范，形成了特色鲜明的中国廉政制度文化。

《党章》是最根本的党内法规，是管党治党的总规矩。《党章》对党的性质和宗旨、路线和纲领、指导思想和奋斗目标、组织原则和组织机构、党员义务和权利以及党的纪律等做出根本规定，明确提出坚持党要管党、全面从严治党；全面从严治党永远在路上，党的自我革命永远在路上；要把严的标准、严的措施贯穿管党治党全过程和各方面；坚持依规治党、标本兼治，不断健全党内法规体系，坚持把纪律挺在前面，加强组织性纪律性，在党的纪律面前人人平等；强化全面从严治党主体责任和监督责任，加强对党的领导机关和党员领导干部特别是主要领导干部的监督，不断完善党内监督体系；深入推进党风廉政建设和反腐败斗争，以零容忍态度惩治腐败，一体推进不敢腐、不能腐、不想腐。《党章》为其他党内廉政法规提供了上位法依据，为廉政党内法规文化奠定了坚实的制度基础。

党的组织法规，是调整党的各级各类组织产生、组成、职权职责等的党内法规，为党管党治党、执政治国提供组织制度保障。党的组织法规主要包括党的组织体系、党内选举、党的组织方式、党的象征标志等方面的党内法规。这些党内法规明确了各级各类党组织的基本地位、组织体制、职责权限、工作方式程序、自身建设等，尤其是对党的各级各类组织如何宣传党的主张、贯彻党的决定等提出具体要求，为廉政文化建设提供不可或缺的组织制度保障。

党的领导法规，是规范和保障党对各方面工作实施领导，明确党与人大、政府、政协、监察机关、审判机关、检察机关、武装力量、人民团体、企事业单位、基层群众性自治组织、社会组织等领导与被领导关系的党内法规，主要包括党领导经济建设、政治建设、文化建设、社会建设、生态文明建设、国防和军队建设等方面的党内法规。党的领导法规为党发挥总揽全局、协调各方的领导核心作用提供了制度保障，其中关于加强党对经济工作的统一领导、把党的领导落实到依法治国全过程各方面、党对宣传工作的全面领导等的规定，对各领域强化廉洁从政从业，建立规范合理的社会环境具有重要的指引作用。

党的自身建设法规，是调整党的政治建设、思想建设、组织建设、作风建设、纪律建设等的党内法规。其中，关于党内政治生活方面的规定，明确了塑造良好政治局面的基本要求；关于思想建设方面的规定，对于加强党员干部，尤其是领导班子的思想政治建设具有重大意义；关于党政领导干部选拔任用、干部人事管理工作方面的规定，为培养忠诚干净担当的干部队伍提供了制度依据；关于党的作风建设方面的规定，为整治形式主

义、官僚主义、享乐主义和奢靡之风等提供基本遵循，弘扬崇廉拒腐的优良作风；关于党的纪律建设方面的规定，通过纪律约束的形式，划定党员干部的行为界限，促进党员干部廉洁自律。这些都是党内法规中廉政制度文化的关键内容。

党的监督保障法规，是调整党的监督、激励、惩戒、保障等的党内法规，为保证党组织和党员干部履行好党和人民赋予的职责提供制度保障。其中，监督方面的党内法规，尤其是关于加强党内监督、规范纪检机关监督执纪职责等方面的要求，为健全党和国家监督体系，为反腐败斗争的深入推进提供了重要的监督保障。奖励方面的党内法规，如《中国共产党党内功勋荣誉表彰条例》《国家功勋荣誉表彰条例》等，充分发挥功勋荣誉表彰的精神引领、典型示范作用，推动全社会形成见贤思齐、崇尚英雄、争做先锋的良好氛围，为廉政文化建设提供制度助力。

（二）廉政党内法规体系中的重要制度文化

1. 作风建设文化

执政党的党风问题是关系党的生死存亡的问题；作风建设关系到党的形象和执政能力。弘扬党的优良作风，是推进廉政建设的必要组成部分。党的十八大以来，以习近平同志为核心的党中央从中央八项规定开局破题，吹响了新时代共产党人作风建设“集结号”，持之以恒正风肃纪，以钉钉子精神纠治“四风”[①]，党风政风焕然一新。锲而不舍地落实中央八项规定精神，驰而不息纠治“四风”，应一抓到底、一刻不松，对顶风违纪行为露头就打、从严查处；[②]把纠治形式主义、官僚主义摆在更加突出位置，深挖根源、靶向纠治，让干部更多时间和精力抓落实促发展，让新风正气在新征程上不断充盈；把握作风建设地区性、行业性、阶段性特点，抓住普遍发生、反复出现的问题深化整治，推进作风建设常态化长效

① 即形式主义、官僚主义、享乐主义和奢靡之风。

② 参见本报评论员：《纵深推进新征程纪检监察工作高质量发展》，《中国纪检监察报》2024年1月7日，第2版。

化；[①] 把开展党纪学习教育同落实党中央重大决策部署、完成本地区本部门本单位重点工作紧密结合起来，使党纪学习教育每项措施都成为促进中心工作的有效举措，切实防止“两张皮”，推动党纪学习教育取得实实在在的成效。[②] 加强作风建设，有助于党员干部夯实廉洁自律、勤政为民的价值观念，有助于党员干部深化廉政意识，筑牢拒腐防变的思想防线，进一步推动廉政文化建设，维护良好的政治生态。

2. 监督执纪文化

纪律是管党治党的“戒尺”，也是党员干部约束自身行为的标准和遵循。中国共产党是靠革命理想和铁的纪律组织起来的马克思主义政党；纪律严明是党的光荣传统和独特优势，加强纪律建设是全面从严治党的治本之策。党的十八大以来，以习近平同志为核心的党中央坚定不移全面从严治党，把纪律建设纳入党的建设总体布局，强化政治纪律和组织纪律，带动各项纪律全面从严、一严到底，坚持纪严于法、执纪执法贯通，深化运用“四种形态”政策策略，把党的纪律规矩鲜明地立起来、严起来，从根本上扭转了管党治党宽松软状况。党的二十大报告指出，要坚持以严的基调强化正风肃纪，全面加强党的纪律建设。二十届中央纪委二次全会强调，要把纪律建设摆在更加突出的位置，党规制定、党纪教育、执纪监督全过程都要贯彻严的要求，既让铁纪“长牙”、发威，又让干部重视、警醒、知止，使全党形成遵纪守法的高度自觉。只有以严的基调树立纪律观念，在学纪、知纪、明纪基础上更好地守纪，才能更好地锤炼党员干部廉洁自律的政治品格，切实践行对国家和人民的责任与担当，营造良好的廉政文化氛围。

3. 巡视巡察文化

巡视是推进党的自我革命、全面从严治党的战略性制度安排，是党之

① 参见李玉长：《把握规律特点精准纠“四风”》，《中国纪检监察报》2022 年 11 月 23 日，第 2 版。

② 参见张浩：《从严抓好党的纪律建设》，《红旗文稿》2024 年第 8 期。

利器、国之利器。党的十八大以来，以习近平同志为核心的党中央明确政治巡视定位、确立巡视工作方针，深刻阐明了巡视工作的定位内涵、职责使命，为巡视工作深化发展定准了坐标、指明了方向。巡视是政治巡视，本质是政治监督，是上级党组织对下级党组织履行党的领导职能责任的政治监督。党风廉政建设是巡视工作的重中之重。巡视工作的落实，要深入了解被巡视党组织履行职能责任、推动高质量发展，防范化解重大风险，统筹推进深层次改革和高水平开放等情况，领导班子、干部人才队伍和基层党组织建设，以及巡视、审计等监督发现问题整改等情况，着力查找政治偏差，推动解决突出问题。要聚焦资金管理、项目审批、民生保障、国资国企等重点领域，要坚决纠治形式主义、官僚主义，牢固树立正确政绩观，要以实际行动为基层减负，以上率下抓好作风建设；要不断提高发现问题的能力和水平。这就需要坚持有形覆盖和有效覆盖相统一，进一步优化流程和方式方法，提高巡视谈话质量，探索运用信息化手段和测评等方式拓展发现问题渠道，强化对反映领导干部问题线索的深入了解，增强巡视监督针对性、实效性。① 要对巡视发现的共性问题和深层次问题加强研究分析，推动深化改革、完善政策、健全制度，以巡促改、以巡促建、以巡促治。②2025 年 3 月 31 日中共中央政治局召开会议，强调巡视工作要坚持围绕中心、服务大局，深化政治巡视，把党中央各项决策部署落实情况作为监督重点，为推进中国式现代化提供有力保障。要坚持问题导向、严的基调，盯住重点问题、重点领域、重点对象，加强对“一把手”和领导班子的监督。要坚持系统观念、发挥综合监督作用，加强巡视与其他监督贯通协调，形成工作合力。要坚持实事求是、依规依纪依法，准确把握政

① 参见马直辰：《中央纪委三次全会工作报告解读：突出政治定位深化巡视巡察》，《中国纪检监察》2024 年第 5 期。

② 参见吕佳蓉，王卓：《把巡视利剑磨得更光更亮》，《中国纪检监察报》2024 年 4 月 12 日，第 1 版。

策，如实反映问题，强化纪律意识和法治意识，严格内部管理监督。[①]通过这些层面的巡视整改，进一步推进党风廉政建设和反腐败斗争，进一步涵养风清气正的廉政文化。

二、廉政法律文化

（一）廉政法律制度概况

廉政法律文化以廉政法律制度为基础。我国已经形成了以宪法为根本大法，以其他法律为主干，以行政法规、地方性法规为重要组成部分，由宪法相关法、民法商法、行政法、经济法、社会法、刑法、诉讼与非诉讼程序法等多个法律部门组成的中国特色社会主义法律体系。党的十八大以来，以习近平同志为核心的党中央将全面依法治国纳入“四个全面”[②]战略布局统筹推进，中国特色社会主义法治体系不断健全，纪检监察体制改革蹄疾步稳、步伐铿锵，形成了以《中华人民共和国宪法》为根本大法，以《中华人民共和国监察法》《中华人民共和国监察法实施条例》为核心组成，包括《中华人民共和国监察官法》《中华人民共和国公职人员政务处分法》《中华人民共和国刑事诉讼法》《中华人民共和国刑法》及其配套解释性文件等在内“1+2+N”的廉政法律制度体系。

《中华人民共和国宪法》是国家的根本法，在中国特色社会主义法律体系中居于统率地位，是国家长治久安、民族团结、经济发展、社会进步的根本保障。《中华人民共和国宪法》确立了国家的基本制度和基本任务，为国家各项法律、法规和政策的制定与实施提供了基本遵循，在廉政法律制度中发挥着统领作用。2018 年《中华人民共和国宪法修正案》新增“监察委员会”一节，规定监察机关的性质定位、人员组织、组织领导体

① 《中共中央政治局召开会议 审议〈生态环境保护督察工作条例〉〈关于二十届中央第四轮巡视情况的综合报告〉中共中央总书记习近平主持会议》，《人民日报》2025 年 4 月 1 日，第 1 版。

② 即全面建设社会主义现代化国家、全面深化改革、全面依法治国、全面从严治党。

制，并强调了其独立性，为廉政制度文化建设提供了宪法依据。

《中华人民共和国监察法》是专门规定监察工作的法律。制定《中华人民共和国监察法》是贯彻落实党中央关于深化国家监察体制改革决策部署的重大举措，是坚持和加强党对反腐败工作的领导，构建集中统一、权威高效的国家监察体系的必然要求。现行《中华人民共和国监察法》明确了监察工作的指导思想和领导体制、监察工作的原则和方针、监察委员会的产生和职责，实现了对所有行使公权力的公职人员监察全覆盖，赋予监察机关必要的权限，严格规范监察程序，加强对监察机关和监察人员的监督等，[①] 为打击腐败现象、加强廉政文化建设提供了专门的法律制度保障。

《中华人民共和国监察法实施条例》是国家监察委员会制定的第一部监察法规，是纪检监察机关深入践行习近平法治思想，推进监察法规制度建设系统集成、协同高效的重大成果。该法规对《中华人民共和国监察法》实施过程中出现的模糊之处予以释明，将党和国家最新的廉政建设成果纳入规范体系之中，对于加强监察工作规范化、法治化、正规化建设，完善监察权运行机制具有重要意义。《中华人民共和国监察法实施条例》与《中华人民共和国监察法》共同构建起国家监察体制的严密体系，是廉政制度文化建设的重要依托。

《中华人民共和国监察官法》是廉政法律制度的重要组成部分。该部法律重点规定了监察官的职责权限、任免条件和程序、管理机制、考核奖励机制、监督惩戒机制和职业保障，对加强对监察官的管理和监督，保障监察官依法履行职责，维护监察官合法权益，推进高素质专业化监察官队伍建设，推进监察工作规范化、法治化具有重要意义。监察官是落实监察职责的主体，《中华人民共和国监察官法》要求监察官忠诚坚定、担当尽责、清正廉洁，做严格自律、作风优良、拒腐防变的表率，从而

---

① 李建国：《关于〈中华人民共和国监察法（草案）〉的说明》，载中共中央纪律检查委员会、中华人民共和国监察委员会法规室编写：《〈中华人民共和国监察法〉释义》，中国方正出版社，第 28—47 页。

以模范带头作用推进全党全社会的廉政文化建设，构建清正廉洁的政治氛围。

《中华人民共和国公职人员政务处分法》是为了规范政务处分，加强对所有行使公权力的公职人员的监督，促进公职人员依法履职、秉公用权、廉洁从政从业、坚持道德操守而制定的法律。该部法律明确规定了政务处分的基本原则、政务处分的种类和使用、违法行为及其适用的政务处分、政务处分的基本流程及复审复核程序、政务处分过程中涉及的法律责任等，从而为监察处置提供基本程序依循，更为公职人员提供了廉洁行为准则。严格执行该法有助于锻造一支忠诚干净担当的公职人员队伍，为法治化、规范化推进廉政文化建设提供有力的制度保障。

（二）廉政法律体系中的重要制度文化

1. 依法履职文化

只要公权力存在，就必须有制约和监督。公职人员是依法在国家立法机关、司法机关、行政机关、中国共产党机关、各人民团体、国有企业、事业单位等履行公共职务的工作人员。公职人员依法履职、秉公用权、廉洁从政从业、坚持道德操守，党和国家的各项制度才能顺利落实，党和国家的事业才能兴旺发达，人民才能安居乐业。在国家监察体制改革过程中，我国于 2020 年颁布的《中华人民共和国公职人员政务处分法》，以法律的形式确立了公职人员依法履职的制度。公职人员实施违反政治要求、组织要求、廉洁要求、工作要求的行为以及其他违法行为，将依法受到相应的政务处分。监察机关严格按照法定程序，对涉嫌违法的公职人员进行调查，并在调查终结之后做出处理决定。公职人员对监察机关做出的政务处分决定不服，可以依法申请复审和复核。有关机关、单位无正当理由拒不采纳监察建议，有关机关、单位、组织或者人员阻碍、干扰处分，监察人员违规履职等，都应给予必要的处理，承担相应的法律责任。建立政务处分制度，是为了进一步规范政务处分行为，加强对所有行使公权力公职人员的约束，推动弘扬依法履职的廉政文化。

2. 纪法贯通文化

无数案例证明，党员“破法”，无不始于“破纪”。纪法贯通，即执纪执法贯通，形成纪法合力，是国家监察体制改革之后纪检监察工作机制呈现出的重要特点。纪律是管党治党之“戒尺”，法律是治国之重器。党纪与国法都是管党治党、治国理政的基本依据，本质上目标一致、功能相关、优势互补。完善纪法贯通，要准确认识党纪与国法之间的关系，坚持纪严于法、纪在法前，实现纪法分开。党的性质和宗旨决定了党纪必然严于国法。党章对党员提出了远远高于一般公民的要求。党员有着特殊的政治使命，应受到党纪更严更高要求的约束。相对于国法而言，党纪不仅关注外在行为的管理，而且关注党员的思想动态、道德品质，涉及的内容更丰富、规定更严密。要把纪律挺在法律的前面，避免“违纪只是小节，违法才去处理”“要么是好同志，要么是阶下囚”。应坚持“先处后移”原则，党组织在纪律审查中发现党员严重违纪涉嫌违法犯罪的，原则上先做出党纪处分决定，并按照规定由监察机关给予政务处分或者由任免机关给予处分后，再移送有关机关依法处理。党纪与国法都是约束党员干部的重要标尺，纪法贯通是廉政制度建设的应有之义。只有将二者有机融合，打通二者之间的关系，协调运用执纪和执法“两把尺子”，使党纪和国法同向发力、共同发力，才能打好组合拳，增强腐败治理效能。

3. 法法衔接文化

反腐败斗争是党中央集中统一领导下的总体战、整体战、系统战，纪检监察机关只有同公安机关、检察机关、审判机关加强协作配合，聚焦法法衔接关键环节，推进监察执法与刑事司法贯通融合，推动监察执法与其他行政执法之间的配合协调，才能不断提高腐败案件办理质量和效率。[①] 法法衔接集中体现在《中华人民共和国监察法》与《中华人民共和国刑事诉讼法》的衔接方面。国家监察体制改革之后，职务犯罪案件可适

① 参见杨大赟:《法法衔接提升办案质效》,《中国纪检监察》2023 年第 24 期。

用的程序机制由原来的“公安侦查—检察审查起诉—法院审判”，转变为“监察调查—检察审查起诉—法院审判”。随之而来，此类案件办理的法律依据也由《中华人民共和国刑事诉讼法》一部法律，转变为《中华人民共和国刑事诉讼法》与《中华人民共和国监察法》二者兼具。《中国共产党纪律处分条例》确立了“先处后移”原则，对于党员既违纪又违法的，原则上先做出党纪处分、政务处分或者其他处分之后，再移送有关司法机关处理。完善法法衔接，有助于以法治逻辑、在法治轨道上形成腐败治理的完整系统，促进纪检监察工作更加规范化、法治化、正规化，从后端进一步强化“不敢腐”的震慑，扎紧“不能腐”的笼子，从侧面增强“不想腐”的自觉，通过不懈努力换来海晏河清、朗朗乾坤的廉政文化环境。

第三节　廉政制度文化的核心理念

一、坚持党的领导

反腐败是最彻底的自我革命，而推进自我革命必须以坚持党中央集中统一领导为根本保证。坚强的领导核心是廉政制度文化的基石，坚持党的领导是党风廉政建设和反腐败斗争不断从胜利走向胜利的根本保障。坚持党的领导作为廉政制度文化的核心理念，源于党的先进性和纯洁性的本质要求，深刻体现了中国共产党作为马克思主义政党，致力于破除贪污腐朽旧体制、建立清正廉洁新体制的历史使命。作为执政党，中国共产党肩负着领导国家建设、推动社会进步和增进人民福祉的重任，廉政建设不仅是其执政使命的题中应有之义，更是巩固党的执政地位、赢得人民信任的关键所在。党的十八大以来，习近平同志以“得罪千百人、不负十四亿”的使命担当祛疴治乱，构建起党全面领导的反腐败工作格局，健全党中央统

一领导、各级党委统筹指挥、纪委监委组织协调、职能部门高效协同、人民群众参与支持的反腐败工作体制机制，不敢腐、不能腐、不想腐一体推进，“打虎”“拍蝇”“猎狐”多管齐下，反腐败斗争取得压倒性胜利并全面巩固，消除了党、国家、军队内部存在的严重隐患，成功走出一条中国特色反腐败之路。加强廉政制度文化建设，打赢反腐败斗争攻坚战持久战，必须加强党对反腐败斗争的集中统一领导，确保党中央牢牢掌握正风肃纪反腐的领导权、主动权，始终在党中央领导下统一谋划、统一部署、统一推进。①

二、坚持以人民为中心

民心是最大的政治。人民群众是历史的创造者，是决定党和国家前途命运的根本力量。作为廉政制度文化的核心理念，坚持以人民为中心强调发展为了人民、依靠人民、成果由人民共享，要求党员干部和公职人员时刻以人民冷暖安危为重，坚持人民至上、立党为公、执政为民的原则，以实际行动取信于民，推动反腐倡廉工作。党的十八大以来，我们党把坚持以人民为中心的发展思想确定为我们应对各种风险和重大考验、全面建设社会主义现代化国家必须牢牢把握的重大原则之一。廉政制度文化必须始终贯彻以人民为中心的发展思想，始终把人民的利益放在第一位，“人民群众反对什么、痛恨什么，我们就要坚决防范和纠正什么”；紧紧依靠人民，牢牢根植人民，联系群众、团结群众，倾听群众呼声，将民心向背作为廉政制度落实成功与否的重要标准；以反腐惩恶、正风肃纪的实际成效，使人民群众获得感成色更足、幸福感更可持续、安全感更有保障。坚持以人民为中心不仅是对人民群众的尊重和对历史规律的遵循，更是廉政制度文化建设内在要求和目标指向的体现，确保了廉政建设

① 参见兰琳宗：《加强党对反腐败斗争的集中统一领导》，《中国纪检监察报》2024 年 1 月 17 日，第 3 版。

的正确方向和有效性，为推进反腐倡廉建设提供了强大的精神动力和道德支撑。

三、坚持全面从严治党

办好中国的事情，关键在党，关键在坚持党要管党、全面从严治党。党的十八大以来，以习近平同志为核心的党中央着眼于解决大党独有难题，做出了健全全面从严治党体系的重大战略部署，提出了内容上全涵盖、对象上全覆盖、责任上全链条、制度上全贯通的要求。坚持全面从严治党作为廉政制度文化的核心理念，不仅体现了对党员干部时刻保持清醒头脑、坚守廉洁自律底线的高标准、严要求，也是应对复杂多变的国际形势和艰巨繁重的国内改革发展稳定任务的必然要求。当前，党内仍存在的思想不纯、政治不纯、组织不纯、作风不纯等突出问题尚未得到根本解决，反腐败斗争形势依然严峻复杂，党面临的“四大考验”“四种危险”将长期存在。所谓“四大考验”即长期执政考验、改革开放考验、市场经济考验、外部环境考验；所谓“四种危险”即精神懈怠的危险、能力不足的危险、脱离群众的危险、消极腐败的危险。面对这些问题，必须坚持严的基调，将全面从严治党实践成果转化为体现纪律和道德要求的具体制度成果，不断完善和坚决落实党内法规体系及其所规定的各项廉政制度，更好发挥管党治党“重器”的作用，维护党的纪律和规矩，有效防止和惩治腐败现象，不断把新时代党的建设新的伟大工程推向前进。

四、坚持抓住“关键少数”

为政之要，莫先乎人；成事之要，关键在人。领导干部是党和国家事业发展的“关键少数”，其作风直接关系党内风气和政治生态，关系党的公信力和党的形象。坚持抓住“关键少数”作为廉政制度文化的核心理念，源于党员干部和公职人员作为党和国家事业发展的中坚力量，其廉洁自律行为对广大干部和群众具有示范引领作用。党的十八大以来，以习近

平同志为核心的党中央从抓“关键少数”破题，突出“关键少数”这个重点，以身作则、以上率下，严明纪律、严格要求，建章立制、着眼长远，不断推动全面从严治党向纵深发展。“君子之德风，小人之德草，草上之风必偃。”实践表明，要坚持抓“关键少数”和管“绝大多数”相统一，既对广大党员提出普遍性要求，又对“关键少数”特别是各级领导班子一把手和高级干部提出更高的标准，进行更严的管理和监督，推动各级领导机关和领导干部，尤其是中央机关和中央国家机关、高级领导干部强化带头意识，时时处处严要求、做表率，自觉践行廉洁从政的各项要求。只有坚持抓住“关键少数”，强化领导干部的作风建设，带动党内风气和政治生态不断优化，才能从根本上强化廉政文化建设，形成廉洁自律、遵纪守法的社会风尚。

五、坚持惩前毖后、治病救人

惩治，治是根本，惩是为了治。毛泽东同志在延安整风时期，总结党内斗争经验，创造性地提出了“惩前毖后、治病救人”的基本方针。惩前毖后是指对以前的错误不讲情面地揭发，用科学的态度来分析和批判，以使将来的工作做得更慎重、更好；治病救人是指揭发错误、批评缺点的目的是帮助其改正错误、走上正道，而不是为了制造对立、打击报复。坚持惩前毖后、治病救人作为廉政制度文化的核心理念，意味着各项廉政制度不仅是为了惩戒犯错的同志，更是为了对这些同志予以教育帮助，体现了中国共产党对党内生活的深刻理解和科学总结，旨在通过揭发、批判错误并科学分析，以达到改进工作和团结同志的目的。[①]《中国共产党纪律处分条例》规定，“处理违犯党纪的党组织和党员，应当实行惩戒与教育相结

① “实行惩前毖后、治病救人的方针，借以达到既要弄清思想又要团结同志这样两个目的。对于人的处理问题取慎重态度，既不含糊敷衍，又不损害同志，这是我们的党兴旺发达的标志之一。”参见《毛泽东同志论党的作风和党的组织》，人民出版社 1984 年版，第 90 页。

合，做到宽严相济。”因此，廉政制度文化要求纪检监察机关在监督、执纪、问责上，一方面，要保持正风反腐力度不减、尺度不松，让党员干部认识到“红线”不可逾越；另一方面，要一体推进不敢腐、不能腐、不想腐，打通监督检查、审查调查、教育整改等环节，深化以案促改，实现不敢腐、不能腐、不想腐同时发力、同向发力、综合发力。

六、坚持政治效果、纪法效果、社会效果的有机统一

“政治效果、纪法效果、社会效果的有机统一”是全面从严治党的重大实践和理论创新。“三个效果”有机统一的创新理论作为廉政制度文化核心理念之一，以问题为出发点、以目标为行动方向、以结果为落脚点，深刻体现了廉政建设的根本要求与全面目标。其中，政治效果作为根本所在，确保了党的路线方针政策得到贯彻落实，维护了党的团结统一；纪法效果作为基础支撑，通过严格依规依纪依法开展监督执纪问责，提高了党员干部和公职人员的法治意识和纪律观念，形成了遵规守纪、廉洁从政的良好风尚；社会效果作为最终体现，通过加强廉政建设和反腐败斗争，解决了人民群众反映强烈的突出问题，增强了人民群众对党的信任和拥护。精准运用监督执纪“四种形态”是践行“三个效果”有机统一的集中体现。要经常开展批评和自我批评，及时进行谈话提醒、批评教育、责令检查、诫勉谈话，让“红红脸、出出汗”成为常态；党纪轻处分、组织调整成为违纪处理的大多数；党纪重处分、重大职务调整的成为少数；严重违纪涉嫌犯罪追究刑事责任的成为极少数。“四种形态”的精准适用既注重“全面”和“从严”，又注重分类施治、分层施策，有利于把制度优势转化为治理效能，把纪法效果转化为政治效果、社会效果。这三者之间内在联系、有机统一，为推动全面从严治党向纵深发展，实现标本兼治、综合治理的目标提供了有力保障。

小结

廉政制度文化关乎中国共产党的纯洁性和先进性，关乎国家的廉政治理和长治久安。廉政制度文化涵盖党的纪律建设、作风建设以及国家监察体制机制的创新，要求各级党员干部和公职人员模范遵守廉政制度，以正风肃纪的实际成效增强全社会的廉洁意识，应当坚持权威性与稳定性相统一、制度约束与道德引领相融合。

思考题

1. 廉政制度文化的核心价值观是什么？
2. 如何理解“把权力关进制度的笼子里”的理念？
3. 在实际工作中，如何有效落实廉政制度文化的理念要求？

第七章

廉政监督文化

导　语

监督在管党治党、治国理政中居于重要地位。习近平同志指出：“没有监督的权力必然导致腐败，这是一条铁律。”权力监督旨在预防权力滥用和腐败现象的发生，维护社会公平正义和人民的根本利益。本章阐释了廉政监督文化的概念、特征与思想基础，全面分析了党和国家监督体系的理论与实践，并探讨了培育新时代廉政监督文化的实现路径。

第一节　廉政监督文化概述

一、廉政监督文化的概念

从廉政学的意义上看，廉政监督文化是围绕廉政监督行为所形成的一系列思想、观念、理论、规范的总和。因此，要理解廉政监督文化，首先要理解廉政监督行为。廉政监督行为是以实现清廉政治为目标，促进权力的设置与行使科学化、制度化、规范化、程序化，推动公职人员廉洁从政，防止以权谋私、确保权责一致的过程。在这一过程中所形成的观点、理念、思想、理论、规范，是对廉政监督行为的抽象、提炼与概括，由此形成廉政监督文化。

在廉政活动中，廉政监督的主体一般具有法定性和特定性，即以法定监督主体为主，如宪法、其他法律明确规定享有廉政监督职权的主体，依法从事廉政监督活动；其次是授权监督主体，即根据国家法律、党内法规和权力机关的特别授权，对特定事项行使特定监督权的组织。廉政监督的内容主要涉及国家各类公职人员的廉政情况，如是否存在违法违纪、以权谋私的行为。

二、廉政监督文化的特征

（一）政治性

监督文化的政治性主要体现在监督的本质上，实质是“围绕公共权力而展开的活动”。监督是指运用法律和纪律等赋予的权力和手段，实现公权力沿着正确的轨道运行，对国家机关及其公职人员行使公权力的过程进行检查、评议、督促。监督的根本是权力监督，是对权力“异化”的一种预防和纠偏，是“为保证国家权力在担负职权的正当范围内和轨道上运行，而对其进行监视、检查、调节、控制、纠偏的各种活动”[①]，其实质和核心是确保权力不被滥用，在国家治理中发挥纠偏、保障、革新功能，进而促进决策、执行、反馈等环节的正常运行，是国家治理的“免疫系统”。我国新时代新征程政治监督的根本任务是推动党员干部深刻领悟“两个确立”的决定性意义、坚决做到“两个维护”，确保党中央重大决策部署不折不扣落到实处。

（二）强制性

监督文化的强制性主要体现在制度的遵守和执行方面。监督文化以刚性的监督条例、规章、准则为准绳，以严厉的惩戒措施为保障，是一种外在力量的制约，能促进被监督者不断规范自己的行为，强化监督的严肃性、权威性。为了增强监督的有效性，一般都在法律规章中明确规定监督的权责任务，赋予监督者一定的特定权力，强化监督的强制性色彩。监督既有硬性监督，也有软性监督。硬性监督就是用权力监督权力，用权力制约权力。软性监督包括群众监督、舆论监督等；软性监督尽管不能产生权力监督的直接效用，但可以形成一种社会氛围，对权力行使者和行使情况进行监督，引起权力行使者警惕与注意，达到监督的效果，这也是其强制性的表现，舆论监督就是如此。[②]

（三）人民性

廉政监督文化的出发点是人民立场，即保证把人民赋予的权力真正用来为人民谋利益。人民是廉政监督文化最为广泛、深厚的基础所在。廉政监督文化具有显著的人民性。在社会主义制度下，国家一切权力来自人民，并属于人民。国家权力必须服从人民的意志，服务于人民的利益。因此，国家权力受到监督，这是确保权力始终为了人民、依靠人民而行使不可或缺的理念与制度。

人民是监督的主体。人民行使权力的方式是人民代表大会制度。人民

① 蔡定剑:《国家监督制度》，中国法治出版社 1991 年版，第 1 页。

② 毛宏升:《当代中国监督学》，中国人民公安大学出版社 2003 年版，第 3 页。

依法通过各种形式和途径管理国家事务，管理经济文化事业，管理社会事务。《中华人民共和国宪法》第四十一条规定，中华人民共和国公民对于任何国家机关和国家工作人员，有提出批评和建议的权利；对于任何国家机关和国家工作人员的违法失职行为，有向国家机关提出申诉、控告或者检举的权利，但不得捏造或者歪曲事实进行诬告陷害。这是公民行使监督权的规范依据。监督权是人民主权原则的具体表现，人民通过行使监督权经常性地监督国家机关及其工作人员的活动，以保证国家权力的合法性。

维护人民的根本利益是监督的目的。“人民至上”是中国共产党的根本政治立场，是马克思主义政党区别于其他政党的显著标志。它强调了党的一切工作必须以最广大人民的根本利益为出发点和落脚点，与人民同呼吸、共命运、心连心，始终保持党同人民群众的血肉联系，凝聚起众志成城的磅礴力量，团结带领人民共同创造历史伟业。

廉政监督的人民性，体现了尊重历史发展规律和尊重人民主体地位的一致性。人民群众是历史的创造者，这是历史唯物主义的核心内容之一，也是唯物史观的基本原理之一。它强调在社会历史发展过程中，人民群众起着决定性的作用，是推动历史前进的根本动力。第一，人民群众是社会物质财富的创造者。他们通过劳动不断积累和发展社会生产力，为社会的物质文明进步提供基础。没有人民群众的辛勤劳动和创造，就没有社会的物质财富和文明进步。第二，人民群众是社会精神财富的创造者。人民群众在劳动和生活中积累了丰富的经验和智慧，创造了大量的精神财富，包括科学、文化、艺术等。这些精神财富不仅丰富了人们的精神生活，也为社会的文明进步提供了重要的支撑。第三，人民群众是社会变革的决定力量。在阶级社会中，生产关系的变革、社会制度的更迭，都是通过人民群众的斗争来实现的。人民群众通过发动起义、革命、战争等方式，推翻旧的统治阶级和旧的社会制度，建立新的社会制度，推动社会向前发展。

（四）严密性

廉政监督文化的严密性是指在反腐倡廉和廉政建设中，对公共权力运行、公职人员行为以及党规党纪、法律法规执行情况的监督所具有的全面、细致、不留死角的特点，在各个领域都有明确的指导和规范，从而形成了一种全面而严密的监督氛围。这种严密性体现在以下四个方面。

一是监督范围的广泛性。廉政监督应当覆盖公共权力运行的各个环节和各个方面，如政府决策、执行、监督等全过程，公职人员的言行举止、职务行为等。

二是监督方式的多样性。廉政监督应采用多种方式和手段，包括党内监督、民主监督、法律监督、舆论监督等，确保监督的全面性和有效性。

三是监督结果的严肃性。对于违法违纪行为，廉政监督机构应依法依规进行处理，严肃追究相关人员的责任。同时，对于监督过程中发现的问题和漏洞，应及时进行整改和完善，以防范类似问题的再次发生，发挥“惩、治、防”贯通融合的综合功效。

四是监督制度的完善性。随着社会的发展和时代的变迁，廉政监督制度应不断适应新的形势和任务要求，及时进行调整，完善党和国家监督制度，形成全面覆盖、常态长效的监督合力。

总之，廉政监督文化的严密性是反腐倡廉和廉政建设的重要保障。通过加强监督制度建设、强化监督机构建设、推动信息公开和透明度以及加强国际合作与交流等措施，不断提高廉政监督的严密性。

（五）规范性

廉政监督文化的规范性体现在对监督活动的共同理解和价值追求上，是确保廉政监督活动有序、公正、高效进行的重要基础。具体而言，可从以下几个方面理解廉政监督文化的规范性。

制度基础的规范性。廉政监督活动必须依据明确的规范性文件进行，包括法律法规，也包括党规党纪。党的十八大以来，以习近平同志为核心的党中央高度重视党风廉政建设，党中央、国务院等部门先后出台了一系列关于廉政监督的重要规定，如《关于加强干部选拔任用工作监督的意见》《中国共产党党内监督条例》《中国共产党巡视工作条例》等，为廉政

监督提供了制度基础和指导原则。这些制度规范明确了监督的范围、程序和责任，确保监督活动在规范化、法治化的轨道上进行。

监督程序的规范性。廉政监督活动应遵循一定的流程和程序，按照既定的标准进行，以保证监督的连贯性和一致性。廉政监督行为在本质上亦是公权力的行使，因此必须遵循规范、高效的程序来进行，确保各方参与者受到公平、公正和无偏见的对待。

监督结果的规范性。廉政监督活动应产生明确、可衡量、可处理的监督结果，以便对监督活动进行评估和改进。例如，办结案件评查监督、特殊案件回访监督等措施，都可以确保监督结果的客观性和公正性，并促进问题的整改和错误的纠正。

监督人员的规范性。廉政监督人员应具备相应的专业素质和业务能力，能够胜任监督工作，确保监督活动的专业性和准确性。同时，监督人员应保持独立性，不受案外因素的干扰和影响，确保廉政监督活动的客观性和公正性。在我国，纪检监察的政治性、权威性和规范性等特性要求监督人员具备高度的职业素养和道德水平，能够依规依纪依法履行职责。

综上所述，廉政监督文化的规范性体现在制度基础的规范性、监督程序的规范性、监督结果的规范性、监督人员的规范性等方面。这些规范性要求共同构成了廉政监督的坚实基础，有助于确保监督活动的有序、公正、高效进行。

第二节　廉政监督文化的思想基础

一、民本思想

民本思想在中华传统文化中有着举足轻重的地位，是“中国传统文化中最具进步性的永恒思想主题”[①]，构成了中国廉政思想的重要组成部分。民本思想的雏形在《尚书·盘庚篇》《管子·权修篇》中便有体现，最早的观念形态是“重民”“以人为本”等表达。[②]孔子的“为政以德”、孟子的“民贵君轻”和荀子的“君舟民水”等思想，构建了一套关于“以民为本”的价值体系。

中国古代的民本思想中有显著的廉政监督色彩，主要体现在对人民利益的关注以及通过人民来约束和监督统治者和官员的行为。这种理念在古代中国的政治思想文化中占据了重要地位。民本思想对封建君主和官员均提出了一系列施政要求，例如“政之所兴，在顺民心；政之所废，在逆民心”[③]；官员应关注民生，“爱民”“利民”。具体而言，可从以下五个方面理解中国古代民本思想中的“廉政监督基因”。

1. 民为监督主体

民本思想强调民是国家的根本，因此民应当成为监督统治者行为与政府行为的主要力量。这一理念在古代中国早已被提出，早于西方的“人本主义”或“民主”理念。民的监督不仅限于对政府行为进行监督，还包括对官员的个人操守、君主的道德品行等方面的监督。

2. 重民、贵民、安民、恤民、爱民

民本思想主张重民、贵民，即爱惜民力、体察民情，权力的行使应当以此为原则，对权力的监督也以此为出发点。安民、恤民、爱民则体现了统治者对民众的责任和关怀，要求通过实行良好的政策、提供公共服务等方式来保障民众的基本生活需求，从而赢得民众的信任和支持。

3. 民众的价值观彰显社会善恶

民本思想认为，民众的价值观是社会善恶的评判标准。统治者或政府的行为是否符合民众的利益和意愿，是对其进行监督、评价其行为善恶的

① 王引淑：《略论孟子民本思想的当代价值》，《政法论坛》2000 年第 2 期。

② 李春梅，李晓璐：《中国传统廉政思想简论》，《特区经济》2016 年第 10 期。

③ 《管子·牧民》。

重要标准。因此，统治者应当顺应民心、惩恶扬善，通过实施符合民众利益的政策和措施来维护社会公平正义。

4. 官员顺应民心

民本思想要求官员在执政过程中要顺应民心、关注民生，这包括了解民众的需求和意愿、倾听民众意见和建议、解决民众的实际问题等。通过顺应民心、关注民生，官员可以赢得民众的信任和支持，提高政府的治理效能。

5. 通过科举制度注入民本思想

在隋唐以后，民本思想开始通过科举制度注入政治体制之中。科举制度选拔官员的标准之一是考察其对民本思想的学习、理解和践行程度，从而确保官员在执政过程中能够贯彻民本思想。

中国古代民本思想中包含了许多限定、制约、规范和调整最高权力的思想因素，具有普适性的政治价值。它强调的是君主和政府应当以民众的利益为重，而不是追求自身的权力扩张。这种思想在一定程度上平衡了君主权力和民众利益之间的关系，对于促进中国古代的廉政监督，实现政治稳定和社会发展起到了积极的作用。

马克思主义关于无产阶级政党执政后必须做人民公仆的思想，尤其是毛泽东阐述的全心全意为人民服务思想，远超中国古代的民本思想，与西方民本主义也有本质区别。坚持以人民为中心，是对中国共产党全心全意为人民服务思想的继承和发展，是习近平新时代中国特色社会主义思想的重要内容，是对党的奋斗历程和实践经验的深刻总结，体现了党的理想信念、性质宗旨、初心使命。“以人民为中心”的思想强调人民是国家的主人，国家的治理和发展要始终以人民利益为出发点和落脚点。“以人民为中心”的思想强调发展要尊重人民首创精神，充分发挥人民的积极性和创造性，推动社会全面进步。习近平同志强调“人民对美好生活的向往，就是我们的奋斗目标”，指出“党与人民风雨同舟、生死与共，始终保持血肉联系，是党战胜一切困难和风险的根本保证。”[①] 这是对毛泽东全心全意为人民服务思想的继承，也回应了新时代人民的需求、国家治理现代化的需要。

二、吏治思想

在漫长的封建王朝进程中，伴随着“官”与“吏”的出现，吏治的思想和理念也随之涌现，成为历朝历代重要的政治课题，并逐渐形成了一套关于官吏选拔、任用、考核和监督的治理思想。中国古代的吏治思想对于官吏的廉洁道德水平、廉政行为水平和廉政治理效能等方面均形成了有效的约束和监督，是我国古代廉政监督文化的重要组成部分。

中国古代吏治思想形成于先秦时期，在社会变革、百家争鸣的背景下逐渐凸显其重要性。在这一时期，儒家举贤能的德治思想、法家重军功的法治思想，成为吏治思想的核心所在。[②] 德与刑的对立、德治与法治的冲突、儒家与法家的争鸣，融合在吏治思想的碰撞之中。儒家认为为官之道在于德，认为“贤人”在国家治理中居于重要地位，起到决定性的作用；且由于上行下效的原因，德行出众的官吏可根据其才智来实行合适的治理政策，维护社会稳定和民生福祉。因此，在监督方面，儒家认为应该从个人的内心出发，强调道德的自发性约束。法家则主张治国应当依靠法律，而非个人的喜恶和品格；法是具有客观性和规范性的，用法来进行吏治监督，比起依赖贤人的垂范作用更为可靠，也更为稳定。法律监督是最好的吏治手段，应通过制度和规则的外在约束来确保官吏恪守职责。

秦汉以后中国古代吏治思想有了更进一步的发展，随着“独尊儒术”的大一统进程的开启，吏治也进入了引礼入法、儒法合流的进程，儒家与法家的思想趋于融合，道德和法律逐步走向统一，在此基础上形成了中国

① 习近平：《不忘初心，继续前进》（2016 年 7 月 1 日），《习近平谈治国理政》第二卷，外文出版社 2017 年版，第 40 页。

② 龙昶，贺志明：《我国古代吏治思想的形成与发展》，《湖南社会科学》2011 年第 3 期。

吏治思想的主要体系。

吏治思想始终与廉政监督密不可分。所谓“守纪为廉、监察以廉、考评以廉、俸禄以廉”[①]，在整顿吏治——即监督各级官吏的过程中，“为吏以廉”一直是居于核心地位的要求，[②]对此，可从两个方面来理解吏治思想的内容：

其一是对官吏廉洁道德修养的监督。由于不断演进的道德法律化趋势，法律的适用被儒家的道德伦理思想所支配，对于官吏的廉政道德监督，也沿袭儒家经典的道德观，主张以礼治吏，要求官吏克己复礼，以仁为本，为民父母，为政以德，以德化民。首先，儒家认为清廉是为官为吏的基本道德要求，即“为官之本”。清廉自守主要包括三个方面的要求：为官者自身开销要廉洁，不追求奢侈，不放纵自己的欲望，衣食住行从俭；行使权力时要做到廉洁，刚正不阿，恪尽职守，不擅权谋私，不贪污受贿，不谀上虐下，不徇私枉法；使用国家钱财物时要廉洁，革奢去侈，节省开支，减轻百姓负担。其次，重视官员的道德榜样效应，儒家认为一个好的官员首先应该培养自己的道德品质，以身作则，以正直和廉洁的行为影响他人。最后，要求官吏忠诚公正，忠于国家、皇权和法律，以公正的态度处理政务，严守职责，不为私利所动。因此，在中国古代吏治进程中，对官吏的监督始终保持了对官吏廉洁水平、道德修养的关注，是一种监督官吏行使权力的有效机制。

其二是对官吏廉政治理效能的监督。在对官吏进行考察监督的过程中，不仅关注其“德”是否符合儒家经典的要求，同样也关注其才能和治理效能是否达到了廉政治理应有的水平。中国古代吏治思想和制度始终重视人才在治国理政中的重要作用，选拔贤能，量才而用，使吏治更加科学合理。选人用人的标准不仅包括上文所述的“德”，也极为重视才能和业

① 方延明：《中国古代吏治思想之检讨》，《南京农业大学学报（社会科学版）》2001 年第 1 期。

② 参见李春梅，李晓璐：《中国传统廉政思想简论》，《特区经济》2016 年第 10 期。

绩，确保官吏在清廉公正的基础上，能够为民造福，推动社会进步和有效治理。

三、监察与制衡思想

对于古代中国的封建君主统治而言，对官吏的权力进行划分与监察，是维护统治的重要方式。此种思想虽然最终目的是维护封建统治，与现代廉政监督文化的价值追求相去甚远，但其中不乏可供当代借鉴的“思想基因”。中国古代的制衡思想最早可以追溯到商鞅“法者，国之权衡也”等观点。随着历史的发展，制衡思想在秦汉之后得到了进一步的发展和完善，形成了君权、中央与地方、官僚权力之间的多重制衡机制。具体到廉政监督的层面，则以围绕监察权形成的制衡文化最为典型。

设官分职是政治活动的客观需要，也是对各部门进行权力制衡的一种方法。[①] 中国古代一方面有着悠久的监察权力配置史，另一方面在监察权内部又有制衡。以明朝为例，都察院、六科、按察司均负有监察职能，彼此之间互相监督与制衡；同时，各机构内部官吏之间也可互相监察，形成互相掣肘的格局。都察院作为最庞大的监察机构，其御史有“纠弹百官”的职能；六科给事中则以拾遗补阙、封驳奏章为主要职能。[②] 在监督权力上，监察御史与六科给事中形成分工，同时也确保了二者的互相监察，对官吏权力的监督不留死角。

中国古代的监察与制衡思想存在三个特征：一是注重权力的划分与平衡，通过巡视、考课、弹劾、封驳与谏诤、判署等制度，保证监督主体对各级官吏行政权力制约与监督的正常有序进行；二是以自成系统的组织为基础，并且各级监察机构形成单线垂直的相对独立体系，确保监察权力的独立运作和高效行使；三是以轻制重，御史、给事中等官职虽然不高，却

① 参见朱声敏:《明代司法监察制度及其运作》，凤凰出版社 2022 年版，第 45 页。

② 参见朱声敏:《明代司法监察制度及其运作》，凤凰出版社 2022 年版，第 46 页。

可纠弹百官，甚至可监察自己的直属上司。

中国古代独具特色的监察和制衡思想，通过对权力的有效监督和制约，维护了国家的稳定和发展，这一思想对于现代社会的廉政监督文化建设仍具有重要的借鉴意义。

四、毛泽东同志的人民监督思想

在新中国成立之初，毛泽东同志就曾指出，国家是人民的，国家所做的相关决策和建设，全面接受人民群众的监督。[①] 这种由人民来监督政府的思想，是毛泽东廉政监督思想的核心。

土地革命时期是毛泽东人民监督政府思想的萌芽时期。抗日战争时期，毛泽东同志通过借鉴历史，分析了社会发展要面临的种种问题，并认为社会的运转必须以人民为中心。党的七大标志着人民监督政府思想的成熟。在著名的“窑洞对”中，毛泽东在与黄炎培的对话中指出了中国共产党如何跳出治乱兴衰“历史周期率”的第一个答案：我们已经找到了一条新路，我们能跳出这种周期率。这条新路，就是民主。只有让人民来监督政府，政府才不敢松懈。只有人人起来负责，才不会人亡政息。[②] 人民监督思想的观念基础与廉政监督文化的人民性特征息息相关，都遵循马克思主义唯物史观的基本原理，都体现了我国廉政监督文化一以贯之的人民立场。毛泽东同志还强调“党要管党”，强调通过党的纪律建设来强化党的自我监督，加强党风廉政建设，保持党的先进性和纯洁性。毛泽东同志在《论新阶段》中指出，没有纪律，党就无法率领群众与军队进行胜利的斗争。与此相应，毛泽东同志主张通过民主生活会制度、党委集体领导制度、党内报告制度、巡视制度等党内制度完善廉政监督体制，并提出了建设与完善上述制度的一系列思路和方法。

---

① 《毛泽东选集》第二卷，人民出版社 1996 年版，第 534 页。

② 黄炎培:《八十年来》，文史资料出版社 1982 年版，第 157 页。

五、邓小平同志的法制监督理念

改革开放以后，随着反腐倡廉形势的变化，新一代领导人在廉政监督思想上也有了新的发展。邓小平同志认为，腐败作为一种历史现象，是剥削制度的产物，与社会主义国家的本质是格格不入的。社会主义国家的本质是解放和发展生产力，消灭剥削，消除两极分化，逐步达到共同富裕。因此，社会主义制度下应当消灭腐败滋生的土壤。

邓小平同志指出："如果我们不受监督，不注意扩大党和国家的民主生活，就一定要脱离群众，犯大错误。"① 邓小平同志强调应当在制度上进行适当的规定，便于对党的组织和党员群体进行严格监督。具体而言，这种监督来自三个方面：其一是党内监督，即强调党组织对共产党员的监督；其二是人民群众的监督，强调扩大人民群众对党组织和党员的监督范围；其三是民主党派和无党派人士的监督。其中，邓小平同志认为"党是整个社会的表率，党的各级领导又是全党的表率。"② 因此，端正党风，应当从党的高级干部抓起；领导干部以身作则，廉洁自律，接受监督，对廉政建设而言至关重要。

邓小平同志十分重视通过健全法制来实现廉政监督。法制方面的改革主要从党和国家领导制度、干部制度、纪律检查制度等入手，邓小平同志认为，对干部和共产党员来说，廉政建设要作为大事来抓。还是要靠法制，搞法制靠得住些。③ 对于贪污腐败和滥用权力的现象，应当通过两个途径来解决，"一个是教育，一个是法律"。④ 通过法制建设，使民主制度化、法律化。邓小平同志强调，讲法制，必须坚持有法可依、有法必依、执法必严、违法必究。无论是什么人，都不能在法律、纪律面前高人一等，从制度上保证廉政建设富有成效地进行。

---

① 《邓小平文选》第一卷，人民出版社 1994 年版，第 270 页。

② 《邓小平文选》第二卷，人民出版社 1994 年版，第 177 页。

③ 《邓小平文选》第三卷，人民出版社 1993 年版，第 379 页。

④ 《邓小平文选》第三卷，人民出版社 1993 年版，第 14 页。

六、习近平同志关于廉政监督的重要论述

党的十八大以来，以习近平同志为核心的党中央着眼于中国式现代化建设大局，高度重视廉政建设工作，提出了廉政监督的新观点、新思路。具体而言，习近平同志关于廉政监督的重要论述主要包括以下几个方面。

（一）党的自我革命的重要思想

跳出历史周期率既是中国共产党面临的战略问题，也是中国共产党始终要解决的党的建设的现实问题。习近平同志在党的十九届六中全会上讲话时指出，我们党历史这么长、规模这么大、执政这么久，如何跳出治乱兴衰的历史周期率，毛泽东同志在延安的窑洞里给出了第一个答案，这就是“只有让人民来监督政府，政府才不敢松懈”。经过百年奋斗特别是党的十八大以来新的实践，我们党又给出了第二个答案，这就是自我革命。”[①]

毛泽东同志给出的“第一个答案”，凸显了廉政监督文化的人民性特征，人民是廉政监督文化最为广泛、深厚的基础所在，强调人民对政府及其公职人员的监督作用，认为只有通过人民的广泛参与和监督，才能确保政府的廉洁和高效，防止权力滥用和腐败现象的发生，体现了民主政治与廉洁政治有机统一的正确思路。[②]

习近平总书记给出的“第二个答案”，继承了一代代中国共产党人的不懈探索，凝结着党百年奋斗历程中坚持自我革命的宝贵经验，创造性回答了马克思主义政党如何在长期执政条件下确保不变质、不变色、不变味、永葆先进性和纯洁性的重大问题。2016 年 7 月 1 日，习近平同志在庆祝中国共产党成立 95 周年大会上强调，全党要以自我革命的政治勇气，着力解决党自身存在的突出问题，不断增强党自我净化、自我完善、自我革新、自我提高能力，经受“四大考验”、克服“四种危险”，确保党始

① 习近平：《以史为鉴、开创未来，埋头苦干、勇毅前行》，《求是》2022 年第 1 期。

② 项继权，李敏杰，罗峰：《中外廉政制度比较》，商务印书馆 2020 年版，第 100 页。

终成为中国特色社会主义事业的坚强领导核心。这一重要讲话阐述了自我革命的任务、目的、要求和根本意义。党的自我革命精神是党永葆青春活力的强大支撑，也是党在百年奋斗历程中取得伟大成就、战胜艰难险阻的重要原因，是推动党不断发展壮大、不断从胜利走向新的胜利的重要力量源泉。自我革命的关键在于要有正视问题的自觉和刀刃向内的勇气。党通过自我净化、自我完善、自我革新、自我提高的持续性过程，不断保持先进性和纯洁性，增强创造力、凝聚力和战斗力。同时，自我革命精神也要求党员干部要坚守初心使命，牢记“为了谁、依靠谁、我是谁”，做到克己奉公、以俭修身，永葆清正廉洁的政治本色。

人民监督和自我革命这两个答案，都是我们党在建设长期执政的马克思主义政党方面获得的规律性认识，对于当代廉政监督文化的发展亦有重大意义。

把握新时代的廉政监督文化建设规律，应当坚持将党的自我监督与人民监督结合起来。二者的结合是自律和他律的良性互动，自律行为与外部约束行为相结合，相辅相成、相得益彰。一方面，自我革命需要人民监督的推动和约束，人民监督能够促使党正视自身存在的问题和不足，及时纠正错误和偏差，确保党的决策和行为始终符合人民的意愿和需求；另一方面，人民监督也需要自我革命的配合和支持，只有党自身保持清醒和坚定，勇于自我革命和自我净化，才能为人民监督提供坚实的基础和保障。二者的高效协同运作，方可增强监督合力、提高监督质效。

（二）高度重视权力监督的重要性

权力必须受到监督，这是新时期廉政监督实践的基本经验。“没有监督的权力必然会导致腐败，这是一条铁律”。[①] 监督是治理的内在要素，在管党治党、治国理政中居于重要地位。党的十八大以来，以习近平同志为核心的党中央高度重视通过权力监督促进廉政建设的重要性，加强权力监

① 习近平：《习近平谈治国理政》，外文出版社 2014 年版，第 418 页。

督，把健全党和国家监督体系纳入新时代党的建设伟大工程和全面从严治党的战略布局，形成了党长期执政条件下自我净化、自我完善、自我革新、自我提高的有效途径，构建起一套行之有效的权力监督制度和执纪执法体系，各项监督更加规范、更加有力、更加有效。

（三）完善和落实党内监督

党内监督是我们党在新时期推进自我革命、全面从严治党的基本经验，是保持党的肌体健康的内在动力，是应对重大挑战、抵御重大风险、克服重大阻力、解决重大矛盾的内在源泉，是党最鲜明的特征和优势。以习近平同志为核心的党中央对党内监督的内容、对象、结果等各方面基本逻辑以及实现的路径与方法都提出了一系列新思想、新理念。

党内监督具有系统性和整体性，内容上应当保证全面覆盖，涵盖思想、政治、组织、作风和纪律监督各个方面。监督的结果应当追求“标本兼治”。习近平同志强调，标本兼治是我们党管党治党的一贯要求。深入推进全面从严治党，必须坚持标本兼治。[①]

监督的对象包含党的各个地方、各个领域、各个部门，做到无禁区、无死角。通过巡视监督，保证监督对象既有深度又有广度，既要全面覆盖，又要重点监督领导干部这个“关键少数”群体。习近平总书记指出：“从严管理的要求能不能落到实处，领导机关和领导干部带头非常重要。”[②]只有抓住领导干部这个“关键少数”，并对其进行严格监督，才能对队伍的其他党员起到示范和带动作用。

（四）推进廉政监督体系化发展

坚持以体系化思维推进廉政监督文化的发展。党的十八大以来，以习近平同志为核心的党中央加强监督体系的顶层设计，把监督贯穿治国理政的各项工作，党和国家监督体系的“四梁八柱”逐步完善。党的二十大报

① 习近平：《增强全面从严治党系统性创造性实效性》，《人民日报》2017 年 1 月 7 日，第 1 版。

② 《十八大以来重要文献选编（上）》，中央文献出版社 2014 年版，第 351 页。

告指出，要“健全党统一领导、全面覆盖、权威高效的监督体系”。这既是完善党和国家监督体系的总要求，也是把握新时代廉政监督体系化思维的逻辑起点。在廉政监督的体系思维中，要推动各类监督在党的领导下贯通协调、形成合力，精准把握各类监督主体的内涵外延、职责权限和运行机理，以党内监督为主导推动各类监督衔接顺畅、运转高效，让各类监督严起来、实起来，充分加强、持续释放监督效能。

第三节　党和国家监督体系的理念与实践

权力监督在世界范围内始终是国家治理的难题之一，各国对此在政党制度、国家机构、权力分配等方面都进行了大量的制度设计与实践。我国的监督实践有着独特的党情国情，围绕“功能性分权”的逻辑[①]建立起了党和国家监督体系。在当代中国的廉政文化体系中，廉政监督文化也是核心话题之一，围绕党和国家监督体系的一系列理论、规范与实践，是当代廉政监督文化的逻辑基础和核心构成。

一、党和国家监督体系概述

党和国家监督体系作为推进全面从严治党的必然要求，是中国共产党在长期执政条件下实现自我净化、自我完善、自我革新、自我提高的重要制度保障，是实现国家治理体系和治理能力现代化的重要支撑，也是党确保权力始终用来为人民谋幸福的关键之举。

从概念上看，理解党和国家监督体系，可从狭义和广义两个层面入手。狭义指党中央集中统一领导下的党和国家专职监督机关的监督是相互贯通、融为一体的监督体系，包括纪委的纪律检查监督、监委的监察监

① 陈国权，周鲁耀：《制约与监督：两种不同的权力逻辑》，《浙江大学学报（人文社会科学版）》2013 年第 6 期。

督、检察院的检察监督（或法律监督）和审计机关的审计监督。广义则指党中央集中统一领导下的党和国家的所有监督主体的监督是相互贯通、融为一体的监督体系，除了狭义的监督主体外，还包括人大的一般监督、政协的民主监督、法院的司法监督、群团组织的群众监督和社会媒体的舆论监督等。党的十九大报告明确指出，要构建党统一指挥、全面覆盖、权威高效的监督体系，把党内监督同国家机关监督、民主监督、司法监督、群众监督、舆论监督贯通起来，增强监督合力。党的二十大报告指出，健全党统一领导、全面覆盖、权威高效的监督体系，完善权力监督制约机制，以党内监督为主导，促进各类监督贯通协调，让权力在阳光下运行。推进政治监督具体化、精准化、常态化，增强对“一把手”和领导班子监督实效。二十届中央纪委三次全会深刻阐述习近平同志关于党的自我革命的重要思想，强调“深化标本兼治、系统兼治，不断拓展反腐败斗争深度广度”。二十届中央纪委四次全会提出，要始终保持反腐败永远在路上的坚韧执着，保持战略定力和高压态势，一步不停歇、半步不退让，一体推进不敢腐、不能腐、不想腐，坚决打好这场攻坚战、持久战、总体战。

（一）党和国家监督体系的历史演进

党和国家监督体系是在长期的探索实践中形成的，其概念和内涵也随之不断变化。整体而言，经历了从“党内监督体系”到“法律监督体系”再到“党和国家监督体系”的“螺旋式上升”。[①]

在新中国成立以前，中国共产党就进行了党内监督的初步探索，并建立起了较为成熟的制度体系。党的一大通过了中国共产党第一个纲领，提出地方各级委员会要受到严格监督。1927 年 4 月 27 日，党的五大在武汉召开，首次设立专门的党内监督机构——中央监察委员会，这标志着党内监督机构的初步建立与中国廉政监督机制的初步探索。1945 年，党的七大在修改党章时，恢复了党的五大党章中党的“监察机关”的制度，确定

① 王哲宏：《党和国家监督：体系、要素与融合》，《治理现代化研究》2021 年第 5 期。

了“中央监察委员会，由中央全体会议选举之，各地方党的监察委员，由各地方党委全体会议选举，并由上级组织批准之”，同时确立了党的监察委员会在党委的领导下统一行使党内监督权、党委通过专门监督机构行使党内监督权的党内监督工作体制。[①]这一模式对此后的党内监督体系乃至国家监察体制都产生了重大影响。新中国成立后，党中央要求各中央局、中央分局等成立纪律检查委员会，负责开展经常性工作。到1950年年底，全国大多数县级以上党委都已成立这一专门机构。改革开放以后，党内法规建设迅速发展，党的监督机构建设日益完善，党内监督文化也逐渐成熟，形成了较为系统的党内监督体系。

随着改革开放的深入，国家层面的法律监督体系也逐渐确立和发展起来。在“有法可依、有法必依、执法必严、违法必究”的方针指引下，法律监督体系全面建立起来。根据1982年《中华人民共和国宪法》的规定，人民代表大会是法律监督体系的核心主体，检察机关则是宪定的“国家法律监督机关”；此外，在行政系统内部建立了行政监察机构，各级审判机关也发挥了审判监督职能。

作为一个新的概念体系，“党和国家监督体系”是新时代以习近平同志为核心的党中央围绕全面从严治党的重大战略需要，对党内监督体系和法律监督体系进行反思以后提出的中国特色监督体系格局。[②]党的十八届四中全会通过的《中共中央关于全面推进依法治国若干重大问题的决定》，提出构建中国特色社会主义法治监督体系：“加强党内监督、人大监督、民主监督、行政监督、司法监督、审计监督、社会监督、舆论监督制度建设，努力形成科学有效的权力运行制约和监督体系，增强监督合力和实效。”2018年以后，经过宪法的修改以及《中华人民共和国监察法》的出台，确立了国家监察体制，创新性地确立了“一府一委两院”的国家

① 王哲宏：《党和国家监督：体系、要素与融合》，《治理现代化研究》2021年第5期。

② 李景平，曹阳：《党内监督的演变史及其现实启示——以建设社会主义现代化国家的探索为视角》，《江西社会科学》2021年第4期。

机构格局；在党中央统一领导下，坚持党的纪律检查机关与国家监察机关“合署办公”，这标志着新时代党和国家监督体系在实践中的成熟。2019年10月，党的十九届四中全会指出要强调坚持和完善党和国家监督体系，强化对权力运行的制约和监督，由此正式提出了“党和国家监督体系”的概念，从思想理念的层面统摄新时代廉政监督实践。

就内容而言，党和国家监督体系是一个多层次、多维度的体系，包含党内监督、国家监督、社会监督等各类子系统。其中，党内监督是整个监督体系的核心。习近平同志指出：“党内监督是第一位的监督，党内监督有力有效，其他监督才能发挥作用。”党内监督体系包括党委（党组）全面监督、纪律检查机关专责监督、党的工作部门职能监督、党的基层组织日常监督、党员民主监督等多个方面。国家监督是以国家机关及其公职人员为主体，以国家的名义，依法定职权和程序进行的具有直接法律效力的监督，主要包括人大监督、行政监督、司法监督等。社会监督是党和国家监督体系的重要组成部分，主要包括群众监督、舆论监督等多种形式。

（二）党和国家监督体系的主要特点

党和国家监督体系的主要特点可概括为如下三点。

1. 党的统一领导

党的领导是党和国家监督体系的核心。党作为最高政治领导力量，对整个国家的监督体系进行统领、指挥和协调，确保监督工作在决策部署、资源整合和措施运用上更加协同，确保监督的政治方向和权威效果。

2. 全面覆盖

党和国家监督体系追求全面覆盖，即有形覆盖和有效覆盖的统一。这意味着监督体系不仅要在形式上覆盖所有需要监督的领域和对象，还要在实质上发挥有效监督作用。全面覆盖确保了权力运行的各个环节都受到监督，监督监察职能覆盖各级党组织和党员，以及所有行使公权力的公职人员，消除监督的空白和盲区，实现监督的全员化、全方位、全过程。

3. 权威高效

党和国家监督体系既要权威，又要高效。权威性体现在监督体系的政治属性上，它代表党和人民的意志，对权力进行制约和监督。高效性则体现在监督体系能够快速、准确地发现问题、纠正偏差，通过科学设计和合理安排制度体系、体制机制，不断提升监督体系的整体效能。

（三）党和国家监督体系的实践运行

党的十八大以来，以习近平同志为核心的党中央高瞻远瞩，致力于党和国家的长治久安，深入推动监督制度改革进程。通过一系列战略部署与实践探索，党和国家已初步构建起一套全面而系统的监督体系总体框架，该框架旨在强化对权力运行的制约与监督。具体而言，这一阶段的重大实践举措涵盖了多个维度：一是深化党的纪律检查体制改革，促进党的纪律检查机关与国家监察机关的高效合署办公，实现了党内监督与国家监察的深度融合与有机统一；二是全面推进国家监察体制改革，确保了对所有行使公权力的公职人员实施无死角的有效监察；三是实现派驻机构全覆盖，纪检监察机关派驻机构从党和国家机关延伸到国有企业和普通高校，有效扩展了党内监督的覆盖范围；四是不断加强党内法规制度建设，进一步健全和完善了监督执纪问责的规范化体系；五是积极促进各类监督主体之间的紧密协作与相互贯通，共同构建了一个全方位、多层次、立体化的监督网络，为党和国家的健康发展提供了坚实的制度保障。

党和国家监督体系的实践取得了显著成效。首先，通过党和国家监督体系的实践运行，持续深化全面从严治党，推动反腐败斗争取得压倒性胜利并全面巩固。一批腐败分子受到严厉惩处，人民群众对党风廉政建设和反腐败斗争的满意度不断提高。其次，国家治理效能显著提升。党和国家监督体系的不断完善，有效提升了国家治理体系和治理能力现代化水平。各级党组织和党员干部的纪律规矩意识明显增强，党风政风和社会风气持续向好。此外，通过一系列生动实践和典型案例的示范引领，广大党员干部和公职人员更加自觉地遵守纪律规矩、依法履职尽责，形成了良好的示

范效应，也为国际社会提供了中国智慧和中国方案。

二、党内监督体系

党内监督是指党中央组织、党委（党组）和党的工作部门、党的纪律检查机关、党的基层组织和党员根据党的章程和其他党内法规，从思想、组织、作风、纪律等方面，对党组织和党员执行党的路线、方针、政策和党规党纪情况的监察和督促活动，是党的自我约束和自我完善行为。

加强党内监督是马克思主义政党建设与生俱来的优秀品格，也是我们党的优良传统和政治优势。在中国共产党领导中国人民进行新民主主义革命、社会主义建设和改革开放的进程中，形成了优秀的党内监督文化，这为我们党在新时代的党内监督实践提供了宝贵的指导经验。进入新时代，在党和国家监督体系中，党内监督在党和国家监督体系中亦居于主导地位，是全面从严治党的有力保障。以习近平同志为核心的党中央在新时代廉政监督的实践中继续发展党内监督文化，形成了新时代党内监督文化的独特内涵与完备体系。习近平同志在中共十八届中央纪委六次全会上指出，坚持民主集中制是强化党内监督的核心。①

强化党内监督，必须坚持、完善、落实民主集中制，把民主基础上的集中和集中指导下的民主有机结合起来，把上级对下级、同级之间以及下级对上级的监督充分调动起来，确保党内监督落到实处、见到实效。

在长期党内监督实践的基础上，党内监督的形式应予以类型化，即包含组织生活会议制度、民主生活会议制度、民主评议制度、评价监督制度、巡视制度等。党内监督要求把纪律挺在前面，深化运用监督执纪“四种形态”，经常开展批评和自我批评，及时进行谈话提醒、批评教育、责令检查、诫勉谈话，让“红红脸、出出汗”成为常态；党纪轻处分、组织调整成为违纪处理的大多数；党纪重处分、重大职务调整的成为少数；严

① 《习近平在十八届中央纪委六次全会上发表重要讲话强调 坚持全面从严治党依规治党创新体制机制强化党内监督》，《法治日报》2016 年 1 月 13 日，第 1 版。

重违纪涉嫌犯罪追究刑事责任的成为极少数。

党的十八大以来，党内监督体系逐步完善，在党中央集中统一领导下展开了五个维度的监督，互相作用、缺一不可，共同促进党内监督的有效运行。

（一）党委（党组）的全面监督

党的委员会由党的权力机关即党的代表大会选举产生，与党的代表大会同为党的领导机关。党内监督文化要求党委（党组）要切实肩负起全面从严治党主体责任，党委（党组）书记“一岗双责”。加强对各类监督主体的领导和统筹，确保党内监督有力有效。党委（党组）监督的基本方式包括：听取和审议工作报告；听取述职报告并进行评议；委员提出批评、质询和罢免要求；建立重要情况向委员会通报的制度；成立委员小组，发挥委员对重大决策的监督作用；等等。

（二）党的纪律检查机关的专责监督

《中国共产党党内监督条例》规定，党的纪律检查委员会是党内监督的专责机关，履行监督执纪问责职责。纪委要履行全面从严治党的监督责任，协助同级党委推进全面从严治党。习近平同志在第十八届中央纪律检查委员会第三次全体会议上的讲话指出，增强权力制约和监督效果，必须保证各级纪委监督权的相对独立性和权威性。推动党的纪律检查工作双重领导体制具体化、程序化、制度化，强化上级纪委对下级纪委的领导；明确规定查办腐败案件以上级纪委领导为主，各级纪委书记、副书记的提名和考察以上级纪委会同组织部门为主，这既坚持了党对反腐败工作的领导，坚持了党管干部原则，又保证了纪委监督权的行使，有利于加大反腐败工作力度。

（三）党的工作部门职能监督

党的工作部门主要指党委办公厅（局）、组织部、宣传部、统战部、政法委和党的机关工作委员会等工作部门，是党委（党组）的办事机构和职能部门，也是党的各项方针和政策的执行者。党的工作部门履行监督职

责，是党委（党组）管党治党主体责任在不同领域的具体体现。党的工作部门依据党内组织制度、组织路线、干部路线和组织程序，对党组织、党员、干部行使监督。党的十八大以来，党中央在党的工作部门监督中创新了组织部门监督，特别是通过个人有关事项报告制度强化对领导干部的监督，并通过提高核查比例提升监督严肃性。[①]

（四）党的基层组织日常监督

党的基层组织包括党的基层委员会、总支部委员会和支部委员会。根据《中国共产党章程》的规定，企业、农村、机关、学校、科研院所、街道、人民解放军连队和其他基层单位，凡是有正式党员三人以上的，都应当成立党的基层组织。党的基层组织是党的全部工作和战斗力的基础，承担直接教育党员、管理党员、监督党员的职责。《关于新形势下党内政治生活的若干准则》等制度的出台为党的基层组织履行日常监督职责提供了规范依据，也为强化党内日常监督做出了制度安排和明确要求。

（五）党员民主监督

党员民主监督是党内监督的基本方式。党员的民主监督不仅是权利，更是不容推卸的义务，是对党应尽的责任。基层党组织和党员要加强对党的领导干部的监督，督促其正常参加组织生活、履行党员义务。在党的会议上，党员要勇于对违反党章党规的行为提出意见，有根据地批评党的任何组织和任何党员，负责地向党反映党的任何组织和党员违纪违法的事实。各级党组织要保障党员知情权和监督权，鼓励和支持党员在党内监督中发挥积极作用，对干扰妨碍监督、打击报复监督的人要依纪严肃处理。

（六）巡视监督

巡视是加强党内监督的战略性制度安排，是上级党组织对下级党组织履行党的领导职能责任的政治监督。巡视工作坚持发现问题、形成震慑，

① 宋伟，过勇：《新时代党和国家监督体系：建构逻辑、运行机理与创新进路》，《东南学术》2020 年第 1 期。

推动改革、促进发展的方针。习近平同志指出，要深化政治巡视，在政治高度上突出党的全面领导，在政治要求上抓住党的建设，在政治定位上聚焦全面从严治党，发挥巡视利剑作用。要在实现一届任期内巡视全覆盖的基础上，推进中央单位巡视和市县巡察工作，建立上下联动的监督网络。要创新方式方法，深入开展“回头看”，推进“机动式”巡视，发挥“游动哨”的威慑力，当好“守更人”。要强化巡视成果综合运用，健全整改督查制度，对整改责任不落实、整改不力、敷衍整改的，抓住典型，严肃问责，强化震慑、遏制和治本作用。

三、国家监督体系

国家机关监督体系是以国家机关及其公职人员为主体，依法定职权和程序进行的具有直接法律效力的监督。其中，人大监督是国家机关监督体系的核心，监察监督、行政监督、司法监督为主要监督形式。

人民代表大会的地位由宪法赋予，在国家机关体系中处于核心地位，其他国家机关由人民代表大会产生、向人民代表大会负责，各级人民代表大会及其常务委员会依法对行政机关、监察机关、审判机关、检察机关等国家机关进行监督。这是宪法上人民主权原则的直接体现，也是全过程人民民主的题中应有之义。

国家监察委员会和地方各级监察委员会负责监督、调查、处置所有行使公权力的公职人员违反职责、职务违法和职务犯罪的行为。行政监督则指行政机关内部相互之间的各种监督，以及上级行政机关对下级行政机关的监督。司法监督主要指审判机关和检察机关通过行使审判权和检察权，对国家机关及其工作人员的行为进行法律监督。

四、社会监督体系

社会监督是党和国家监督体系中的重要组成部分。其特点是非国家权力性和非法律强制性，社会监督文化的成熟在很大程度上取决于国家

的治理水平和有关人员的法律意识、民主观念、道德水平以及社会舆论等因素。社会监督包括群众监督、舆论监督等多种形式。首先，公民有权对国家机关和国家工作人员提出批评、建议、申诉、控告和检举，这是社会监督中最基本、最普遍的形式；其次，媒体通过报道和评论等方式，对国家机关和公职人员的行为进行监督，揭露和批评违法和不良行为，具有公开性、及时性、广泛性等特点，能够迅速将问题暴露在公众视野中。

社会监督文化在党和国家监督体系中具有不可或缺的作用与价值。首先，社会监督文化往往要求政府部门公开透明地行使权力，接受社会各界的监督。这种透明度不仅增强了公众对国家机关的信任，也促使相关方面更加谨慎和负责任地行使权力。其次，社会监督文化对于加强公众的廉政监督、维护社会公平正义也能发挥重要的作用。社会监督文化鼓励公众关注公职人员廉洁问题，揭露和批评腐败现象。通过媒体的报道和舆论的压力，推动相关部门采取措施解决问题，提高廉政监督力度和腐败问题解决效率。

第四节　培育新时代廉政监督文化

加强新时代廉政监督文化培育，既要以刚性制度做保障，始终保持“严”的态势，又要坚持以文化人，发挥廉政监督文化的教育熏陶和引导规范作用，让“主动开展监督、自觉接受监督”形成常态、成为自觉。

一、培育新时代廉政监督文化的重要意义

文化若水，源泽深厚又润物细无声，具有很强的包容性和渗透力。培育新时代廉政监督文化，以文化的柔性力量融合各类监督主体、客体的思想认识，有利于进一步增强党员领导干部开展自我监督、履行职责监督、

接受他人监督的积极性和主动性，切实提升各类监督的系统性、全面性和有效性，其影响重大、意义深远。①

（一）培育新时代廉政监督文化有利于进一步推进党的自我革命

习近平同志指出，勇于自我革命，是我们党最鲜明的品格，也是我们党最大的优势。推动党的自我革命，既要靠各级党组织严格要求、严格教育、严格管理、严格监督，也要靠广大党员、干部自觉行动，主动检视自我，打扫身上的政治灰尘，不断增强政治免疫力。② 培育新时代廉政监督文化，能够以文化的柔性力量将监督的刚性要求融入广大党员干部特别是领导干部的内心和日常，形成一种内在的、集体的、自觉的认可与共识，不断增强直面问题的自觉和刀刃向内的勇气，自我净化、自我完善、自我革新、自我提高，始终牢记初心使命，深入推进全面从严治党。

（二）培育新时代廉政监督文化有利于进一步坚持和完善党和国家监督体系

党的二十大报告明确提出，要健全党统一领导、全面覆盖、权威高效的监督体系。党的二十大对《中国共产党章程》进行了修改，在纪委主要任务中增写了“推动完善党和国家监督体系”的重要内容。培育新时代廉政监督文化，能够为党和国家监督体系的构建提供良好的社会环境和舆论氛围，引导广大党员、干部围绕监督形成共同遵循的价值观念、思维模式、行为准则，牢记廉政监督在党和国家监督体系中的重要使命和地位，不断推进各类监督贯通协调，在党中央集中统一领导下，以廉政监督带动各方面监督，进一步完善对权力运行的制约和监督机制，一体推进不敢腐、不能腐、不想腐的体制机制。

① 参见马飞翔，杨强，褚宏芍：《高校监督体系构建与文化培育》，九州出版社 2024 年版，第 156 页。

② 习近平：《全党必须始终不忘初心牢记使命 在新时代把党的自我革命推向深入》，《人民日报》2019 年 6 月 26 日，第 1 版。

（三）培育新时代廉政监督文化有利于进一步提升国家治理体系和治理能力现代化

监督是治理的内在要素、重要环节，也是权力正确运行的根本保证，在管党治党、治国理政中处于基础性、保障性地位。要正确认识把握监督和治理的内在关系，充分发挥监督的发现、评价、纠偏、完善等多种功能，通过发现国家治理体系运行中存在的突出问题，对国家治理能力短板、不足和偏差提出预警，对脱轨权力进行修正，进而推动整改、促进改革、完善制度，推进国家治理体系和治理能力现代化。培育新时代廉政监督文化，将外在监督管理与内在试错容错机制相融合、规范权力运行与先行先试创新相统一，在明确划定各自边界的基础上保障各项治理的精细化、科学化运行，无疑能够更好地应对“百年未有之大变局”形势下的诸多不安全、不确定因素，有效激发治理活力，释放治理效能，提升治理质效。

二、培育新时代廉政监督文化的实现路径

文化的形成不是一蹴而就的，需要不断积累、持续强化。培育新时代廉政监督文化是一项长期、复杂的系统性工程，应该全面把握、系统推进，通过浸润、扩散的形式，引导党员逐步形成共同的理性认识、价值观念，形成一定的舆论环境和心理态势，推动形成人人参与监督、自觉接受监督的良好氛围。

（一）树立正确的权力观

习近平同志强调，督促领导干部树立正确权力观，公正用权、依法用权、为民用权、廉洁用权。[①] 监督是权力正确运行的根本保证，只有树立正确的权力观，才能形成权力必须有制约和监督的思想认识，形成正确的

① 《习近平在湖南考察时强调：坚持改革创新求真务实 奋力谱写中国式现代化湖南篇章》，《人民日报》2024 年 3 月 22 日，第 1 版。

价值导向。

增强公正用权的公平意识。“正”者，不偏不倚，是为官从政的基本底线。权力不应该成为个人牟取私利的工具，而应该成为维护社会公平正义的利器。公正用权作为一种政治品质和人格力量，是领导干部的立身之本、为人之道、处世之基。每一个领导干部都要清醒认识到手中的权力姓“公”不姓“私”，应自身行得正、端得平，遇事从公心出发，不以人情代替制度，不用感情代替原则，不偏不倚地处理各种事务，确保每一个社会成员都能在公正环境下得到应有的权益，从而赢得人民群众发自内心的尊敬和认同。

增强依法用权的法治意识。法律是权力的边界，也是权力运行的轨道。广大党员干部要努力养成珍惜权力、管好权力、慎用权力的法治习惯，牢记“任何人都没有法律之外的绝对权力”，始终保持对权力的敬畏感，坚持在法治轨道上行使权力，坚持有权必有责、有责要担当、失责必追究，牢记职权法定，不搞以言代法、以权压法、逐利违法、徇私枉法，不断提高依法用权的法治思维和依法办事能力，时刻将法律作为行动的准绳，确保每一项决策、每一次行动都符合法律法规的要求，切实做到“法定职责必须为、法无授权不可为”。

增强为人民用权的公仆意识。马克思主义权力观的核心是权为人民所赋，权为人民所用。广大党员干部要始终牢记手中的权力是党和人民赋予的，只能用来为人民谋利益，在行使权力过程中要始终以党和人民的事业为重，为人民掌好权、用好权，自觉接受人民的监督，积极畅通人民群众建言献策和批评监督的渠道，充分发挥人民群众对于权力行使的监督作用；要用好现行宪法赋予人大的监督权，支持和保证人民通过人民代表大会行使包括监督权在内的国家权力，确保权力始终在阳光下运行。

增强廉洁用权的自律意识。为政之本在于廉洁，正确的权力观源于高尚道德情操的日常涵养。广大党员干部要切实增强廉洁从政、廉洁用权、廉洁修身、廉洁齐家的思想自觉，发扬“与人不求备，检身若不及”的精

神，不断改造主观世界，着力提升思想觉悟和道德水平，做到“心不动于微利之诱，目不眩于五色之惑”，心存敬畏、行有所止，坚决守住底线、不越红线、不碰高压线，在行使权力时主动使自己的行为合乎道德标准，不超越道德限度，从而发挥道德对权力的制约功能，避免在权力关上失德、失守。

（二）严肃党内政治生活

习近平同志强调，严肃的党内生活，是解决党内存在问题的重要途径，[①] 必须按照从严的要求，使之真正严格起来。党的组织生活是党内政治生活的重要内容和载体，既是党组织对党员进行教育管理监督的重要形式，也是广大党员参与各项事务、发挥监督作用的重要平台。严肃党内政治生活有利于引导党员干部形成共同一致的理想信念，营造民主平等的环境氛围，增强党员干部的民主思想观念，强化对监督工作的思想认知。

坚持以强制促自觉，在从严执纪问责中做到严在常态、严出习惯。《尉缭子 · 战权》提出“明制度于前，重威刑于后”，制度的严肃性、权威性是增强监督认同的前提，是增强监督执行力的基础。只有强化监督制度的刚性执行，将严的基调、严的措施、严的氛围长期坚持下去，切实做到真管真严、敢管敢严、长管长严，才能形成强大的震慑作用，强化党员干部的制度意识、纪法意识、监督意识，促进党员干部逐渐形成主动参与、自觉接受监督的高度自觉性，使得不想腐的心理认知逐渐形成。

坚持以规范促管理，着力增强党内政治生活的政治性、时代性、原则性、战斗性。党员特别是党的领导干部要认真贯彻党章要求，落实关于规范党内政治生活的各项规定，自觉把自己置于党组织的教育、管理、监督之下，真正把“三会一课”、谈心谈话、思想汇报、个人事项申报、民主生活会、领导干部过双重组织生活会、民主评议党员等有效做法坚持好，

① 习近平:《建设宏大高素质干部队伍　确保党始终成为坚强领导核心》，《人民日报》2013 年 6 月 30 日，第 1 版。

充分用好批评与自我批评的有力武器，防止党内政治生活流于表面、拘于形式而庸俗化、随意化、平淡化，在严格的组织生活监督中营造不想腐的良好氛围。

坚持以严管促担当，在深化运用监督执纪“四种形态”中体现严管厚爱。监督的本质是爱护；抓早抓小、防微杜渐是对干部最大的爱护；即查即纠、动辄则咎是对干部最大的保护。监督执纪“四种形态”是“惩前毖后、治病救人”方针的具体化，只有坚持把纪律挺在前面，让红脸出汗成为常态，从小事问起、小处管起，对发现的苗头性、倾向性问题早提醒、早处理，做到时时严、处处紧、事事硬，让党员干部感受到监督常在、约束常在，才能防止“小毛病”变成“大问题”，从而有效遏制增量。深入落实“三个区分开来”，把故意和过失、因私和因公、违规和试错区分开来，严格划分“失误、错误”与“违纪、违法”的界线，精准问责、容错免责，营造干事创业良好氛围。

（三）营造良好的监督环境

习近平总书记指出，让党员、干部知敬畏、存戒惧、守底线，习惯在受监督和约束的环境中工作生活。新形势下，我们要充分释放廉政监督文化的功能作用，营造良好的监督环境，把外部约束和威慑转化为内在追求，筑牢遵规守纪的思想道德基础，增强思想自觉和行动自觉，“种下一种行为，收获一种习惯”。①

营造有利于加强廉政监督的学习环境。党员干部只有在充分理解掌握监督制度的基础上，才能逐渐形成对于监督的正确情感态度，才能不断增强监督意识，认同监督制度。要坚持把开展日常廉政教育、提醒监督作为常规性、基础性工作来抓，加强党员干部对于《中国共产党党内监督条例》《中国共产党问责条例》等党规党纪的学习教育，强化党员干部监督

① 参见颜佳华，唐志远：《党内监督文化与加强党内监督》，《光明日报》2016 年 12 月 14 日，第 13 版。

与被监督的思想认识，形成正确的监督认知，营造“让自己舒心、让家人安心、让组织放心”的良好氛围。

营造有利于加强廉政监督的心理环境。习近平总书记指出，各级领导干部要主动接受各方面监督，这既是一种胸怀，也是一种自信。[①]党员干部决不能以任何借口拒绝监督，党组织也决不能以任何理由放松监督。要运用廉政监督的心理、理念与思想来引导、教育、培养及从严约束党员、党员领导干部。一方面要引导党员领导干部自觉接受组织监督、民主监督、专责监督和日常监督，主动把自己置于监督之下，着力增强自我净化的能力。另一方面要促进党员领导干部不断强化自我约束，遵守党内政治生活准则、廉洁自律准则，带头严格执行加强廉政监督的各项纪律。

营造有利于加强廉政监督的制度环境。制度本身的科学性是强化党员干部理解认同制度的重要前提，是制度有效实施的前提条件。要完善加强廉政监督的运行制度，更好地规范加强廉政监督的工作流程，减少党员干部相互监督的掣肘因素，尤其是要消除自下而上监督存在的困境，理顺加强廉政监督各项具体工作的流程，推进加强廉政监督的规范化和程序化，从而更好地发挥出廉政监督制度的行为导向功能，不断增强制度的权威。

营造有利于加强廉政监督的舆论环境。加强党员干部对于廉政监督的理解，形成关于廉政监督的正确认识，强化执行和接受监督的自觉性，是加强廉政监督文化建设的重要目标。因此，要不断创新传播途径，将廉政监督的观念与思想注入加强廉政监督的舆论宣传之中，引导新闻媒体准确把握加强廉政监督舆论宣传工作的重点内容，提高加强廉政监督舆论宣传工作的针对性和震慑力，不断加深人们对于廉政监督的了解、认同，让监督理念真正渗透到思想、行为之中，在社会上形成浓厚的廉政监督舆论氛围。

---

① 《习近平在党的十八届六中全会第二次全体会议上的讲话》，《求是》2017 年第 1 期。

小结

党的十八大以来，以习近平同志为核心的党中央以滴水穿石的劲头、铁杵磨针的功夫，不断加强对权力运行的制约和监督，坚持用制度管权管事管人，让人民监督权力，让权力在阳光下运行，形成了现代化、体系化的廉政监督文化。我们持续培育和弘扬廉政监督文化，应当在党中央集中统一领导下，以廉政监督带动各方面监督，完善对权力运行的制约和监督机制，进一步推进党的自我革命，提升国家治理体系和治理能力现代化水平。

思考题

1. 如何理解当代廉政监督文化与中国古代监察与制衡思想的关联？
2. 如何理解党内监督体系在党和国家监督体系中的地位与内容？
3. 如何培育新时代廉政监督文化？

第八章
廉政治理文化

导　语

廉政治理文化围绕对腐败行为和腐败现象进行预防、打击和惩治的一系列行为展开，是对腐败进行直接处置的一种文化。廉政治理不仅对于政治生态的净化具有重要意义，还在经济和社会层面产生深远影响，在廉政文化的结构中居于核心地位。本章在厘清廉政治理文化的概念、特征的基础上，探讨廉政治理现代化的内涵与意义，并剖析了新时代腐败治理的新理念、新思想、新战略，在此基础上系统分析了一体推进“三不腐”的理念与实践。

第一节　廉政治理文化概述

一、廉政治理文化的概念

廉政治理文化是围绕廉政治理与腐败治理行为所形成的一系列思想、理论、规范的总和。在中国式现代化的语境下，廉政治理行为应放置到国家治理现代化的大背景下来理解。在庆祝中国共产党成立 100 周年大会上，习近平总书记深刻指出，我们坚持和发展中国特色社会主义，推动物质文明、政治文明、精神文明、社会文明、生态文明协调发展，创造了中国式现代化新道路，创造了人类文明新形态。这为我们阐明了中国式现代化的本质和属性，也为我们理解廉政治理提供了根本遵循。中国式现代化是建立在高度廉洁之上的现代化，廉政治理在促进中国式现代化的五大特征方面有着独特的作用，包括促进人口大国文明程度的提升，促进共同富裕，促进物质文明与精神文明协调发展，促进人与自然和谐共生，促进和平发展等。[①] 廉政治理是国家治理的重要组成部分，廉政治理文化在总结新时代廉政治理实践成果的基础上形成了独特的思想理论体系，为巩固反腐败斗争的压倒性胜利、推动国家治理体系和治理能力现代化，及促进干部清正、政府清廉、政治清明提供了理论与文化资源。

理解廉政治理文化，还应当从廉政治理的主体、目标等维度入手。从治理的一般理论出发，廉政治理是多元主体共同参与的治理。廉政治理不仅是党和政府机关的事情，各个社会主体都应当担负起相应责任，各尽所能、各尽其责。新时代廉政治理由党委、人大、政府、社会组织以及公民个人等主体共同推进，形成了协同治理、共同反腐的格局。廉政治理的目

① 杜治洲：《廉政治理赋能中国式现代化的内在机理与实践向度》，《河南社会科学》2023 年第 8 期。

标是将腐败现象降到最低点，实现干部清正、政府清廉、政治清明。这个目标既体现了我们党一贯坚持的“反腐倡廉”，也体现了政治文明的新要求。干部清正，指的是党员领导干部要坚守廉洁从政的职业道德，在权力行使和利益诱惑面前始终坚守原则，不利用职权和职务上的影响谋取不正当利益，不滥用职权侵害群众合法权益，不贪图享乐、不奢侈浪费，一身正气、两袖清风，清清白白做人、干干净净做事，做人民信赖的好干部。政府清廉，指的是各级政府要廉洁行政，时刻把人民群众的利益放在首位，不把公共权力变成部门权力、个人权力，不以权谋私、化公为私，让权力公开透明、在阳光下运行，将政府工作全程置于人民群众的监督之下，打造法治政府、创新政府、廉洁政府。政治清明，指的是政治生态要清明，从政环境要优良，形成激浊扬清、干事创业的良好政治生态。

二、廉政治理文化的特征

（一）创新性

新时代的廉政治理文化相较于传统的腐败打击、廉洁管理等思路具有创新性，作为一种文化现象，在理念上体现了当代廉政治理水平的深化与创新。这种进步性不仅推动了公共管理实践的创新，也为国家治理体系和治理能力现代化提供了重要的理论支撑。具体而言，可从以下几个方面理解廉政治理文化的创新性。

1. 从事后惩治到全过程治理

传统的廉政治理往往侧重于对腐败行为的事后惩治，而现代廉政治理则更加注重事前预防，通过建立健全制度和机制，从源头上遏制腐败的发生。这种转变体现了治理理念的深化，强调了预防腐败的重要性。

2. 治理手段的法治化

随着法治建设的深入推进，廉政治理理论也更加注重依法治理，通过法治思维和法治方式来惩治腐败，确保权力在阳光下运行。在廉政治理的过程中更加注重法律法规的制定和执行，减少了治理过程中的随意性和不规范性。这种法治化的治理手段有助于维护社会公平正义，增强人民群众对治理结果的认同感和满意度。

3. 治理手段的精细化

随着科技的发展，传统的粗放式治理方式已经难以适应现代社会的需求。现代廉政治理手段不断创新，如运用大数据、云计算等现代信息技术手段进行廉政治理、腐败预防等，对治理对象进行精准化分析和预测，提高治理的针对性和有效性。同时，还注重借用现代科技发挥社会监督、舆论监督的作用，形成全方位、多层次的监督网络。

（二）多元性

新时代廉政治理文化还展现出主体的多元性特征。传统的廉政治理往往依赖于政府的单一主体，而现代廉政治理理念则强调多元主体的共同参与，党委、人大、政府和社会组织以及公民个人等多元主体共同推进，形成了协同治理、共同反腐的新格局。这种转变提高了廉政治理的效率和效果，增强了社会的整体廉洁度。

进入新时代，以习近平同志为核心的党中央围绕全面从严治党的战略需要和反腐倡廉工作的实践要求，创造性地提出了“党和国家监督体系”概念，通过党内监督、国家监督、社会监督等各类子系统统筹多元廉政监督主体，这些主体也在廉政治理层面发挥着多层次的协同作用，形成了新时代廉政治理文化的多元主体格局。

其中，党委在廉政治理中发挥领导作用。各级党委（党组）作为廉政治理的主体，负责落实党风廉政建设责任制，将廉政治理目标责任到人，提升协同治理能力。通过制定和实施相关政策、制度和措施，党委能够确保廉政治理工作的正确方向和有效推进。

纪委和监委在廉政治理中发挥着主力军作用。在廉政治理中，纪委和监委的监督作用不可替代，是确保权力正确运行、防止腐败滋生的关键力量。纪委和监委制定廉政工作规划和具体措施，组织协调廉政治理工作，确保反腐败斗争的有效开展。通过对党员干部的监督，及时发现和纠正违

纪违法行为，严肃查处腐败案件，有效遏制腐败现象的蔓延。

社会组织在廉政治理中也发挥着重要作用。社会组织具有独立性、专业性和灵活性等特点，能够针对廉政治理中的具体问题开展专项调查、监督和评估等工作。同时，社会组织还能够通过宣传教育、志愿服务等方式，推动廉政文化的传播和普及。

社会公众是廉政治理的重要力量。公众参与廉政治理，不仅能够增强监督力量，还能够促进廉政治理文化的传播和普及。通过畅通公民参与渠道，鼓励和支持社会公众参与廉政治理活动，形成全社会共同关注、参与和监督廉政治理的良好氛围。

除了以上几个主要主体外，廉政治理还涉及其他多个主体，如人大、行政机关、政协、司法机关、新闻媒体等。这些主体在廉政治理中发挥着各自独特的作用，共同推动廉政治理工作的深入开展。因此，多元主体在廉政治理中相互协作、共同发力，形成了合力推进的良好局面。未来，随着廉政治理工作的不断深入和拓展，还需要进一步加强多元主体的协同作用，共同推动廉政治理工作取得更加显著的成效。

（三）系统性

廉政治理是一项系统性工程。廉政治理体系强调协同性、沟通性、综合性，强调将治理行为体系化地延伸铺展开来。在我国，党领导下的专门反腐败机构、政府的司法系统、媒体、各类社会组织，以及参与举报腐败行为的公民个人，都是反腐败的重要力量。① 在党的集中统一领导下将多元主体的治理行为转化为系统性的廉政治理体系，是新时代廉政治理文化的又一特征。这意味着将廉政治理视为一个复杂而相互关联的系统，需要综合考虑各方面因素，采取协调一致的措施；同时还意味着将廉政治理视为一个复杂过程，廉政治理不仅是通过查办案件来惩处腐败分子，更包括纵深推进预防、惩处、治理的一体化逻辑，标本兼治、系统施治。

① 顾玉平，丁日：《新时代推进国家廉政治理现代化的价值、基础与路径》，《廉政文化研究》2020 年第 4 期。

习近平同志在总结党风廉政建设和廉政治理实践经验的基础上提出的一体推进“三不腐”理念，是新时代廉政治理文化的创造性理论成果，集中体现了廉政治理文化的系统性。不敢腐、不能腐、不想腐是一个有机整体，不是三个阶段的划分，也不是三个环节的割裂，要打通内在联系，在严厉惩治形成震慑的同时，扎牢制度笼子，规范权力运行，加强党性教育，提高思想觉悟。① 这就说明三者具有统一性，在实践中应当同步开展，形成严密的内在联系，最终构成一个有机整体。

（四）科技化

现代廉政治理文化的另一个重要特征就是科技化，与科学技术的结合是现代腐败治理的重要趋势和发展方向。随着信息技术的飞速发展，特别是大数据、云计算、人工智能等现代科技手段的应用，腐败治理的科技化水平不断提高，为反腐败工作提供了有力支持。

大数据技术打破了信息孤岛，实现了信息数据的互联互通，使廉政治理机构能够在短时间内获取大量相关数据，为腐败行为的发现和查处提供了有力支持。通过大数据分析，可以快速发现异常模式和潜在的腐败行为，实现对腐败行为的精准打击。

云计算技术为廉政治理提供了强大的数据存储和处理能力，使大量数据的存储、分析和共享变得更加便捷和高效。通过云计算平台，廉政治理机构可以实现远程协作和信息共享，提高工作效率和协同作战能力。

人工智能技术在图像识别、语音识别、自然语言处理等方面的应用，使廉政治理机构能够实现对腐败行为的智能识别和预警。例如，通过智能视频监控系统对公共场所进行实时监控，发现异常行为及时报警。人工智能技术还可以为廉政治理提供辅助决策支持，通过对大量数据的分析和挖掘，发现腐败行为的规律和趋势，为制定廉政治理政策和策略提供科学依据。

① 苗庆旺：《构建一体推进不敢腐、不能腐、不想腐体制机制》，《中国纪检监察报》2019年12月19日，第5版。

总体而言，科技化手段能够显著提高廉政治理工作的效率和精准度，突破传统监督方式、腐败打击方式存在的时空限制，实现对腐败行为的全方位、全天候监督。近年来，一些地方纪检监察机构通过建立大数据监督模型、运用智能视频监控系统等手段，成功查处了一批腐败案件，展示了科技手段在腐败治理中的重要作用和广阔前景。

（五）国际化

廉政治理文化的国际化特征主要表现在反腐败国际合作的进步上。随着全球化的深入发展，腐败问题日益呈现跨国境、全球化的特点。腐败分子利用不同国家之间的法律差异和漏洞，实施跨国腐败行为，逃避法律制裁。因此，加强反腐败国际合作成为应对跨国腐败挑战、推进廉政治理的重要途径。

各国在反腐败斗争中积累了丰富的经验和做法，形成了各自独特的廉政治理文化，通过国际合作可以共享这些信息和经验，促进廉政治理文化的国际交流，提高反腐败工作的效率和质量，推动廉政治理向更高水平发展。此外，廉政治理文化的国际化还有助于形成国际共识，凝聚各国共同打击腐败的力量。通过加强与国际组织的合作，可以推动构建更加公正合理的国际反腐败治理体系，为全球反腐败斗争提供有力支持。随着我国廉政治理整体水平的提升，廉政治理的国际化水平也越来越高，在反腐败执法合作、引渡合作、司法协助、资产追回等各方面都与各国进行了深入的交流与合作。

第二节　廉政治理现代化的内涵与意义

一、廉政治理现代化的内涵

习近平总书记关于国家治理、社会治理等的一系列理论阐述，为廉政治理的理论发展和现代化探索提供了根本遵循。在中国式现代化的进程中，廉政治理也必然面临现代化的问题，亟须在廉政治理的主体、对象、目标等内容上，与中国式现代化理论协同并进。总体而言，廉政治理现代化是一个综合性概念，主要包括廉政治理体系现代化和廉政治理能力现代化两个层次。

廉政治理体系现代化主要指在党领导下推进反腐倡廉建设制度体系的现代化。该体系涉及具体的权力结构、组织制度、工作制度和法律制度，如纪检监察组织规范、纪检监察工作规范、惩防腐败体系、廉政法律法规以及国际反腐协定等。

廉政治理能力现代化则指国家运用制度进行廉政治理建设的能力现代化，涉及预防腐败能力、惩治腐败能力、查办案件能力以及监督制约能力等。廉政治理能力是国家治理能力的重要支撑，廉政治理能力的现代化直接关系到国家治理的科学性和有效性。

从上述内容可以看出，廉政治理现代化与国家治理现代化有着密不可分的联系。因此，要深入理解廉政治理现代化的含义，必须将廉政治理放置到国家治理的概念体系中进行剖析，找到廉政治理在国家治理中的定位；同时还应在中国式现代化的历史进程中把握廉政治理现代化与国家治理现代化的关系，深入理解中国式现代化的基本特征在廉政治理领域呈现的样态。

（一）廉政治理是国家治理的重要组成部分

作为一个综合性的概念，国家治理涉及政治、经济、文化、社会等多个领域。廉政治理则是国家治理的一个重要组成部分，主要关注腐败行为的预防与惩治，旨在避免公共权力的滥用和腐败现象的发生，对于维护国家政权的稳定和社会秩序的正常运行具有重要意义。

廉政治理是国家治理的必然环节。国家治理的政治领域涉及公共权力的配置、运行和监督等问题，要求设置强有力的廉政治理机构，确保公共权力清廉运作，防止以权谋私。廉政治理的水平直接关系到国家治理的整

体效能。一个健全的廉政治理体系能够有效遏制腐败现象，提升政府公信力，为国家治理提供坚实的政治保障。

廉政治理与国家治理相互促进、相得益彰。一方面，廉政治理为国家治理提供坚实保障。通过加强廉政治理，可以有效遏制腐败现象的发生，维护公共权力的廉洁性和公正性，进而为国家治理创造更加有利的环境和条件。另一方面，国家治理也为廉政治理提供重要支撑。国家治理体系的完善和国家治理能力的提升，可以为廉政治理提供更加有力的制度保障和资源支持，推动廉政治理工作不断取得新的成效。

廉政治理对国家治理的保障作用可从三个方面来理解。其一，保障政治稳定。腐败现象的存在与蔓延将会严重损害党和国家的形象和公信力，破坏社会公平正义。通过加强廉政治理，有效遏制腐败现象，有利于维护政治稳定和社会和谐。其二，保障政府效能。廉洁高效的政府是国家治理现代化的重要标志。加强廉政治理，促使公职人员依法履职、廉洁从政，能够提高政府工作效率和服务质量。其三，保障经济发展。腐败现象会导致市场规则扭曲，破坏公平竞争环境，不利于社会主义市场经济建设。通过加强廉政治理，可以营造风清气正的市场环境，激发市场活力和创造力，促进经济持续健康发展。

（二）廉政治理现代化是国家治理现代化的题中之义

国家治理现代化包括经济、政治、文化、社会、生态文明等各领域的制度安排、法律法规制定、体制机制效能发挥等。国家治理现代化是坚持和发展中国特色社会主义的必然要求，也是实现社会主义现代化的应有之义。它对于推动中国特色社会主义制度更加成熟更加定型，为党和国家事业发展、为人民幸福安康、为社会和谐稳定、为国家长治久安提供一整套更完备、更稳定、更管用的制度体系具有重要意义。

腐败问题是国家治理必须面对的问题；遏制腐败、推进廉政治理，是国家治理现代化的必由之路。在实践中，已经实现现代化的国家一般具有较高的廉政水平，一个腐败横行的国家不可能是现代化的国家。[①] 因此，促进廉政治理水平的现代化，是推进国家治理现代化的内在要求。国家治理现代化需要廉政治理现代化来为其创造干部清正、政府清廉、政治清明的健康政治生态圈，进而推动经济社会全面发展；国家治理现代化又从制度、组织、程序、技术等层面助推廉政治理的现代化。

廉政治理现代化与国家治理现代化统一于中国式现代化的本质要求和历史进程之中。在新中国成立之后，特别是在改革开放长期探索和实践基础上，经过党的十八大以来在理论和实践上的创新突破，中国共产党成功推进和拓展了中国式现代化，为全面建设社会主义现代化国家战略布局提供了理论支撑。在党的二十大报告中，习近平同志将中国式现代化的本质要求概括为九个方面："坚持中国共产党领导，坚持中国特色社会主义，实现高质量发展，发展全过程人民民主，丰富人民精神世界，实现全体人民共同富裕，促进人与自然和谐共生，推动构建人类命运共同体，创造人类文明新形态。"廉政治理现代化与国家治理现代化的内容内含于这九个方面的本质要求中，廉政治理现代化与国家治理现代化的进程与中国式现代化进程是高度统一的。要坚持中国共产党的领导，深入推进廉政治理，建设廉洁政府和廉洁社会，让廉洁进一步凸显中国式现代化的特征。[②]

二、推进廉政治理现代化的重大意义

在中国式现代化的历史进程中，廉政治理现代化扮演着重要的角色。

廉政治理现代化是中国特色廉政制度及其执行力的集中体现。中国特色廉政制度为廉政治理现代化提供了坚实的制度基础。这一制度体现了中

① 杜治洲:《廉政治理赋能中国式现代化的内在机理与实践向度》,《河南社会科学》2023年第8期。

② 杜治洲:《廉政治理赋能中国式现代化的内在机理与实践向度》,《河南社会科学》2023年第8期。

国特色社会主义的鲜明特点，注重预防和惩治相结合，旨在构建不敢腐、不能腐、不想腐的有效机制。执行力是廉政治理现代化的关键所在。制度的生命力在于执行，只有严格执行才能发挥制度的应有作用。党和国家高度重视廉政制度的执行，通过加强监督检查、完善问责机制等方式，确保各项廉政措施落到实处。

廉政治理现代化有利于加强中国式现代化的领导力量。中国式现代化是中国共产党领导的社会主义现代化；中国式现代化道路的特殊性，主要体现在政治基础的特殊性，即历史和人民选择的中国共产党领导的社会主义现代化。[①] 作为领导力量的中国共产党必须保持先进性、纯洁性，这决定了党必须坚定不移地推进反腐败斗争，坚定不移地推动廉政治理现代化，才能防止中国式现代化偏离正确轨道。因此，推进廉政治理现代化水平的不断提升，是保证党自身的廉洁性，奠定党领导人民实现中国式现代化的合法性基础的必然要求。

廉政治理现代化对于推进国家治理体系和治理能力现代化具有重要意义。国家治理体系现代化要求权力结构配置合理、权力运行科学、权力监督有效。廉政治理现代化正是通过优化权力结构、规范权力运行、加强权力监督，来保障国家治理的科学性和有效性。同时，廉政治理能力也是国家治理能力现代化的重要支撑。一个廉洁高效的政府能够赢得公众的信任和尊重，提高其公信力和执行力。当国家能够有效预防和打击腐败行为时，公众的满意度和认可度会显著提升，这有助于党和国家各项政策的顺利实施和推进，促进提升国家治理能力现代化水平。

廉政治理现代化有利于促进人口大国文明程度的提升。中国式现代化是人口规模巨大的现代化。相对于人口稀少的国家，人口大国要实现现代化必然面临更多挑战。廉洁是具有极强正向性的公共物品。在廉洁水平提升幅度相同的条件下，中国覆盖的人口数量大得多，对世界的贡献也就大

---

① 韩庆祥：《论中国式现代化的理论形态》，《马克思主义研究》2024 年第 5 期。

得多。因此，我们必须高度重视廉政治理现代化对促进人口大国现代化进程的重要作用，努力以全社会的廉洁建设推动中国式现代化。[①]

廉政治理现代化在促进共同富裕方面发挥重要作用。权力腐败导致的机会不平等是收入悬殊的重要根源之一，[②]只有坚定不移推进反腐败斗争，杜绝权力寻租现象，才能为促进共同富裕打造风清气正的政治环境，保障市场主体的平等竞争机会，铲除权力寻租的根源，逐步缩小贫富差距，推动经济发展，促进共同富裕。

廉政治理现代化对于维护社会公平正义具有重大意义。腐败的本质是公权私用，是导致社会不公、破坏社会正义的重要根源之一。促进社会公平正义、增进人民福祉，是全面深化改革的根本目的，也是坚持和发展中国特色社会主义的根本目的。推进廉政治理现代化，就是要从根本上消除社会不公的来源，维护社会公平正义。这不仅是坚持以人民为中心、保障人民的合法权益的体现，还为社会的长期稳定发展奠定基础。

第三节　新时代廉政治理的新理念

腐败治理是治国理政的重要议题，腐败治理的成效如何直接决定着政权的兴衰与国家的命运。党的十八大以来，以习近平同志为核心的党中央以刮骨疗毒的决心开展腐败治理，围绕“为什么必须反腐、怎样推进反腐、谁来领导反腐、依靠谁来反腐”等问题，提出了一系列新理念新思想新战略。[③]

① 参见杜治洲：《廉政治理赋能中国式现代化的内在机理与实践向度》，《河南社会科学》2023 年第 8 期。

② 吴敬琏：《缩小收入差距不单靠再分配》，《理论学习》2011 年第 8 期。

③ 参见董瑛：《清廉中国——中国共产党治理腐败的时代图景》，人民出版社 2021 年版。

一、新时代对反腐败战略目标的坚持与发展

廉洁政治相对腐败政治而存在；建设廉洁政治、打造“廉价政府”是马克思主义及无产阶级政党的一贯立场和政治主张。马克思、恩格斯在总结巴黎公社革命斗争和政权建设经验时指出，资产阶级的国家政权“这个实体的集中表现是对内腐败透顶，对外昏庸无能，从头到脚卑鄙龌龊”，而巴黎公社是一个由人民选举产生、对人民负责、受人民监督、让人民信服的人民政府，“实现了所有资产阶级革命都提出的廉价政府的口号”[①]。十月革命胜利后，布尔什维克党成为世界上第一个无产阶级执政党，但列宁清醒地预见到苏共面临着全面执政的考验，他郑重告诫全党，“共产党员成了官僚主义者。如果说有什么东西会把我们毁掉的话，那就是这个”[②]，据此提出“我们的任务是要维护我们党的坚定性、彻底性和纯洁性”[③]。

中国共产党是一个有铁的纪律、思想纯洁、组织纯洁的党，始终把反对腐败、建设廉洁政治作为初心和使命。党的一大通过的党纲，确定党的政治目标是推翻官僚腐败的资产阶级政权、建立无产阶级政权、最终实现共产主义，确立实行最严格的监督等管党治党原则，形成了伟大建党精神。1927 年 3 月，毛泽东同志在《湖南农民运动考察报告》中提出“推翻县官老爷衙门差役的政权”，建立无产阶级动员起来并掌握政权的“廉洁政府”。1945 年 4 月，毛泽东同志在《论联合政府》中再次指出，我们的具体纲领重要一点就是，“要求惩办贪官污吏，实现廉洁政治”。1989 年 9 月，针对一些同志“对腐败现象警惕不足”的问题，邓小平特别强调，我们要反对腐败，搞廉洁政治。不是搞一天两天、一月两月，整个改

① 马克思:《法兰西内战》，人民出版社 2018 年版，第 63 页。

② 《列宁全集》第 52 卷，人民出版社 1988 年版，第 300 页。

③ 《列宁全集》第 7 卷，人民出版社 2013 年版，第 272 页。

革开放过程中都要反对腐败。[①]

党的十八大以来，习近平同志对推进清廉建设，营造风清气正的政治生态和良好发展环境提出了明确要求。党的十八大提出建设廉洁政治的重大任务，要求做到干部清正、政府清廉、政治清明。这“三清”对党风廉政建设和反腐败斗争提出了更高的要求。在党的十九大报告中进一步强调，要强化不敢腐的震慑，扎牢不能腐的笼子，增强不想腐的自觉，通过不懈努力换来海晏河清、朗朗乾坤，[②]并在党的十九届中央政治局常委同中外记者见面会上宣告，中国共产党人“不要人夸颜色好，只留清气满乾坤”。

二、新时代对反腐败斗争形势的新研判

从党的十四大到党的十八大，中国共产党对反腐败斗争形势的总体判断是从“一个严峻”到“两个并存”“两个仍然”，再到“三个并存”“两个依然”态势的转变。1993 年 8 月，中共十四届中央纪委二次全会首次提出“反腐败斗争形势是严峻的”重大判断，并强调“如不坚决克服消极腐败现象，就会葬送我们的党，葬送我们的人民政权，葬送我们的社会主义现代化大业”。2007 年 12 月，时任中央政治局常委、中央纪委书记贺国强在中央纪委专家学者座谈会上提出“两个并存”“两个仍然”的判断，即“当前的反腐败斗争呈现出有利条件与不利因素并存、成效明显与问题突出并存的总体态势，反腐倡廉建设任务仍然艰巨、形势仍然严峻”。2011 年 1 月，胡锦涛在十七届中央纪委六次全会上，对反腐倡廉形势做出“三个并存”“两个依然”的概括：当前党风廉政建设和反腐败斗争呈现出成效明显和问题突出并存，防治力度加大和腐败现象易发多发并存，群众对反腐败期望值不断上升和腐败现象短期内难以根治并存的总体

① 《邓小平文选》第三卷，人民出版社 1993 年版，第 327 页。

② 习近平：《决胜全面建成小康社会夺取新时代中国特色社会主义伟大胜利——在中国共产党第十九次全国代表大会上的报告》，人民出版社 2017 年版，第 67 页。

态势，反腐败斗争形势依然严峻、任务依然艰巨。

党的十八大以来，以习近平同志为核心的党中央对反腐败斗争的总体判断是两个方面：一个是“取得压倒性胜利并全面巩固”，另一个是“形势依然严峻复杂”。一方面，从“三个交织”到“五个交织”再到“四个任重道远”，腐败表现形式不断变化发展、隐形变异，遏制增量、清除存量的任务依然艰巨，但党中央始终坚守共产党人的初心使命，清醒认识腐败的本质和政治危害，高度警惕消极腐败的危险。另一方面，从“腐败与反腐败两个阵营的斗争呈胶着状态”到“反腐败斗争压倒性态势已经形成并巩固发展”，再到“反腐败斗争取得压倒性胜利并全面巩固”，反腐败工作成效愈加显著，但党中央既没有因取得“压倒性胜利并全面巩固”而产生已经严到底、严到位的情绪，更没有因“依然严峻复杂”的斗争形势产生退让妥协的思想，始终正视腐败和反腐败的激烈较量，清醒认识反腐败斗争的新情况新动向，清醒认识腐败问题产生的土壤和条件，以永远在路上的坚韧和执着，精准发力、持续发力，坚决打赢反腐败斗争攻坚战、持久战、总体战。

三、新时代对反腐败态度的新定位

人民群众最痛恨腐败，反腐败斗争关系民心这个最大的政治，是一场输不起也决不能输的重大政治斗争。在各个历史时期，中国共产党始终坚持从严管党治党，坚持不懈同消极腐败现象做斗争，不断增强自我净化、自我完善、自我革新、自我提高能力，确保党永葆旺盛生命力和强大战斗力。毛泽东对腐败十分憎恶，他告诫全党，我们不做李自成，不学刘宗敏，他曾斩钉截铁地说：“谁要搞腐败那一套，我毛泽东就割谁的脑袋。我毛泽东若是腐败，人民就割我毛泽东的脑袋。”[①] 邓小平在谈到第三代领导集体的当务之急时，提出要做几件使人民满意的事情，一个就是抓紧惩

① 王春雷:《毛泽东一生不容腐败》,《党员文摘》2018 年第 12 期。

治腐败，至少要抓一二十件大案，透明度要高，处理不能迟，并且强调腐败的事情，一抓就能抓到重要的案件，就是我们往往下不了手……这个关我们必须过，要兑现。[①]

党的十八大以来，以习近平同志为核心的党中央把反腐败斗争提升到最彻底的自我革命新高度。十八大以来，党中央以治理腐败的鲜明立场、坚定决心，推动反腐败斗争取得了历史性成就，从最高层的集体认知到普通百姓的关切程度，同频共振地达到了一个新的高度，全党全社会越来越多的人意识到了腐败问题的严峻性、危害性，以及反腐败的紧迫性、复杂性。

四、新时代对腐败治理方略的新调整

党的十八大以来，基于一个时期以来“腐败问题越演越烈”的“大量事实”和党内存在的宽松软等突出矛盾问题，以习近平同志为核心的党中央适时调整腐败治理的方针和策略，腐败治理方略由“惩防并举、注重预防”转变到“以治标为主，为治本赢得时间”上来[②]。至此，标本兼治进入新阶段，无论是“打虎”“拍蝇”“猎狐”还是巡视巡察、“打伞破网”和加强党规国法建设、推动国家监察体制改革、运用“四种形态”等重大理论创新，无不体现标本兼治的重要理念。党的十九大以来，基于全面从严治党和反腐败斗争取得的历史性成就，党中央对腐败治理方略适时进行调整和提升。习近平同志在党的十九大上强调，以反腐败永远在路上的坚韧和执着，深化标本兼治，强化不敢腐的震慑，扎牢不能腐的笼子，增强不想腐的自觉。他在十九届中央纪委四次全会上进一步强调，一体推进不敢腐、不能腐、不想腐，不仅是反腐败斗争的基本方针，也是新时代全面从严治党的重要方略。二十届中央纪委三次全会深刻阐述习近平同志关

① 《邓小平文选》第三卷，人民出版社 1993 年版，第 297 页。

② 何旗：《新时代中国共产党反腐败治理研究的回溯与前瞻——以党的十八大以来国内文献为中心》，《治理研究》2021 年第 2 期。

于党的自我革命的重要思想，强调“深化标本兼治、系统兼治，不断拓展反腐败斗争深度广度”。二十届中央纪委四次全会提出，要始终保持反腐败永远在路上的坚韧执着，保持战略定力和高压姿态；一步不停歇、半步不退让，一体推进不敢腐、不能腐、不想腐，坚决打好这场攻坚战、持久战、总体战。

深化标本兼治、系统施治，要求坚持“惩、治、防”一体联动，促进严惩腐败与严密制度、严格要求、严肃教育贯通融合，坚决铲除腐败滋生的土壤和条件。运用“全周期管理”方式，树牢全案意识，做好“通篇文章”，强化从案件源头到末梢的全流程、全要素、全方位管控，推动监督、办案、警示、惩戒、整改、治理一体贯通、相互衔接，构建从案件查办到促进治理的工作闭环。坚持以案促改、以案促治、以案促建协同推进，将“改、建、治”的理念贯穿审查调查全过程，深入查找案件背后的管理漏洞、制度空隙、责任缺位、治理短板，善于在政治生态分析和个案个例剖析中找准腐败“病灶”，善于发现贪腐行为背后的管党治党不力问题，推动打通制度机制“中梗阻”、疏浚政治生态“污染源”、消除廉政建设“风险点”，促进反腐败斗争取得更多制度性成果和更大治理成效。

五、新时代对腐败治理方式的创新应用

党的十八大以来，以习近平同志为核心的党中央在反腐败斗争中取得了显著成效、积累了重要经验。一是构建起党全面领导的反腐败工作格局，健全了党中央统一领导、各级党委统筹指挥、纪委监委组织协调、职能部门高效协同、人民群众参与支持的反腐败工作体制机制。二是从治标入手，把治本寓于治标之中，让党员干部因敬畏而“不敢”、因制度而“不能”、因觉悟而“不想”。三是始终坚持严的主基调不动摇，以零容忍态度惩治腐败，坚决遏制增量、削减存量，严肃查处阻碍党的理论和路线方针政策贯彻执行、严重损害党的执政根基的腐败问题，坚决清除对党阳奉阴违的两面人、不收敛不收手的腐败分子，深化重点领域反腐败工

作，态度不变、决心不减、尺度不松。四是扎紧防治腐败的制度笼子，形成了一整套比较完善的党内法规体系和反腐败法律体系，增强制度刚性，防止“破窗效应”，贯通执纪执法，强化综合效能，确保各项法规制度落地生根。五是构筑拒腐防变的思想堤坝，用理想信念强基固本，用党的创新理论武装全党，用优秀传统文化正心明德，补足精神之“钙”，铸牢思想之“魂”，筑牢思想道德防线。六是加强对权力运行的制约和监督，深化党的纪律检查体制改革、国家监察体制改革，实现党内监督全覆盖、对公职人员监察全覆盖，强化党的自我监督和群众监督，把发现问题、推动整改、促进改革、完善制度贯通起来，教育引导党员干部秉公用权、依法用权、廉洁用权、为民用权。

第四节　一体推进“三不腐”的理念与实践

廉政治理现代化是国家治理体系和治理能力现代化的重要组成部分。廉政治理要将一体推进不敢腐、不能腐、不想腐与推动国家治理现代化有机结合起来，不断取得更多制度性成果和更大治理效能。一体推进不敢腐、不能腐、不想腐是习近平总书记在总结党风廉政建设和反腐败斗争经验的基础上提出的原创性理论，是新时代全面从严治党的重要方略，集中体现了廉政治理的系统思维，揭示了廉政治理现代化的内在规律，是当前我国廉政治理现代化的根本指导理念。只有全面落实一体推进“三不腐”理念，我们才能够把握新时代廉政治理的实践脉络和行动方向。

一、一体推进“三不腐”理念的提出与发展

一体推进“三不腐”来自习近平同志对反腐败斗争、全面从严治党规律一以贯之、与时俱进的深刻思考和实践推动。早在 1989 年，习近平同志在福建宁德任职时就提出坚持思想教育、铁的纪律、行政命令相结

合，建立制度以制约和监督权力，以加强廉政建设。[①]2004年他在浙江工作时指出，事前教育很重要，通过增强自身“免疫力”让人不想腐败；事后处理也很重要，通过强化警示作用，让人不敢腐败；全过程监督更重要，通过严格制度规范，让人不能腐败。加强反腐倡廉工作，必须“不断强化‘不能为’的制度建设，‘不敢为’的惩戒警示，‘不想为’的素质教育”。[②]一体推进“三不腐”的思想理念在党的建设实践中逐渐萌发成长。

党的十八大以来，面对依然严峻复杂的反腐败斗争形势，在推进党风廉政建设和反腐败斗争的生动实践中，党中央治理腐败的举措更加丰富，制度治党的理念更加深入人心，“三不腐”在理论、实践、制度上不断实现创新。2013年，十八届中央纪委二次全会提出“加强对权力运行的制约和监督，把权力关进制度的笼子里，形成不敢腐的惩戒机制、不能腐的防范机制、不易腐的保障机制”。2014年，十八届中央纪委三次全会提出“加大查办违纪违法案件力度，保持惩治腐败高压态势，形成不想腐、不能腐、不敢腐的有效机制”。2015年，十八届中央纪委五次全会进一步强调“坚决遏制腐败现象蔓延势头，着力营造不敢腐、不能腐、不想腐的政治氛围”。2017年，十八届中央纪委七次全会进一步阐释“三不腐”的内容和侧重点，指出“不敢腐，侧重于惩治和威慑”“不能腐，侧重于制约和监督”“不想腐，侧重于教育和引导”。党的十九大报告强调“强化不敢腐的震慑，扎牢不能腐的笼子，增强不想腐的自觉，通过不懈努力换来海晏河清、朗朗乾坤”，同时把“构建不敢腐、不能腐、不想腐的有效机制”写入党章。经过党的十八大到党的十九大的五年实践，不敢腐的目标初步实现，不能腐的笼子越织越密，不想腐的堤坝正在构筑，反腐败斗争压倒性态势已经形成并巩固发展，全面从严治党成效卓著。

随着纪检监察体制改革的深入推进，党和国家监督体系的不断健全，

① 习近平:《摆脱贫困》，福建人民出版社1992年版，第20—30页。

② 习近平:《之江新语》，浙江人民出版社2007年版，第70页。

一体推进“三不腐”的基础更加坚实、条件更加完备。习近平同志深入阐释“三不腐”的内在联系，明确一体推进的基本原则、方法策略，推动一体推进“三不腐”迈向新的阶段。2019 年，他在十九届中央纪委三次全会上提出，不敢腐、不能腐、不想腐是一个有机整体，不是三个阶段的划分，也不是三个环节的割裂。要打通三者内在联系。党的十九届四中全会明确把构建一体推进不敢腐、不能腐、不想腐体制机制，纳入坚持和完善中国特色社会主义制度、推进国家治理体系和治理能力现代化战略部署。2020 年，他在十九届中央纪委四次全会上强调，一体推进不敢腐、不能腐、不想腐，不仅是反腐败斗争的基本方针，也是新时代全面从严治党的重要方略。2021 年，他在十九届中央纪委五次全会上提出，要坚定不移推进反腐败斗争，不断实现不敢腐、不能腐、不想腐一体推进战略目标。同年 3 月，他在福建考察时指出“要不断提高不敢腐、不能腐、不想腐的综合功效，持续巩固发展良好的政治生态”。后来，习近平总书记在广西考察时又强调“要始终抓好党风廉政建设，使不敢腐、不能腐、不想腐一体化推进有更多的制度性成果和更大的治理成效”。2022 年，他在中央政治局第四十次集体学习时的重要讲话中提出“要加深对新形势下党风廉政建设和反腐败斗争的认识，提高一体推进不敢腐、不能腐、不想腐能力和水平”。党的二十大报告强调“坚持不敢腐、不能腐、不想腐一体推进，同时发力、同向发力、综合发力”。2023 年，他在二十届中央纪委二次全会上强调，深化标本兼治、系统治理，一体推进不敢腐、不能腐、不想腐”。2024 年，他在二十届中央纪委三次全会上指出要“坚持一体推进不敢腐、不能腐、不想腐，深化标本兼治、系统施治，不断拓展反腐败斗争深度广度，推动防范和治理腐败问题常态化、长效化”。总之，经过党的十九大以来的努力，不敢腐的震慑作用充分彰显，不能腐的笼子越扎越牢，不想腐的自觉显著增强，反腐败斗争取得压倒性胜利并全面巩固，全面从严治党的政治引领和政治保障作用充分发挥，党在革命性锻造中更加坚强。

从反腐败斗争基本方针到全面从严治党重要方略，从构建体制机制、

实现战略目标到取得更多制度性成果和更大治理成效，从打通三者内在联系到提高一体推进“三不腐”能力和水平，习近平同志以政治家的深邃思考和战略家的远见卓识，把反腐败斗争纳入党和国家监督体系、融入中国特色社会主义制度和国家治理体系中，从顶层设计上思考谋划一体推进“三不腐”的有效举措、长久之策，把推进不敢腐的强大震慑效能、不能腐的刚性制度约束、不想腐的思想教育优势融于一体，贯穿管党治党、治国理政生动实践中，指引着中国特色反腐败之路行稳致远。

二、一体推进“三不腐”的基本内涵

一体推进“三不腐”蕴含着“惩、治、防”相联系、相结合的辩证统一关系，内含着纪律、法律、制度、规矩、思想、道德、文化等多方面要求，贯通内因和外因、自律和他律、目标与路径、治标与治本，必须系统理解、整体把握，在实践中坚持发展。①

“三不腐”相互联系、各有侧重。不敢腐，侧重于惩治和威慑，坚持什么问题突出就重点解决什么问题，靠严格的执纪执法增强制度刚性和法律的强制性，保持惩治腐败高压态势不放松，坚决遏制腐败蔓延势头，让意欲腐败者不敢越雷池半步，让党员、干部从害怕被查处的“不敢”走向敬畏党和人民、敬畏党纪国法的“不想”。不能腐，侧重于制约和监督，扎紧制度笼子，靠科学配置权力，把发现问题、推动整改、促进改革、完善制度贯通起来，加强重点领域监督机制改革和制度建设，推动形成不断完备的制度体系、严格有效的监督体系，让胆敢腐败者在严格监督中无机可乘。不想腐，侧重于教育和引导，致力于加强理想信念教育，让党员、干部坚持党的性质宗旨、坚定理想信念，提高党性觉悟，涵养廉洁文化，提高不忘初心、牢记使命的思想自觉；着眼于产生问题的深层次原因，对

① 参见钟纪言：《提高一体推进“三不腐”能力和水平 全面打赢反腐败斗争攻坚战持久战》，《中国纪检监察报》2022年7月14日，第5版。

症下药、综合施策，从源头上消除贪腐之念，获得抵御侵蚀、防止蜕变的强大抗体。

“三不腐”相互交融、相互促进，是一个互为依存、环环相扣的有机整体，贯穿以反腐败斗争提升党的执政水平和国家治理能力的过程之中。其中“不敢腐”是前提，解决的是腐败成本问题，只有严厉惩治，一旦腐败就会付出惨重代价，才能让意欲腐败者闻风丧胆，为“不能”“不想”创造条件；“不能腐”是关键，解决的是腐败机会问题，只有强化监督制约、织牢制度“天罗地网”，才能让胆敢腐败者无隙可钻，巩固“不敢”“不想”的成果；“不想腐”是根本，解决的是腐败动机问题，只有树立廉荣贪耻的价值取向，才能从内心深处摒弃贪腐之念，实现从“不敢”、“不能”到“不想”的升华。

一体推进“三不腐”，就是要坚持系统观念，立足统筹做好“人”的挽救、改造、转化和觉悟，释放“惩”的震慑，发挥“治”的功能，筑牢“防”的堤坝，使“三不腐”相互促进、有机融合、一体贯通。坚持以问题推动查补漏洞、以案件促进整改整治、以典型的人和事开展警示教育，在推进不敢腐时，注重挖掘不能腐和不想腐功能，从典型案例中查找体制机制和制度漏洞，提出纪检监察建议；在推进不能腐时，注重吸收不敢腐和不想腐的有效做法，提升制度建设和监督的针对性；在推进不想腐时，注重发挥不敢腐的威慑和不能腐的约束作用，做实同级同类干部警示教育，用好案情通报、忏悔录等反面教材，以案释德、以案释纪、以案释法，筑牢思想道德防线，使不敢腐、不能腐、不想腐一体推进，惩治震慑、制度约束、提高觉悟一体发力，打好高压震慑、建章立制、教育转化“组合拳”，达到全方位、立体化、综合性治理效果，切实增强腐败治理效能。

三、落实一体推进“三不腐”的实践要求

习近平总书记在中央政治局第四十次集体学习时强调，要以“全周期

管理”方式一体推进不敢腐、不能腐、不想腐，推动各项措施在政策取向上相互配合、在实施过程中相互促进、在工作成效上相得益彰。习近平总书记将“全周期管理”理念引入反腐败领域，是基于对腐败本质的深刻把握，将腐败治理作为国家治理体系和治理能力现代化的重要内容，将腐败视为有其产生、发展、消亡规律的动态有机体，并据此进一步深化对党风廉政建设和反腐败斗争的规律性认识，制定有力有效的战略策略，为全面打赢反腐败斗争攻坚战、持久战提供科学思路和有效方法，是党风廉政建设和反腐败斗争理论的重大创新。①

在清醒认识反腐败斗争形势任务中坚持忧患意识与必胜信念有机统一。在百年历史进程中，我们党对腐败的态度始终鲜明，腐败与党的性质、宗旨水火不容；党对腐蚀与“围猎”高度警惕，践行党的初心使命、永葆党的先进性纯洁性必须提高拒腐防变和抵御风险能力；我们党保持赶考的清醒头脑始终如一，巩固党的长期执政地位和执政基础必须坚决反对腐败。尤其是党的十八大以来，以习近平同志为核心的党中央坚持以伟大自我革命引领伟大社会革命，刀刃向内推进党的自我革命，以“十年磨一剑”的定力推进全面从严治党，反腐败斗争取得压倒性胜利并全面巩固，成功走出一条中国特色反腐败之路，开辟了百年大党自我革命新境界，确保党始终成为中国特色社会主义事业的坚强领导核心。但反腐败斗争形势依然严峻复杂，腐败问题产生的土壤和条件尚未彻底铲除，新型腐败、隐性腐败花样翻新，遏制增量、清除存量任务依然艰巨。我们必须坚持一体推进不敢腐、不能腐、不想腐，深化标本兼治、系统施治，以永远在路上的坚韧和执着，精准发力、持续发力，增强治理腐败效能，坚决打赢反腐败斗争攻坚战持久战。

在推进党的自我革命中实现党性和人民性有机统一。勇于自我革命

① 参见蔡志强，张玲：《用“全周期管理”方式一体推进“三不腐”》，《中国党政干部论坛》2022 年第 8 期。

是党掌握历史主动、破解历史周期率难题的关键，反腐败是最彻底的自我革命。习近平总书记强调，“人民对美好生活的向往，就是我们的奋斗目标”[①]，这充分体现了“人民创造历史”的马克思主义人民观、“民惟邦本，本固邦宁”的中华优秀传统文化理念和中国共产党人民至上的立场，凸显了党性与人民性的高度统一。推进国家治理体系和治理能力现代化，应构建完善的反腐败体制机制和制度体系，最大限度地消除腐败动机、铲除腐败滋生土壤，确保党和人民赋予的权力始终用来为人民谋幸福。“不忘初心、牢记使命”深刻阐明了政党治理和国家治理的人民性特质，也要求具体落实在腐败治理效能整体提升方面。一体推进“三不腐”体现了我们党坚持不懈将反腐败斗争进行到底和为最广大人民谋利益的一致性，是推进国家治理体系和治理能力现代化的重要内容。

在一体推进“三不腐”中实现治标和治本有机统一。用“全周期管理”方式一体推进“三不腐”，是系统施治、标本兼治的具体体现。治标是严惩腐败行为，为铲除腐败滋生土壤创造条件；治本是实现源头治理，从思想、制度、体制、机制上解决根本问题。治标与治本二者是辩证统一关系。这要求我们对增量腐败和存量腐败都要做到“零容忍”，既发挥治标功能，保持惩治力度，着力削减腐败存量，又注重增强治本功效，有效遏制腐败增量；深化“四种形态”运用机制，灵活运用宽严相济、区别对待的政策策略，细化实化既深挖彻查、严厉惩治，又减少震动、保持稳定的政策策略，健全完善既从严监督约束又激励担当作为的政策策略；厚植一体推进“三不腐”的思想根基和文化土壤，既敢于严厉惩治，又善于监督管理，更善于教育引导，实现政治效果、纪法效果和社会效果相统一。

在践行习近平法治思想中实现依规治党和以德治党有机统一。坚持依规治党和以德治党相结合，是习近平法治思想在管党治党领域的拓展深化。反腐败制度建设一方面体现法规制度的强制力量和规范制约作用，使

① 《习近平著作选读》第一卷，人民出版社 2023 年版，第 60 页。

党员干部因畏惧惩处而“不敢腐”；另一方面，以严格的执纪执法增强制度刚性，将制度外化为自觉的行动遵循、内化为崇高的精神信仰，并与党的理想信念宗旨和优良传统作风真正融合，实现“他律”和“自律”的有机统一、纪律约束和道德引领的有机统一，使党员干部由“不敢腐”走向“不能腐”和“不想腐”。我们要在习近平法治思想指导下，把党的领导贯穿反腐败斗争全过程和各方面，落实到“三不腐”的各个环节，以法治思维和法治方式纵深推进反腐败斗争，坚持守底线和高标准相结合，坚持纪律要求、政治要求和道德规范相结合，以立规严规、树德崇德的“双轮驱动”推动党风廉政建设和反腐败斗争向纵深发展。一方面，扎紧防治腐败的制度笼子，增强制度刚性，营造更加优良的法治环境；另一方面，用马克思主义理想信念强基固本，用党的创新理论武装头脑，用党的光荣传统和优良作风赓续血脉，用中华优秀传统文化和道德情操正心明德。

在健全党和国家监督体系中实现监督和治理有机统一。习近平同志强调，要始终抓好党风廉政建设，使不敢腐、不能腐、不想腐一体化推进有更多的制度性成果和更大的治理成效[①]，明确要求把监督体系和治理体系对接起来，把一体推进“三不腐”纳入中国特色社会主义制度和国家治理体系，不断健全完善党和国家监督体系，充分发挥监督在治理实践中的纠偏、保障和促进作用。一是将监督作为防范治理风险、守住安全发展底线的重要保障，摆在更加突出的位置，加大国家安全体系和能力建设，加强对国家经济安全、人民生命安全、社会稳定和安全等方面制度措施落实情况的监督。二是全面贯彻新发展理念，推进治理体系和治理能力现代化，强化政治监督，着力发现和纠正政治偏差和突出问题，促进高水平治理。三是推动监督下沉、监督落地，使监督既融入权力运行具体环节，也融入基层治理全过程、各方面。一方面，健全群众参与监督机制，增强群众监督意识和监督能力，以有效监督提升治理效能；另一方面，推动党内监

① 《习近平谈治国理政》第四卷，外文出版社 2022 年版，第 519 页。

督、国家监督和群众监督有机结合，促使各项监督联动整治群众反映强烈的突出问题，夯实党的执政基础，提升党的长期执政能力。

小结

新时代的廉政治理文化是中国式现代化进程中的重要环节，是国家治理现代化的题中之义。党的十八大以来，习近平同志在总结党风廉政建设和反腐败斗争经验的基础上提出了一体推进不敢腐、不能腐、不想腐的理念，集中体现了腐败治理的体系思维，是中国特色社会主义廉政治理文化的精华与核心所在。

思考题

1. 如何推动廉政治理文化的现代化？
2. 如何在实践中落实一体推进“三不腐”的要求？
3. 如何理解“惩、治、防”的辩证统一关系？

第九章
廉政精神文化

导 语

廉政精神文化是指在廉政物质行为基础上衍生出的独具精神特征的关于廉政的抽象认识。本章阐释了廉政精神文化的概念与特征，解构了廉政精神文化的构成要素，对如何认识和理解廉政理想与廉政价值观进行了解析。

第一节 廉政精神文化概述

廉政精神文化是廉政文化在精神层面的重要体现，具备非正式制度的特征。[①] 非正式制度是在长期社会生活中无意识形成的，并得到社会认可的习俗习惯、伦理道德、文化传统、价值观念及意识形态等，能够对人们的行为产生非正式的约束，具有自发性、非强制性、广泛性和持续性等特点。廉政精神文化主要以潜意识影响人们对于廉政文化的认识，并最终作用于个人或群体的思想观念和行为选择。

一、廉政精神文化的概念

从语义结构上来看，“廉政精神文化”由“廉政”“精神”“文化”三个词共同构成，三者呈现递进关系，即首先是廉政行为本身，其次是支撑廉政行为的内在精神力量，最后是这种精神力量所体现的文化价值和社会影响。正如前文所言，“廉政”主要指涉的是廉洁政治，具备广义与狭义的双重含义。在狭义上理解廉政，其一般是指行使公权力的有关机关、单位、组织和公职人员清正廉洁履行职责的活动和行为。而在广义上理解廉政，其可以指涉个人或者组织保持清正廉洁的状态和行为，主体既包括公职人员、党员、社会公众，也包括了政党组织、政府组织、企业组织和非政府组织。“精神”一般指涉人的意识、思维活动和一般心理状态，是构成事物的主观方面。“文化”指人类社会历史发展过程中所创造的物质财富和精神财富的总和，特指精神财富，如文学、艺术、教育、科学等。

“精神”和“文化”虽然是不同的词，在语义学上具有不同的含义，

① 刘丽群主编:《廉政文化概论》，中国政法大学出版社 2016 年版，第 212 页。

但二者之间却存在紧密联系。根据马克思对于文化的认识，文化可以包括物质文化、精神文化、制度文化和行为文化。[①] 由此可见，“精神”和“文化”可以构成一个词组而具有固定含义。在马克思主义的经典论述中，精神文化是人类在物质生产活动基础上产生的，是社会意识的集中体现，[②] 通常表现为意识、观念、心理等，并融合于文学、艺术、宗教、哲学等不同载体形式中。[③] 质言之，精神文化是人类在认识自然和改造自然的物质资料生产过程中所形成的意识观念的集合。根据对物质生产的认识，廉政是公职人员在行使公权力过程中所形成的一种观念和采取的特定行为选择。因此有学者提出，廉政精神文化实质上是指行政系统中行政人员在行政活动中所形成的一套行为方式和观念体系，它包括廉政意识、廉政观念、廉政思想、廉政价值、廉政传统和廉政习惯等诸多要素。

概括而言，廉政精神文化就是指在廉政物质行为基础上衍生出的独具精神特征的关于廉政的抽象认识，包括廉政意识、廉政观念、廉政思想和廉政习惯等各种存在于个体认识或社会共识之中的非物质形态。这种精神文化既可以作用于个人或者群体，也可以作用于各种类型的组织，覆盖公职人员、党员、社会公众、政党组织、政府组织、企业组织和非政府组织等各类型主体。

二、廉政精神文化的特征

特征是一个客体或一组客体特性的抽象结果，人们能够根据客体所共有的特征抽象出该客体的概念，从而形成认识。根据廉政精神文化的概念定义，其具有社会性、意识性、继承性、发展性和导向性这五个特征。

---

① 王仲士：《马克思的文化概念》，《清华大学学报（哲学社会科学版）》1997 年第 10 期。

② 《马克思恩格斯全集》第 46 卷（上册），人民出版社 1995 年版，第 219 页。

③ 《资本论》第一卷，人民出版社 2004 年版，第 41 页。

（一）社会性

廉政精神文化的社会性特征是对廉洁从政这一核心价值观在全社会范围内的传播、实践和发展的综合描述。廉政精神文化不仅是政治生活中的一部分，更贯穿社会生活的各个方面，影响和塑造了公民的价值观念、道德规范和行为模式，其社会性特征主要体现在以下几个方面。

首先，廉政精神文化的形成和发展是基于社会各界对于廉洁价值的普遍认同和追求，需要基于广泛的社会共识而形成。无论是政府官员、企业家，还是普通民众，都能在反腐倡廉中找到共鸣。这种广泛的社会共识不仅为廉政精神文化的建立提供了坚实的基础，也使其成为连接不同社会群体、跨越不同文化背景的桥梁。与此同时，廉政精神文化在坚持社会普遍原则的同时，也展现出了强烈的社会多元性。它尊重和融合各种良好的文化传统、社会习俗与价值观念，在不同文化背景下的国家和地区都能找到适合自身发展的反腐倡廉路径。这种多元包容性不仅促进了国际的文化交流与合作，也为不同社会提供了学习借鉴的机会。

其次，廉政精神文化的作用对象是社会行为。廉政精神文化作为一种强烈的规范导向力量，通过道德教育、法律制度等途径深入人心，成为人们行为决策的重要依据。它不仅影响着政治领域的决策和行为，更渗透到了经济、教育、医疗等各个社会领域，塑造了一种积极健康、公正透明的社会氛围。

最后，廉政精神文化需要自我调整以适应社会的动态变化。社会在不断进步和变革中，廉政精神文化也在不断适应新的社会条件和挑战。随着科技的发展、经济的全球化以及人民生活水平的提高，腐败的形式和手段也在不断变化，这就要求廉政精神文化必须具备动态适应性，以更加有效地应对新挑战，实现自我更新和完善。

（二）意识性

廉政精神文化的意识性特征也是其核心属性之一，代表着廉政精神文化的存在形态。意识性通常指的是个体或集体在某一领域内的觉悟水平、

思想深度以及对某些价值观念的抽象认识，即与具体相对应，在廉政精神文化中，意识性指涉对反腐倡廉价值观的认知、接受和内化程度，通常无法全部得到具体的描述，却能够通过将廉政价值观念转化为自觉行动的能力而得以呈现。

首先，廉政精神文化是社会意识形态的一部分。意识性和意识形态都建立在一定的价值观基础之上。廉政精神文化所强调的廉洁、正直等价值观，实际上是与广泛的社会意识形态相一致的。这些价值观在意识形态中得到提炼和强化，并通过意识性作为个体和集体自我认同和实践的方式深入人心。其次，意识性体现在个体和集体对廉洁、正直等核心价值观的自觉认同上。这种认同不是被动接受的结果，而是通过教育、实践和社会氛围的影响，逐渐形成的深刻理解和内心认同。个体在认同这些价值观的过程中，形成了一种强烈的道德自觉和责任感，这是廉政文化得以深入人心的关键。最后，廉政精神文化具有社会凝聚和动员的功能。通过强调廉政精神文化的重要性和紧迫性，社会意识形态促进了社会共识的形成，从而激发了广泛的公民参与和社会监督，共同推动廉政建设和反腐败斗争。

（三）继承性

廉政精神文化作为一种社会文化现象，其继承性不仅体现了廉政精神文化深厚的历史底蕴，也体现其能够为现代社会提供宝贵的精神财富。廉政精神文化的继承性，指的是这一文化能够在历史长河中保持连续性，将先辈的廉政思想、价值观、道德规范及其实践经验，在吸收提炼创新的基础上，通过教育、制度、习俗等形式传递给后代，使之成为一代又一代人行为的指导和遵循。

习近平总书记指出，没有中华五千年文明，哪有我们今天的成功道路。[①] 他还指出，只有把马克思主义基本原理同中国具体实际相结合、同

① 求是编辑部:《新时代中国文明历史研究的根本遵循》,《求是》2022 年第 14 期。

中华优秀传统文化相结合，坚持运用辩证唯物主义和历史唯物主义，才能正确回答时代和实践提出的重大问题，才能始终保持马克思主义的蓬勃生机和旺盛活力。[①] 这些深刻论述都要求新时代文化建设应当与中华优秀传统文化相结合。廉政精神文化的继承性正是这一要求的具体表现。首先，继承性代表着廉政精神文化是历史传承的延续。自古以来，我国就有着“廉洁奉公”“勤政为民”的优良传统。这些优良传统在历史长河中不断得到弘扬和发展，成为推动社会进步的重要精神力量。例如，古代的“清廉官吏”不仅受到百姓的尊敬和爱戴，也为后世树立了榜样。这种历史传承的连续性，使得廉政精神文化在现代社会依然保持着旺盛的生命力。其次，继承性代表着廉政精神文化始终是一种相对稳定的价值观念。无论时代如何变迁，廉政精神文化所倡导的内容虽然会发生一定变化，但是其核心价值观念仍然具有一定的稳定性，即公正、廉洁、勤政、为民始终是廉政精神文化不可抹去的精神内核。这些价值观念是廉政精神文化的灵魂，也是其得以传承和发展的根本所在。在现代社会，虽然面临着各种复杂的挑战和诱惑，但廉政精神文化的精神内核依然保持着高度的稳定性和坚定性，为社会的健康发展提供了有力保障。最后，继承性并不意味着一成不变，而是在继承的基础上不断创新和发展。随着时代的进步和社会的发展，廉政精神文化也在不断地吸收新的元素和理念，以适应新的历史条件和社会需求。例如，在现代社会，廉政精神文化不仅强调个人的廉洁自律，还注重制度的完善和监督的加强，以形成更加全面、有效的廉政体系。这种文化传统的创新性，使廉政精神文化在继承中不断发展壮大，为社会的繁荣稳定提供了不竭的动力。

（四）发展性

根据马克思主义的基本观点，物质决定意识，而运动是物质的存在方

---

① 习近平:《高举中国特色社会主义伟大旗帜　为全面建设社会主义现代化国家而团结奋斗——在中国共产党第二十次全国代表大会上的报告》，《人民日报》2022 年 10 月 26 日，第 1 版。

式。廉政精神文化作为一种意识，依托于一定物质基础之上，其必然也需要随着事物的变化而变化。因此，廉政精神文化的内容随着时代的发展不断丰富和完善，其内涵必然更加深刻，外延必然更加宽广。质言之，廉政精神文化的发展性特征，是指廉政精神文化在不同历史时期、不同社会环境和不同经济条件下的不断演进和发展。

一方面，廉政精神文化的内容是不断丰富和完善的。廉政精神文化与时代发展脉络紧密相连，不断融入新的时代元素，反映时代精神和社会发展需求。例如，随着互联网技术的快速发展，腐败新形式和新现象层出不穷。廉政精神文化也应积极应对，通过加强网络反腐败宣传教育，构建网络廉政文化体系，能够维护网络空间的清朗风气；廉政精神文化内容还要针对不同群体、不同行业、不同地区的特点进行精准化设计，做到有的放矢，提高教育的针对性和实效性。另一方面，廉政精神文化的形式是不断创新的。廉政精神文化的传播形式应当不断创新，更加生动活泼，更加贴近群众，增强传播效果。廉政精神文化的传播形式不再局限于传统的讲座、展览等形式，而是更加注重运用现代科技手段、新媒体、新技术，提高传播效率和影响，实现廉政精神文化的多元化和互动化。因此，廉政精神文化不仅可以依托于丰富多彩的廉政文化活动，吸引更多人参与其中，例如，可以开发廉政主题手机游戏、制作廉政微视频、举办廉政主题网络直播等；而且可以突破传统的严肃、说教式传播方式，运用灵活多样的表现手法，使廉政文化内容更加生动活泼、通俗易懂，提高群众的参与度和接受度，例如，可以创作廉政漫画、制作廉政动画、编写廉政歌曲等，将廉洁理念融入艺术作品，潜移默化地影响人们的思想观念。

（五）导向性

廉政精神文化作为一种重要的文化形态，具有鲜明的导向性特征，能够发挥强大的凝聚力和感召力。[①] 在廉政精神文化中，导向性特别强调其

① 参见张国臣等:《社会主义廉洁文化建设论》，人民出版社 2011 年版，第 31 页。

积极的引导和影响力，不仅包含了对个体廉洁自律行为的引领，还包括对整个社会风气、政治生态的正向塑造。这种导向性基于一系列正面的价值观和道德规范，如诚信、公正、责任等，通过各种形式的文化传播和实践活动，使廉政成为社会公民共同遵循的行为准则。

廉政精神文化的导向性有利于形成积极的社会风气，在面对腐败问题时，廉政精神文化的导向性功能能够提供正面的价值取向，通过引导公民行为，塑造积极向上的社会风气，减少腐败现象的产生；还有利于提升政治文明水平，廉政精神文化的导向性能够指引公职人员树立正确的权力观、地位观和利益观，提升整个政治生态的文明水平，为国家的长期稳定和发展奠定基础；更有利于促进社会公平正义，通过引导和规范个体及集体行为，廉政精神文化能够促进社会资源的公平分配，增强社会成员对于公平正义的共识，维护社会的和谐稳定。

三、廉政精神文化的结构

事物的结构是指组成事物的各个部分及其相互关系。结构决定了事物的功能和特性，不同的结构形式赋予事物不同的性质。事物的结构可以是物理的，比如建筑物的框架、机器的零部件；也可以是抽象的，如组织的管理体系、社会的阶层结构。理解事物的结构，有助于我们更好地认识和利用事物。因此，探讨廉政精神文化的结构有助于我们全面把握廉政精神文化的构成和内容，从而更为全面地理解廉政精神文化的本质。

一方面，廉政精神文化的结构具有多层次。多层次意味着廉政精神文化的结构往往由多个层次的子结构组成，每一层次都有特定的功能和作用，而廉政精神文化结构则将所包含的多种要素通过纵横相连的网络组构而形成一个统一整体，这个统一整体并不是杂乱无章的，而是一个有序的多层次平衡结构。另一方面，廉政精神文化的各结构之间相互联系、相互作用，形成了一个有机体，这就具有动态稳定性。因为，在廉政精神文化

结构中，每一要素都处在纵横联系相交的联结点上，不容易轻易移位或改变，或者当某一要素发生改变时，其他要素也会因此发生动态调整，以适应新的变化，从而形成新的稳态结构；每一要素都可以得到与之相联系的其他要素的支持，不容易被轻易地否定或抛弃；当某一要素发生故障时，其他要素可以帮助它重新滋生或复苏。因而，不到核心要素被彻底抛弃之时，作为整体的廉政精神文化不可能自然解体。

研究廉政精神文化的结构，必须探明其组成结构的关键要素。当前，关于廉政精神文化的构成要素，主要存在“三要素说”和“二要素说”两种理论主张。“三要素说”的理论主张，立基于将廉政文化根据形式结构与内容结构的区分，将廉政精神文化划归为形式结构的组成部分，并主张廉政精神文化是整个廉政文化有机体的神经系统和核心部分，它对行政管理活动的整个过程有着持久、深入的影响，其中最为主要的是廉政理念，以及在廉政理念指导之下形成的个体观念和社会观念。[①] 个体的廉政观念表明的是特定的个体对廉政的认知状况、道德水平、态度、习惯、价值观等，群体的廉政观念则是指一个社会中一部分人群对廉政的认知状况和实际的思想态度，而且还包括一个社会的精神层面，如舆论、政治和政策导向、社会价值观的取向、社会道德水平和社会的法律意识等。“二要素说”则主张根据个体评价和理想信念的区分，将廉政精神文化的构成要素划分为廉政价值观和廉政理想两个层面，廉政价值观是人们对廉洁价值是非及其重要性等的评价；廉政理想是人们（包括国家、民众、组织和行政人员自身）对廉洁从政境界的想象和希望，也就是构建“不想腐”的理想信念（具体可见表 1）。[②]

① 鄯爱红：《廉政文化的结构探析》，《新视野》2011 年第 6 期。

② 参见韩喜平，杜一名：《新时代廉政文化三维矩阵建构与解读》，《四川大学学报（哲学社会科学版）》2020 年第 1 期。

表 1　廉政精神文化构成要素

廉政精神文化	廉政理想	不忘初心
		全心全意为人民服务
		实现共产主义
	廉政价值观	公私分明、先公后私、克已奉公
		崇廉拒腐、清白做人、干净做事
		尚俭戒奢、艰苦朴素、勤俭节约
		吃苦在前、享受在后、甘于奉献
		廉洁从政，自觉保持公仆本色
		廉洁用权，自觉维护人民利益
		廉洁修身，自觉提升思想境界
		廉洁齐家，自觉树立良好家风

两种不同的理论主张虽然对廉洁精神文化所包含的结构要素具有不同认识，但是二者之间也存在一定的联系，即都是根据廉政精神文化的存在层次和涉及主体而划分的，而区别主要是个人对廉政精神文化的认识是否能够独立作为廉政精神文化结构要素之一而存在。廉政精神文化关注的是行政活动的进行，而在政治哲学立场上，始终存在着国家社会二分法的理论分析框架。国家社会二分法主要是指将国家与社会视为两个相对独立但又相互关联的实体或领域，通过界定各自的领域范围和功能，来理解和分析两者之间的互动关系。马克思的国家学说从政治国家与市民社会关系的角度揭示国家起源，强调社会生活的基础就是需要的满足，相互协作和配合以取得必要的维持生活的手段，国家则并非某一种社会形态，而是一种公共的共同体，是一种政治集合体，主张国家的形成不仅是解决阶级矛盾、实现阶级统治的需要，也是管理社会公共事务的内在要求。[①] 因此，根据国家社会二分法，廉政精神文化的构成要素在国家层面可以展现为廉政理想，而在社会层面可以展现为廉政价值观。与此同时，需要注意的

① 〔德〕库诺：《马克思的历史、社会和国家学说：马克思的社会学的基本要点》，袁志英译，上海译文出版社 2006 年版，第 424 页。

是，在国家社会二分法的理论框架中，国家不是社会的组成部分，二者是共存的；国家与社会的界限是相对的，不是绝对隔离的。两者在功能上各有侧重，但在实际运行中又存在交叉和互动。因此，廉政理想和廉政价值观之间并非二元对立关系，而是一种相互依存，且在特定条件下会发生互相转化的关系。

第二节　廉政理想

理想作为人类精神世界中的重要组成部分，无论在哪个时代，都犹如灯塔，照亮着人们前行的道路。聚焦廉政理想，探讨其作为社会正义、道德高地与政治品德的核心价值，并沿着中国共产党领导中国革命和建设历程，探究其中蕴含的伟大廉政精神，寻求新的时代内涵和实践要求，是理解廉政精神文化的题中之义。

一、廉政理想的内涵

在国家层面，廉政精神文化以廉政理想为表现形态。廉政理想是一个国家内部各个群体对于廉洁从政的境界所进行的想象和希望的集中反映，这一理想不仅是民众心目中的道德期望，更是国家治理体系的重要组成部分。廉政理想的形成和确立过程需要经过党和国家的认可和推广，其中包含了多层次、多维度的内容。

首先，廉政理想是社会各界对行使公权力的公职人员的廉洁行为和道德操守的期望。在这种理想状态下，官员应当公正无私、清正廉明，始终将人民的利益放在首位。廉洁从政不仅是拒绝贪污腐败，更是要求领导干部具备高尚的道德品质和坚定的政治信仰。廉政理想的实现意味着政府官员能够自觉抵制各种诱惑，保持清正廉洁，不以权谋私，真正做到为人民服务。

其次，廉政理想是对国家治理的一种理性追求。廉洁政府不仅是一个理想状态，更是国家现代化建设的重要目标。一个廉洁高效的政府能够赢得人民的信任和支持，提升国家的治理能力和国际形象。廉政理想的实现有助于促进社会公平正义，增强政府的公信力，推动国家长治久安和可持续发展。与此同时，廉政理想的实现需要全社会共同努力。社会各界应当积极参与廉政建设，发挥监督作用，形成反腐败的强大合力。媒体和公众舆论在廉政建设中具有重要作用，通过加强对政府工作的监督和批评，推动政府更加透明高效地开展工作。社会各界应当树立正确的廉政观念，增强廉洁意识，自觉抵制腐败行为，形成崇廉尚洁的良好社会风尚。

最后，廉政理想的形成和确立离不开党的领导和国家的推动。根据马克思主义的国家观，国家是一种政治集合体，是一种宪法组织，此宪法并非仅指法学意义上具体规定国家组织、国家权力和公民权利等的成文法律条款，而是任何一种可以将共同体成员联系起来，并使其相互负有义务的法律调节。因而，作为国家层面廉政精神文化的构成要素，廉政思想最大的特征就是需要由国家意志所决定。这意味着，一方面，廉政理想的具体内容需要经由党和国家制定通过的相关法律法规和政策文件所确立，进而明确廉政建设的具体目标和要求；另一方面，廉政理想需要由党和国家通过开展形式多样的廉政教育活动得以弘扬，并最终形成良好的廉政文化氛围。

概括而言，廉政理想是国家内部各群体关于廉洁从政境界的想象和希望的集中反映，是由党和国家通过特定方式确立的，并以国家权力为保障而推动的一种廉政精神文化。

二、廉政理想的重要意义

廉政理想是一个社会进步的基石，是一个国家繁荣昌盛的保障，它意味着公正、透明、廉洁的社会环境，意味着社会和谐稳定、经济健康发展，意味着人民能够享受到公平正义，因此对于国家的发展和治理具有重

要意义，具体表现在廉政文化前行方向的引领、发展路径的确立和多元表达的整合三个方面。

（一）引领廉政文化前行的方向

廉政理想是廉政文化建设的核心指南和动力源泉，作为一种崇高的价值追求和道德目标，为廉政文化的发展设定了明确的方向。廉政理想不仅要求公职人员具备廉洁奉公、勤政为民的职业操守，还体现了社会对公正、透明、高效政府治理的深切期望。廉政理想为廉政文化建设设定了清晰的目标和导向。它不仅是一种理念或口号，更是对公职人员行为规范的深刻阐述，以及社会对公正、廉洁治理的期望。这种明确的目标导向，使廉政文化建设有了明确的方向和路径，能够持续、稳定地向前推进。廉政理想蕴含着丰富的价值观念，如廉洁自律、勤政为民、公正无私等。这些观念是廉政文化的核心和灵魂，为公职人员提供了行为准则和道德标准。在廉政理想的引领下，公职人员能够自觉抵制腐败诱惑，坚守职业道德，为社会的公正、廉洁治理贡献力量。廉政理想具有强大的精神动力作用，它激励公职人员以高度的责任感和使命感投入廉政建设中，勇于揭露和抵制腐败现象，维护社会公平正义。廉政理想也激发了社会各界对廉政文化的关注和认同，形成了全社会共同推进廉政建设的良好氛围。与此同时，廉政理想也不是一成不变的，而是随着时代发展和社会进步而不断丰富和完善的。在廉政理想的指引下，廉政文化建设需要不断吸纳新的理念，推动自身创新发展从而提升廉政文化的内涵和品质，增强影响力和感召力。

（二）决定廉政文化的发展路径

廉政理想在塑造廉政文化发展路径上具有关键作用。廉政理想，作为廉洁、公正、为民等价值追求的集中体现，与国家意志紧密相关，为廉政文化的发展设定基本的框架和准则。它决定了廉政文化应当倡导什么、反对什么，以及如何通过教育、宣传、制度建设等手段来推动实现这些价值。廉政文化的发展路径，就是沿着廉政理想所指引的方向，不断探索和实践的过程。廉政理想也可以引领廉政文化的创新发展。随着社会的不断发展和进步，廉政文化也需要不断创新以适应新的时代要求。廉政理想作为廉政文化的灵魂，能够激发人们的创造力和想象力，推动廉政文化在内容、形式、方法等方面的不断创新。这种创新不仅丰富了廉政文化的内涵，也增强了其吸引力和感染力，使廉政文化更加贴近实际、贴近生活、贴近群众。廉政理想保障廉政文化的健康发展。廉政文化的建设是一个长期而复杂的过程，需要经历各种挑战和考验。廉政理想作为廉政文化的基石，能够为廉政文化提供坚实的支撑和保障，使人们在面对困难和挑战时能够保持坚定的信念和决心，不断克服各种困难和障碍，推动廉政文化朝着正确的方向健康发展。因此，廉政理想的明确与坚定，直接关系到廉政文化能否健康、持续地发展，能否在社会中发挥积极的引领作用。

（三）整合廉政文化的多元表达

廉政理想具有凝聚功能，能够将廉政文化各种不同的认识加以整合，形成廉洁社会建设的合力。廉政文化是一个复杂的体系，它涵盖了各种不同的表达形式，如制度建设、道德规范、文化作品、社会风气等。这些不同的表达形式，各自拥有不同的特点和方向。值得注意的是，对于廉政文化的理解，也可能存在虚无主义、反腐“过头论”“无用论”等一系列错误认识。因此，在构建和推动廉政文化的过程中，一个清晰、崇高且被广泛认同的廉政理想如同一条主线，能够有效地将不同形式、不同层面，甚至可能看似分散或矛盾的廉政文化元素与表达方式串联起来，形成一个统一而有力的整体。与此同时，不同形式的廉政文化表达之间，可能会存在一些差异和分歧。廉政理想能够为这些不同的表达形式提供统一的标准和尺度，使无论是法律法规的制定与执行、公职人员廉洁自律行为的认定，还是社会舆论的监督与倡导，都能在廉政理想的指引下，找到共鸣点，使它们能够相互协调、相互补充，共同形成一个完整的廉政文化体系。和谐的廉政文化体系能够激发人们的廉洁意识，提高人们的廉政素养，使廉政文化多元表达更具感染力和影响力。当人们的廉洁意识和素养提升之后，他们就会更加自觉地遵守廉政规范，积极参与廉政文化建设，并将廉政文

化传播到社会各个角落。在这种情况下，廉政文化的各种多元表达，就会更加深入人心，更加具有感染力和影响力。

三、廉政理想的具体表现

《关于加强新时代廉洁文化建设的意见》提出了实现干部清正、政府清廉、政治清明、社会清朗是新时代廉洁文化建设的目标，这也阐明了廉洁文化建设不仅涉及个体和政府的微观主体范畴，更涉及政治和社会等宏观范畴，其表现形式必然具有多样性。而廉政理想作为国家层面廉政精神文化的构成要素，需要展现于微观到宏观的各个层面。就微观层面而言，廉政理想体现于党内法规、法律等各类规范性文件之中，而在宏观层面，则体现于中国共产党成立以来所形成的伟大精神谱系之中。

（一）规范性文件中的廉政理想

在干部、政府、政治和社会等层面，实现廉政精神文化的融入，是国家推动廉洁文化建设的着力点。干部、政府、政治和社会其实涉及两个层面：一方面是宏观的执政之要，包含了政治生态的状况，即指政治主体在一定的政治环境下的生存方式，以及在此政治环境下养成的政治习性，同时也指政治主体在一定的政治环境下生存和发展的状态；另一方面则是为官之德，即指行使公权力的公职人员，特别是党员领导干部以廉洁要求约束自身和家人。

1. 执政之要

《中国共产党廉洁自律准则》在第五条和第六条对党员领导干部提出了廉洁从政和廉洁用权的要求。这虽然是对领导干部在行使公权力和参与政治生活过程中践行为政清廉的要求，但最终反映的则是对于政治生态的整体期待，呈现一种“为政清廉”的状态。

我国历朝历代的兴衰史充分说明为政清廉、秉公用权是国家政治建设的理想目标。夏商周时期，社会风貌的复杂与多元并存，却也难以掩盖贪婪无度、荒淫无耻、纵欲暴虐等腐败现象的阴霾。这些腐败行为如同蛀虫般侵蚀着国家的肌体，使百姓苦不堪言，社会动荡不安。然而，在这混沌之中，一股追求廉洁与德政的清流悄然涌动，成为时代进步的强音。中国自西周以降，以周公为代表的周初先贤，通过对殷商覆灭与周朝兴起等历史事件的深刻反思，提出了“皇天无亲，惟德是辅；民心无常，惟惠之怀”的洞见。他们认为，上天并不偏袒任何一方，唯有道德高尚者才能得到其眷顾；而民心则是国家兴亡的关键，唯有施以仁政、惠及万民，方能赢得民心的归附与拥护。因此，他们主张“敬德保民”，即将道德修养与保障民生视为政权稳固的基石。这些思想观念，不仅为西周及后世的政治实践提供了宝贵的理论指导，更对我国历史上廉洁文化的发展产生了深远而广泛的影响。进入春秋战国时期，随着“周文疲敝”“礼崩乐坏”局面的出现，社会动荡加剧，国家兴亡如同走马灯般变幻莫测。在这一背景下，腐败现象愈演愈烈，昏庸残暴、贪污受贿、颠倒黑白、权钱交易等行为层出不穷。面对如此严峻的现实问题，各国君主与智者开始积极探索保障政权稳固的有效途径。春秋早期的杰出政治家管子将“礼义廉耻”视为国家的四大支柱之一，并特别强调“廉”的重要性。“一维绝则倾，二维绝则危，三维绝则覆，四维绝则灭”表达出如果国家失去了礼义廉耻中的任何一维，都将面临严重的危机甚至灭亡。这些历史事件的发展都深刻揭示了廉洁与否与王朝兴亡之间的紧密联系，为后世廉洁文化的建设与发展提供了重要的理论支撑与实践指导。[①]伴随着对治国理政实践探索的深入，人民的力量逐渐受到重视。随着汉武帝推行罢黜百家、独尊儒术的统治政策和治国思想，儒家思想所倡导的民本思想逐渐成为国家治理的核心理念。这一系列发展促使统治者们开始重视自身的道德修养与品德建设，将廉洁自律视为治国理政的重要前提；同时，也激发了民众对于清正廉洁、公正无私的政治环境的渴望与追求。由此可见，为政清廉是廉政精神文化的内在要求之一，更是国家政权稳固的基础。

① 卜宪群:《谈谈我国历史上的廉洁文化》,《求是》2024 年第 4 期。

为政清廉，是官员职责之根本、社会和谐之基石。要做到为政清廉，首先需树立坚定的理想信念，深植全心全意为人民服务的宗旨意识，将个人追求融入国家发展大局之中，不为私利所动，不为诱惑所扰。其次，强化自我约束，自觉遵守党纪国法，时刻保持清醒头脑，做到慎独、慎微、慎权、慎欲，确保权力在阳光下运行。建立健全监督机制，主动接受群众监督、舆论监督，让权力在制度的笼子里规范运行。再次，加强学习，不断提升自身修养和业务能力，以高尚的品德、渊博的知识、卓越的才能赢得群众的信任和支持。与此同时，弘扬清廉文化，营造风清气正的政治生态，让清廉成为每个公职人员的自觉追求。最后，坚持问题导向，勇于自我革命，对发现的腐败问题零容忍，坚决查处，形成有力震慑，让清廉成为不可逾越的红线，推动社会风气持续向好。

2. 为官之德

此处之“官”并非通常意义上所理解的仅指“官吏或官员”，而是具有更为广泛的意义，需涵盖所有行使公权力的公职人员，特别是党员领导干部，《中国共产党廉洁自律准则》里就包含着对公职人员自身素养的要求，其中“克己奉公”“崇廉拒腐”就是典型代表。

（1）克己奉公。《中国共产党廉洁自律准则》第一条明确了，坚持公私分明，先公后私，克己奉公。这是党员廉洁自律规范的要求之一。“克己奉公”一词，出自《孟子·尽心下》，意为克制私欲，奉献公事。它体现了一种高尚的道德情操，是中华传统文化中重要的价值观。在构词方式上，“克己”与“奉公”形成联合式，既强调了个体对自我欲望的约束，又突出了对公共事务的忠诚与奉献。克己奉公不仅是个人道德修养的体现，更是社会和谐发展的重要保障。对个人而言，克己奉公能够提升个人精神境界，使人获得内心的平静和满足，为人生增添意义和价值。对社会而言，克己奉公能够促进社会公平正义，维护社会秩序稳定，为社会和谐发展提供重要的道德基础。

做到“克己奉公”，首先要牢记自己的使命与责任。在日复一日的工作中，人们往往会因为各种琐事而忘记初衷，因此，时刻提醒自己为何出发，为何奋斗，是保持“克己奉公”精神的关键。“不忘初心，方得始终。”只有坚守初心，才能在面对诱惑和挑战时，保持清醒的头脑，不为私欲所动。其次，“克己奉公”还意味着要严格遵守国家的法律法规和各项规章制度。国家公职人员更应成为守法的典范，时刻以高标准要求自己，不触碰国家红线，不利用职务之便牟取私利。正如《史记·廉颇蔺相如列传》中所言：“以君之贵，奉公如法则上下平，上下平则国强。”① 只有做到奉公守法，才能确保社会的公平与正义，促进国家的繁荣与富强。再次，“克己奉公”的精髓在于将“克己奉公”的理念融入日常行动，在工作、生活中积极奉献，为社会做出贡献。公职人员应将人民的利益放在首位，时刻想着为人民排忧解难，真心实意地为人民办实事、办好事。这种精神在历史长河中不乏例证，例如廉吏包拯，秉公执法，不畏权贵，面对权贵和富豪的贿赂，他始终坚持原则，不为所动，最终赢得百姓的赞誉，成为千古流芳的清官典范。包拯的清廉正直，正是克己奉公精神的最佳体现。最后，克制自身私欲，培养高尚的道德情操，以公正、廉洁作为行为准则。正如“一箪食，一瓢饮，在陋巷，人不堪其忧，回也不改其乐”② 表达出颜回安贫乐道，淡然处之的处世哲学。公职人员也应当平淡面对物质享受，从而时刻保持清廉自守、克己奉公。

（2）崇廉拒腐。《中国共产党廉洁自律准则》第二条明确规定，党员要坚持崇廉拒腐，清白做人，干净做事。“崇廉拒腐”是一个集道德追求、政治觉悟和社会责任于一体的概念，它强调的是对廉洁品质的崇尚和对腐败行为的坚决抵制。“崇廉”二字，意味着对廉洁的追求和推崇，将廉洁视为一种高尚的品德和精神追求，并将其融入日常的行为准则中。“廉者，民之表也；贪者，民之贼也。”③ 这句话强调了廉洁是人民的榜样，贪污

① 《史记·廉颇蔺相如列传》。
② 《论语·雍也》。
③ 《孟子·公孙丑下》。

腐败是人民的敌人。廉洁是社会和谐发展的基石，而腐败则是社会进步的毒瘤。例如，周恩来总理一生清廉，生活俭朴，他虽身居高位，但从不利用自己的地位和身份，牟取私利。周总理的清廉正直，是无数党员干部学习的楷模，也体现了崇廉精神的强大力量。“拒腐”二字，意味着对腐败的抵制和拒绝，将腐败视为一种可耻的行为，并以坚定的意志和行动抵御各种诱惑，永不坠入腐败的深渊。“勿以善小而不为，勿以恶小而为之。”这句话告诫人们要坚持正义，不做任何损害公义的事情，即使是一件微不足道的坏事，也要坚决抵制。再如，杨善洲，原云南省保山地委书记，他退休后义无反顾地投身到荒山绿化事业中，为当地生态环境的改善做出了巨大贡献。他始终保持清廉正直，拒绝各种诱惑，将全部精力投入公益事业中，用实际行动诠释了拒腐精神的真谛。

在当今时代，随着社会的发展和进步，人们的物质生活水平不断提高，但同时，一些人却越来越追求个人利益，忽视社会责任，甚至不惜损害公共利益以牟取私利。在这种情况下，崇廉拒腐精神显得更加重要。“崇廉拒腐”是每个公职人员的责任，要大力弘扬崇廉拒腐精神，倡导社会风尚，树立正确的价值观，将个人利益与国家利益、社会利益紧密结合，为构建和谐社会、实现中华民族伟大复兴的中国梦贡献力量。

（二）中国共产党人精神谱系中的廉政理想

中国共产党人的精神谱系是由党中央批准而确立的，呈现出中国共产党在长期奋斗中所构建起的精神谱系，和所锤炼出的鲜明政治品格。[①]2021年2月20日，习近平总书记在党史学习教育动员大会上指出，在一百年的非凡奋斗历程中，一代又一代中国共产党人顽强拼搏、不懈奋斗，涌现了一大批视死如归的革命烈士、一大批顽强奋斗的英雄人物、一

---

① 2021年9月29日，党中央批准了中央宣传部梳理的第一批纳入中国共产党人精神谱系的伟大精神，在中华人民共和国成立72周年之际予以发布。参见邱丽芳：《中国共产党人精神谱系第一批伟大精神正式发布》，新华网2024年8月26日，http://www.news.cn/politics/2021-09/29/c_1127917872.htm。

大批忘我奉献的先进模范，形成了一系列伟大精神，构筑起了中国共产党人的精神谱系。[①]在党的二十大报告中，习近平总书记进一步指出要弘扬以伟大建党精神为源头的中国共产党人精神谱系，用好红色资源，深入开展社会主义核心价值观宣传教育，深化爱国主义、集体主义、社会主义教育，着力培养担当民族复兴大任的时代新人。[②]习近平总书记关于中国共产党人精神谱系的论述，充分表明精神是一个民族赖以长久生存的灵魂力量，是一个国家兴旺发达的思想根基，是个体实践探索活动的动力支撑，能够凝聚共识、激人奋进、铸就辉煌，是一种巨大的内生力量。将中国共产党领导革命过程及其主要领导人的革命轨迹，或重要节点和标志事件蕴含的精神串联起来，形成一条鲜明而又生动的主题主线，即可称为中国共产党精神的经线；再将中国共产党领导革命过程及其主要领导人的革命轨迹所生发的思想，作用于人民群众，激发出更多更广泛的智慧和力量，凝结成精神成果，集结和串联便构成纬线。而经纬交错即构成了中国共产党人的精神谱系。中国共产党人的精神谱系，就是历代中国共产党人在革命、建设和改革的奋斗历程中，凝聚创立的一系列伟大精神的总和。这一谱系以伟大建党精神为源头，包括井冈山精神、长征精神、遵义会议精神、延安精神、西柏坡精神、红岩精神、抗美援朝精神、“两弹一星”精神、改革开放精神、抗震救灾精神、脱贫攻坚精神、抗疫精神等伟大精神。这些精神不仅是中国共产党人的宝贵财富，更是党百年奋斗的重要内容和载体，体现了中国共产党人的重要品格风范。

中国共产党人精神谱系的形成，是马克思主义同中国具体实际和中华优秀传统文化相结合的产物，是全体中国共产党人智慧、汗水和热血的结晶。它跨越时空、历久弥新，已经深深融入我们党、国家、民族、人民的血脉，成为推动中国特色社会主义事业不断前进的强大精神力量。顺着中

---

① 习近平：《在党史学习教育动员大会上的讲话》，《求是》2021 年第 7 期。

② 习近平：《高举中国特色社会主义伟大旗帜 为全面建设社会主义现代化国家而团结奋斗》，《人民日报》2022 年 10 月 26 日，第 1 版。

国共产党人精神谱系的源流感知精神脉动，就可以探寻其中蕴含的廉政精神文化。

1. 精神之源

习近平同志在庆祝中国共产党成立100周年大会上的讲话指出，一百年前，中国共产党的先驱们创建了中国共产党，形成了坚持真理、坚守理想，践行初心、担当使命，不怕牺牲、英勇斗争，对党忠诚、不负人民的伟大建党精神，这是中国共产党的精神之源。[①] 这体现了伟大建党精神在中国共产党人精神谱系中的根本地位。有学者提出伟大建党精神作为中国共产党的精神之源，就体现在其是中国共产党人精神谱系的理论之源、宗旨之源、意志之源、品德之源。[②] 而伟大建党精神中关于宗旨和品德的体现，即可反映出伟大建党精神中内含了深厚的廉政精神文化，这是中国共产党在百年奋斗历程中形成的宝贵精神财富。其中，为人民服务即回答了廉政精神文化的根本目的是以人民为中心；坚持真理、坚守理想，践行初心、担当使命，不怕牺牲、英勇斗争，对党忠诚、不负人民等要素，都体现了中国共产党人的廉洁自律和崇高风范。中国共产党建党初期就明确提出了反腐败、建设廉洁政治的要求。革命先辈们以身作则，形成了廉洁奉公、勤俭为民的优良传统。新中国成立前夕，党中央告诫全党要牢记“两个务必”。新中国成立后，党中央持续开展反对腐化堕落现象的斗争。改革开放以来，党中央更是着力推动反腐倡廉工作经常化、法制化。进入新时代，习近平同志提出要进一步健全全面从严治党体系、深入推进反腐败斗争和党的自我革命。这一系列理念与方针，指引着廉政文化建设的前行，为廉政理想赋予了净化党内政治生态、保持党的先进性和纯洁性等深刻内涵。

2. 新民主主义革命时期

新民主主义革命时期，无数共产党人抛头颅、洒热血，带领中国人民

---

① 习近平：《在庆祝中国共产党成立100周年大会上的讲话》，《求是》2021年第14期。

② 参见王炳林，张雨：《伟大建党精神和中国共产党精神谱系的关系探析》，《中国高校社会科学》2021年第5期。

浴血奋战、百折不挠，铸就了一系列光耀千秋的伟大精神，包括井冈山精神、苏区精神、长征精神、遵义会议精神、延安精神、抗战精神等。“苏区精神”是在革命根据地的创建和发展中，在建立红色政权、探索革命道路的实践中，无数革命先辈用鲜血和生命铸就的以坚定信念、求真务实、一心为民、清正廉洁、艰苦奋斗、争创一流、无私奉献等为主要内涵的精神。一心为民、清正廉洁即是在新民主主义革命时期中国共产党人精神谱系里“苏区精神”所呈现的廉政精神文化。“延安精神”是“坚定正确的政治方向，解放思想、实事求是的思想路线，全心全意为人民服务的根本宗旨，自力更生、艰苦奋斗的创业精神”[①]，即廉政精神文化的目标与立足点始终是全心全意为人民服务。由革命党向执政党的历史转变，在积极“赶考”中创造性形成了“西柏坡精神”，为保持党的先进性和纯洁性，提高党的执政能力，以崭新精神面貌建设新中国提供了思想指引。[②]

3. 社会主义革命和建设时期

新中国成立后，面对国内外复杂形势，党和人民意气风发、斗志昂扬，以“敢教日月换新天”的精神风貌进行社会主义革命和建设，谱写不朽精神新篇章，形成了包括抗美援朝精神、“两弹一星”精神、雷锋精神、焦裕禄精神、大庆精神、孔繁森精神等伟大精神。“焦裕禄精神”深刻反映出了廉政理想所期待的“四有干部”素养。

2015 年 1 月 12 日，习近平同志在中共中央党校县委书记研修班学员座谈会上强调，党员领导干部应当以焦裕禄式的干部为榜样，做“四有干部”。“四有”干部是指“心中有党、心中有民、心中有责、心中有戒”的党员干部。[③]心中有党，即强调干部对党的忠诚，始终同党中央保持高度一致，坚定不移地贯彻党的路线、方针、政策。心中有民，即要求干部

① 戴焰军：《延安精神的丰富内涵》，《光明日报》2020 年 8 月 5 日，第 6 版。

② 参见王霞：《论中国共产党精神谱系的理论意涵、鲜明特质与时代价值》，《中州学刊》2021 年第 11 期。

③ 习近平：《做焦裕禄式的县委书记》，中央文献出版社 2015 年版，第 1 页。

始终以人民为中心，全心全意为人民服务，把人民的利益放在首位，做到权为民所用、情为民所系、利为民所谋。心中有责，即意味着干部要勇于担当，有责任心，面对大是大非敢于亮剑，面对风险挑战敢于迎难而上，面对危机困难敢于挺身而出。心中有戒，即要求干部要强化党性修养，保持清正廉洁的政治本色，严守政治纪律和政治规矩，自觉筑牢拒腐防变的思想堤坝。而焦裕禄精神就是“四有干部”的精神代表，更是廉政精神文化在廉政理想层面的具体例证。

焦裕禄同志是河南省兰考县原县委书记，在任时表现出来的“亲民爱民、艰苦奋斗、科学求实、迎难而上、无私奉献”的精神，被后人称为“焦裕禄精神”。当年的兰考有“三害”——盐碱、风沙、内涝。“三害”不除，群众生产生活很难有改善，在焦裕禄同志的带领下，兰考县委组建了“三害调查队”120 人，走访全县 140 多个大队中的 120 多个，行程 2500 公里，记录全县 84 个风口、1600 座沙丘，把县里所有的洼地、淤塞河道绘图编号，绘制了一幅改造兰考的蓝图。“不准儿子看白戏”的故事家喻户晓，焦裕禄同志的儿子为了看戏，告诉售票员“焦书记是我爸爸”，没买票就进场了，焦裕禄同志知道后非常生气，当即把一家人叫来训了一顿，要求孩子立即把票钱如数送到戏院。随后，焦裕禄同志还研究制定了“干部十不准”，明确提出不准送戏票，礼堂 10 排以前的戏票不能光卖给机关干部；不准用国家或集体的粮食大吃大喝、请客送礼等。①这些事迹都印证了焦裕禄以身作则，为人民服务的廉政精神。

习近平同志在调研指导兰考县党的群众路线教育实践活动时就指出，要特别学习弘扬焦裕禄同志“心中装着全体人民、唯独没有他自己”的公仆情怀，凡事探求就里、“吃别人嚼过的馍没味道”的求实作风，“敢教日月换新天”“革命者要在困难面前逞英雄”的奋斗精神，艰苦朴素、廉洁

① 参见张洋，孟祥夫：《学习弘扬焦裕禄精神》，《人民日报》2021 年 8 月 20 日，第 6 版。

奉公、“任何时候都不搞特殊化”的道德情操。[①]

4. 改革开放和社会主义现代化建设新时期

这一时期，党领导人民解放思想、围绕着以经济建设为中心的战略定位，实现了从生产力相对落后的状况到经济总量跃居世界第二的历史性突破，实现了人民生活从温饱不足到总体小康、奔向全面小康的历史性跨越，推进了中华民族从站起来到富起来的伟大飞跃。

中国共产党一手抓物质文明建设，一手抓精神文明建设。改革开放精神、特区精神、抗洪精神、抗击“非典”精神等一系列具有代表性的精神，都呈现出了社会主义精神文明建设的成就。这一时期无论是党的政治建设还是组织建设也都始终关注一个主题，即中国共产党人能否以公仆之心对待人民群众，以实际行动践行全心全意为人民服务的宗旨，其中就包括对廉洁自律底线的遵守。坚决反对腐败现象，倡导清正廉洁的社会风气，更是社会主义现代化建设坚实的政治保障。胡锦涛同志提出要引导广大干部群众特别是青少年树立社会主义荣辱观，其中“以服务人民为荣，以背离人民为耻”和“以艰苦奋斗为荣，以骄奢淫逸为耻”的要求就表现出对廉政精神文化的追求。这些精神彰显了中国共产党始终坚持党的宗旨不变，始终保持解放思想、实事求是、求真务实的政治品质。改革开放和社会主义现代化建设新时期的中国共产党人精神谱系，展现了党坚定的廉政决心和崇高的廉政精神文化。

5. 中国特色社会主义新时代

在开创中国特色社会主义新时代的道路上，以习近平同志为核心的党中央坚持“以人民为中心”的发展理念，统筹疫情防控和经济社会发展，诠释了“江山就是人民，人民就是江山”的深刻内涵，[②]创造出了脱

---

① 习近平：《弘扬焦裕禄精神，继续推动教育实践活动取得实效》，《人民日报》2014 年 3 月 19 日，第 1 版。

② 参见许徐琪，季正聚：《中国共产党人精神谱系的百年演变、丰富内涵与传承路径》，《马克思主义理论学科研究》2024 年第 3 期。

贫攻坚精神、抗疫精神、“三牛”精神、科学家精神等一系列中国共产党人的伟大精神旗帜。脱贫攻坚精神是中国共产党性质宗旨、中国人民意志品质、中华民族精神的生动写照，是爱国主义、集体主义、社会主义思想的集中体现，是中国精神、中国价值、中国力量的充分彰显，赓续传承了伟大民族精神和时代精神，这一进程中，涌现出了诸多廉政精神文化的优秀践行者。比如，不负人民的黄文秀，放弃更好的前途，扎根于贫困的乡村，尽管父母患病，家境困难，却始终坚持自强自立、克己奉公，在不到一年的时间里，就带领百坭村 103 户贫困户顺利脱贫 88 户，贫困发生率降至 2.71%，而她自己却因山洪而不幸牺牲。[①]“三牛”精神亦是廉政精神文化的生动诠释。“在中华文化里，牛是勤劳、奉献、奋进、力量的象征。人们把为民服务、无私奉献比喻为孺子牛，把创新发展、攻坚克难比喻为拓荒牛，把艰苦奋斗、吃苦耐劳比喻为老黄牛。前进道路上，我们要大力发扬孺子牛、拓荒牛、老黄牛精神，以不怕苦、能吃苦的牛劲牛力，不用扬鞭自奋蹄，继续为中华民族伟大复兴辛勤耕耘、勇往直前，在新时代创造新的历史辉煌！”[②]作为“三牛”精神的代表，廖俊波的事迹生动诠释了廉洁奉公的内涵。习近平总书记对廖俊波同志先进事迹作出重要指示强调，廖俊波同志任职期间，牢记党的嘱托，尽心尽责，带领当地干部群众扑下身子、苦干实干，以实际行动体现了对党忠诚、心系群众、忘我工作、无私奉献的优秀品质，无愧于“全国优秀县委书记”的称号。广大党员、干部要向廖俊波同志学习，不忘初心、扎实工作、廉洁奉公，身体力行把党的方针政策落实到基层和群众中去，真心实意为人民造福。[③]在中

① 参见袁国柱：《看万山红遍——中国共产党人的精神谱系》，中共中央党校出版社 2021 年版，第 308 页。

② 参见倪弋，亓玉昆：《发扬“三牛”精神　在新时代创造新辉煌》，《人民日报》2021 年 12 月 4 日，第 6 版。

③ 参见《习近平对廖俊波同志先进事迹作出重要指示强调：不忘初心扎实工作廉洁奉公　身体力行　把党的方针政策落实到基层和群众中去》，《人民日报》2017 年 4 月 15 日，第 1 版。

国特色社会主义新时代，中国共产党人的精神谱系进一步丰富和发展，其中所展现出的廉政精神文化更加丰富。这一时期，党将党风廉政建设和反腐败斗争提升到新的高度，体现了勇于自我革命、敢于刀刃向内的政治勇气和决心。廉政精神文化将更加强调全面从严治党，通过不断加强党风廉政建设和反腐败斗争，营造风清气正的政治生态。

第三节　廉政价值观

价值观是基于人的一定的思维感官之上而做出的认知、理解、判断或抉择，也就是人认定事物、辨别是非的一种思维或取向，从而体现出人、事、物一定的价值或作用。面对世界范围思想文化交流交融交锋形势下价值观较量的新态势，廉政价值观是社会和谐的保障。随着时代的进步与发展，廉政价值观不仅承载着对公平正义的追求，更成为衡量社会文明与进步的重要标尺。

一、廉政价值观的内涵

廉政价值观是廉政精神文化在社会层面的构成要素，是廉政精神文化的灵魂。它引领着廉政精神文化的方向，影响着廉政精神文化的性质和特征，只有当廉政价值观深入人心，成为社会成员的共同信念和行为准则，廉政精神文化才能真正发挥作用。与廉政理想不同的是，廉政价值观是经由特定的程序而加以确立的相对统一的主张。廉政价值观并非一蹴而就，而是经历了漫长的社会演变过程，最终形成一个相对稳定的社会价值理念体系。其中，人们对于廉政的立场、看法、态度和选择，都起着至关重要的作用。首先，人们对于廉政的立场和看法，是构建廉政价值观的基础。从古至今，人们对于廉洁和廉政的认知不断演进。从儒家思想的“仁义礼智信”到法家思想的“以法为本”，再到现代社会对法治、公平、正义的

追求，人们对廉政的理解和认识不断深化，并逐渐形成社会共识。其次，人们对于廉政的得失判断，影响着廉政价值观的形成和发展。面对廉洁带来的社会进步，腐败带来的社会弊端，使人们在亲身经历和社会观察中不断反思和总结，最终形成了对于廉政得失的价值判断。这种价值判断，潜移默化地影响着人们对于廉政的态度和选择。最后，人们对于廉政的态度和选择，直接体现了廉政价值观的实际效力。当人们普遍认同廉洁、反对腐败，并将其作为自身的行为准则，廉政价值观便会内化为社会共识，并转化为社会行动的规范力量。相反，如果人们对于廉政的认知和态度存在偏差，廉政价值观便难以真正发挥其应有的作用。概括而言，廉政价值观虽然是一个抽象的存在，但是并非一个形而上学的概念，而是由人们在长期的社会实践中，不断地整合和消解各种立场、看法、态度和选择，最终形成的一个社会价值理念体系，它代表着社会对于廉政的共识，反映着社会对于廉政的追求，也体现着社会对于廉政的期许。

二、廉政价值观的重要意义

（一）营造廉政社会氛围

廉政价值观是一种深刻的社会意识，有助于营造廉政社会氛围。首先，廉政价值观来自社会公众的广泛认同，这种认同是构建廉政社会氛围的基础，它使得人们在面对腐败现象时能够形成统一的判断标准和行动方向。其次，廉政社会氛围的形成，并非源于强制命令或简单宣传，而是源于社会成员对廉政价值观的深刻认同。当廉政价值观深入人心，成为社会成员的共同信念和行为准则，人们就会自觉抵制腐败，积极倡导廉洁，从而形成良好的社会风气。再次，廉政价值观还能够推动相关制度的完善和创新。制度的贯彻实施并非仅依靠国家强制力的保障，还需要依靠社会公众的主动遵守。在廉政价值观的引领下，人们会更加关注制度建设中的廉洁因素，推动建立更加科学、合理、有效的反腐败制度体系。这种由社会公众参与的制度完善和创新方式，能够为营造廉政社会氛围提供有力保障。最后，廉政价值观的践行需要一批先进典型和示范人物来引领和带动。当这些典型和人物的事迹被广泛传播和赞誉时，就会形成一种强大的示范效应，激励更多的人加入廉洁自律的行列中。这种示范效应的不断扩大和深化，将有力地推动廉政社会氛围的形成和巩固。

（二）衡量廉政文化水平

廉政价值观的普及程度、深入程度以及践行程度，是衡量一个社会廉政文化水平的重要指标。廉政文化水平是指一个社会或组织在廉政文化建设方面所达到的程度和状态，它可以通过多个方面来衡量，包括但不限于廉政制度的完善程度、廉政教育的普及程度、廉政氛围的浓厚程度以及公职人员的廉洁自律程度等。一方面，廉政文化水平的高低，不仅体现在制度建设、法律法规的完善程度上，更体现在社会成员对廉洁的认知、认同和践行程度上。而廉政价值观正是这一认知、认同和践行的核心内容。通过观察廉政价值观的普及程度、深入程度以及践行程度，可以判断一个社会廉政文化的水平。例如，如果一个社会中的成员普遍认同廉洁，并将其作为自身的行为准则，这个社会的廉政文化水平就比较高；反之，如果一个社会中的成员对廉洁的认识不足，或者对其认同度不高，或者在实际生活中难以做到廉洁自律，这个社会的廉政文化水平就比较低。另一方面，廉政价值观能够反映廉政文化的深层内涵，因为它体现了社会成员对廉洁的价值追求和精神境界，一个社会廉政价值观的水平，反映了这个社会对廉洁的重视程度，体现了这个社会廉政文化发展的水平。

（三）夯实廉政文化基础

廉政价值观在构建和稳固廉政文化根基中具有关键作用。中国特色社会主义廉政文化是一种先进文化和大众文化相结合的文化，在现代转换过程中，必须坚持以民为本的原则。[①] 廉政价值观是社会公众对廉政文化

① 唐贤秋：《廉之恒道：中国传统廉政文化现代转换研究》，中国社会科学出版社 2014 年版，第 166 页。

认识的共同凝聚，体现了民众的共同期待，符合以人民为中心的根本立场，能够从基础层面为廉政文化建设提供有力支撑，具体体现在以下三个方面：第一，廉政价值观是廉政文化的内在支撑。廉政文化建设需要制度保障、行为规范、精神力量等多方面支撑，而廉政价值观是廉政文化的内在支撑，它为廉政文化建设提供思想基础和精神动力。廉政价值观如同骨架，支撑着廉政文化的完整性和结构性。只有当成为社会成员的共同信念的廉政价值观得以确立并深入人心时，廉政制度才能有效实施，廉政行为才能得到有效规范，廉政文化才能真正发挥作用。第二，廉政价值观能够推动廉政文化创新和发展。廉政文化建设是一个持续发展的过程，需要不断创新和完善。而廉政价值观是廉政文化的生命力所在，它为廉政文化建设提供源源不断的动力和活力。廉政价值观如同血液，流淌在廉政文化整体之中，赋予廉政文化以生机和活力。当廉政价值观不断发展和完善时，廉政文化就会随之不断发展和完善，从而不断提升廉政文化水平。第三，廉政价值观能够提升廉政文化的社会影响力。廉政价值观是社会成员自觉践行廉洁的基础，能够促进良好社会风气的形成，进而树立良好的廉政文化建设社会氛围。

三、廉政价值观的具体表现

廉政价值观是社会层面对于廉政的认识，是一个多层次、多维度的概念，它体现在人们对廉洁的认识、认同、行为规范、精神境界、社会实践以及文化传承等各个方面，具有多样性特征。廉政价值观的具体表现指的是将廉政价值观具体化、可视化，其传播和实践的媒介和渠道主要体现在以下几个方面。

（一）口头文学中的廉政价值观

通过文学传播，丰富了“临大利而不易其义”的廉政文化，有利于塑造廉政社会氛围，而我国古代长期存在的神话故事和民间歌谣就包含许多与廉政价值观相关的内容。[①] 例如，4000 多年前的上古尧、舜时代，面对洪水泛滥的特大灾难，大禹受命于舜，继承父亲鲧未竟的事业，继续治水。大禹吸取父亲治水失败的教训，改用疏导的方法，依据山形地势和河流位置，全面规划水道，让水由小渠流入江河，再由江河流向大海，大禹在治水过程中，工作极其艰巨和辛苦，经常住在低洼潮湿之地，并因治水多次经过家门而不入，展现了公而忘私的精神。在民间歌谣中，也有许多与廉政价值观相关，如《诗经》中的“於铄王师，遵养时晦。时纯熙矣，是用大介。我龙受之，蹻蹻王之造，载用有嗣，实维尔公允师”[②]，就是用以称赞周文王和周武王两代君主以“维德之行”而取灭商之功；东汉顺帝统治末年京都童谣中的“直如弦，死道边。曲如钩，反封侯”[③]，桓帝灵帝时童谣中的“举秀才，不知书。察孝廉，父别居”[④] 都是用以讽刺暴政和社会不公正的风气。通过民众的口口相传，一方面可以将抽象的廉政价值观转化为具体的故事进而更加深入人心，丰富文化滋养；另一方面，可以通过民众的共同表达感知公众对廉政的期待。

（二）诗词歌赋中的廉政价值观

诗词歌赋通常通过独特的形式和格律，表达作者对世界的感悟和思考，代表着作者自身的精神追求和志趣，是观察个体对廉政价值观理解的重要素材。例如，于谦在《石灰吟》“粉骨碎身浑不怕，要留清白在人间”诗句中，以石灰自喻，表达了自己即使面临粉身碎骨的考验，也要保持清白之身的坚定信念，这既是对个人气节的彰显，也是对为官者应该坚守的清廉底线的强调。苏轼借“菊残犹有傲霜枝，最是橙黄橘绿时”表达为官者应具备坚韧不拔、不畏艰难的精神，即使面对困境也要坚守清廉之道。“朵朵花开淡墨痕，只留清气满乾坤”是王冕通过描绘自己画的墨梅表达

① 参见王勇等：《廉政文化传播概论》，中国政法大学出版社 2015 年版，第 159 页。

② 《诗经・周颂・酌》。

③ 《后汉书・桓帝纪》。

④ 《抱朴子外篇・审举》。

不追求世俗的艳丽，只愿留下清气满人间的高洁情操，这既是对个人清廉自守的写照，也是对为官者应该保持的清廉之风的期许。东晋吴隐之赴任广州刺史途中偶遇“贪泉”[①]，为表达贪念并非由外物所引起，其根本在于自身价值观的变化而故意饮泉水，并作诗“古人云此水，一歃怀千金。试使夷齐饮，终当不易心”[②]表达其坚持为官清廉的本心，成为东晋时期著名的清官。诗词歌赋作为中华文化的瑰宝，蕴含着丰富的廉政价值观，通过精练的语言和深邃的意境，展现了古代文人士大夫对于清廉、正直、为民等美德的追求和颂扬。

（三）小说散文中的廉政价值观

小说和散文作为文学的重要体裁，是一种影响广泛受读者青睐的文体，常常通过生动的故事情节和深刻的人物刻画来传达各种价值观和道德观念，其中当然也包括廉政价值观。例如，“三言二拍”是我国古代流传颇广的短篇小说集，这些作品题材广泛，内容复杂，从各个角度不同程度地反映了当时市民阶层的生活面貌和思想感情。虽然这部小说集的主旨不在表现吏治，但仍通过对社会阶层观念的把握和官员角色的刻画，展现了古代民众对官员道德的期盼，其中就包括了民众对廉政的要求，如清廉于任、忠诚于职等。[③]《世说新语》是南朝时期所作的文言志人小说集，是中国古代最著名的经典之一，记录了汉末至晋宋之交士族名士的言行与精神风貌，其中也包含着对廉政价值观的记录。如陶母责子退鲊[④]的故事就能

① “贪泉”是距广州三十里地的石门（在今广东省佛山市南海区西北）之地的一泓清澄明澈的泉水，当地有一个古老的传说，即使再清廉的人，一旦饮此水，就会变成贪得无厌之人。

② 《晋书·良吏传·吴隐之》。

③ 参见杨宗红：《从善恶报应看三言二拍对官吏的道德期盼》，《广西社会科学》2011 年第 12 期。

④ 晋代名臣陶侃年轻时曾任浔阳县吏，一次，他派人给母亲送了一罐腌制好的鱼。他母亲湛氏收到后，又原封不动地退回给他，并写信告诫他：“你身为县吏，用公家的物品送给我，不但对我没任何好处，反而增添了我的担忧。”这件事让陶侃受教终身，最终成为一代廉吏。

体现家庭家教家风建设在廉洁观念培养上的重要作用。《陋室铭》作为古代散文诗中的名篇，以简朴的语言，表达了作者对清廉生活的追求，以及对名利地位的淡泊，体现了安于清贫的生活态度和高尚的道德情操，作者以“斯是陋室，惟吾德馨”表达了自己对俭朴生活的热爱，以及对权势名利的看淡，体现了清廉、淡泊的价值观。小说和散文作为文学艺术的重要形式，源自作者对社会的认识和人生经历的感悟，并通过不同的叙事手法和语言风格加以表达，其中就充分展现了不同时代和不同阶层对廉政价值观的理解和追求，可供我们思考和借鉴。

（四）名家思想中的廉政价值观

从古至今，如何施政始终是哲学先贤和政治家关注的重要主题，因此在他们的思想中就蕴藏着丰富的廉政价值观，他们以深刻的洞察力，对权力、道德、民生等问题进行思考，提出了许多关于廉洁、公正、爱民等方面的宝贵思想，给后世以深刻的启迪。

在儒家思想中，孔子强调“克己复礼”，即约束自己的私欲，回归礼仪规范。这体现了儒家思想中对个人道德修养和社会秩序的重视，也包含着对官员廉洁自律、公正廉明的要求。孟子主张“为政以德”，强调以德治国、以德服人，认为官员要以德行作为治国的根本，体现了儒家思想对官员道德品质的重视，以及对清廉、公正、爱民的追求。朱熹“廉者，其行之有辩。洁者，其身自不污”“圣贤之道，进则救民、退则修已，其心一而已矣”[①] 等论述均体现了其对廉洁自律的认知。儒家思想中的廉政价值观体现在多个方面，包括尊贤尚功、礼法并重、敬德保民、任人唯贤、礼法结合、民本为基以及尚贤节用等。这些思想不仅强调了人才选拔、道德修养和制度建设在廉政建设中的重要性，还注重民本思想和节俭勤朴的生活态度对廉政建设的积极影响。

法家思想强调“以法为本”，主张以法治国，用法律规范官员的行

① 参见林月恩：《朱子全书廉洁章句辑要》，商务印书馆 2023 年版，第 73 页。

为，防止权力滥用，韩非子提出“群臣陈其言，君以其言授其事，事以责其功。功当其事，事当其言，则赏；功不当其事，事不当其言，则诛”。而作为法家代表的商鞅，则强调以法治国，倡导“以廉治吏”，坚持“功必赏，过必罚”的原则，赏罚分明，在《商君书》中也提到：“国之所以治者三：一曰法，二曰信，三曰权。法者，君臣之所共操也；信者，君臣之所共立也；权者，制群臣者也。”这强调了法律在国家治理中的重要性，而法律的一个重要功能就是约束官员的行为，确保他们廉洁奉公。这些均体现了法家思想对法治的重视，以及对公平正义、廉洁执法的追求。

在道家思想中，“廉”被视为清正、不贪污、节俭的品德。例如，《道德经》中提到“治人事天，莫若啬”，用以表示治理国家和养护身心，没有比爱惜精神更为重要的了，此处的“啬”也可理解为节俭的美德。由此可见，节俭是老子治国理念的重要内容之一。“我恒有三宝，持而保之：一曰慈，二曰俭，三曰不敢为天下先”亦可印证这一治国主张。“人之谜，其日固久。是以圣人方而不割，廉而不刿，直而不肆，光而不耀。”“廉而不刿”即指清廉而不受损，是圣人为政的重要品质。道家思想中的廉政价值观主要可以体现在无为而治、清正廉洁、淡泊名利、知足不辱、崇俭抑奢和以民为本等方面。这些思想为当代社会的廉政建设提供了宝贵的借鉴和启示，强调国家治理者应顺应自然法则、保持清正廉洁的作风、树立正确的价值观和权力观、厉行节约反对浪费以及关注民众利益等。

在墨家思想中，墨子主张尚贤节用，反对浪费，他提出“君实欲天下之治而恶其乱也，当为宫室不可不节”①，要求君主治理国家应当注重舍弃没有实用价值的音乐和奢华的生活方式，这种思想体现了节俭勤朴的生活态度和对公共资源的珍惜，为树立良好社会风气提供了很好的廉政样本。

① 参见中国国学文化艺术中心：《廉政之道》，中国人民大学出版社 2016 年版，第 132 页。

小结

廉政精神文化是廉政文化的重要组成部分，通过对廉政精神文化内涵、特征及结构要素的详细探讨，可以发现廉政精神文化在个体行为规范、社会风气形成及国家治理中具有独特作用。廉政理想的构建，不仅为公职人员提供了价值指引和行动方向，还整合了多元廉政文化表达，形成了统一的文化力量。廉政价值观深入人心，将促使社会公众共同监督和维护廉洁环境，形成反腐的强大社会合力。我们应继续深化对廉政精神文化的研究，探索更多符合时代特点的传播和实践路径，推动廉政精神文化在全社会得到更加广泛的认同和践行，为构建风清气正的政治生态奠定坚实基础。

思考题

1. 如何理解廉政精神文化？

2. 如何把握廉政理想和廉政价值观的关系？

第十章
廉政文化建设

导 语

反对腐败、建设廉洁政治，是中国共产党一贯坚持的鲜明政治立场和追求的目标，是党自我革命必须长期抓好的重大政治任务。踏上全面建设社会主义现代化国家新征程，面对依然严峻复杂的反腐败斗争形势，必须增强全面从严治党永远在路上的政治自觉，把加强廉政文化建设摆在更加突出的位置，教育引导党员干部从思想上正本清源、固本培元，筑牢思想道德防线，增强拒腐防变能力。

第一节　廉政文化建设概述

一、廉政文化建设的概念

廉政文化以崇尚廉洁、鄙弃贪腐为价值取向，融价值理念、行为规范和社会风尚为一体，反映了人们对廉洁政治和廉洁社会的总体认识、基本理念和精神追求，是社会主义先进文化的重要组成部分。

廉政文化建设，是将廉政文化作为一种特定的文化形态，通过一系列有目标、有计划、有组织的工作和活动，强化党员、干部廉洁自律意识，增强党员领导干部廉洁从政、廉洁用权、廉洁修身、廉洁齐家的思想自觉，推动形成崇廉拒腐的社会风尚。具体而言，廉政文化建设，是从文化角度有步骤地进行廉政文化建立、发展和完善的过程，它是面向全党全社会，以党政机关和领导干部为重点，以培育廉政价值理念为根本，以廉政制度和规范为支撑，以群众广泛参与的廉政文化创建活动和丰富多彩的廉政文化产品为载体，旨在促进干部清正、政府清廉、政治清明、社会清朗的一项实践活动。

二、廉政文化建设的特征

廉政文化建设作为提升国家治理现代化水平的重要环节，具有导向性、系统性、长期性、参与性、创新性、实效性特征，体现了深厚的理论内涵和实践要求。

（一）导向性：廉政文化建设的灵魂与基石

廉政文化建设的核心在于其鲜明的价值观导向。这些价值观，如廉洁、公正、忠诚等，不仅是优秀传统道德文化的精髓，更是现代社会治理的伦理基础。它们构成了廉政文化的灵魂，为所有社会成员提供了明确的

行为准则和道德指引。这种价值导向性不仅塑造了个体的道德观念，还为社会组织和国家机构树立了崇高的道德标杆。它要求所有公职人员将公共利益置于首位，坚决反对任何形式的腐败和私利行为，从而确保社会的公正和公平。

（二）系统性：廉政文化建设的整体架构与多元协同

廉政文化建设是一个复杂的系统工程，涉及思想、制度、监督、惩处等多个方面，需要各方面协同推进。在思想层面，要加强廉洁教育，增强党员干部的廉洁自律意识；在制度层面，要完善廉政制度，构建一体推进不敢腐、不能腐、不想腐的长效机制；在行为层面，要倡导廉洁行为，形成全社会崇廉尚洁的良好风尚；在环境层面，要营造廉洁环境，为廉洁文化建设提供有力的社会支持。廉政文化建设要求从政策法规、组织结构、教育体系、社会环境等多个层面入手，形成全方位、多层次的廉政文化氛围。这种系统性特征体现了现代治理的核心理念，即注重整体规划和协同推进。在推进廉政文化建设时，必须注重各要素之间的内在联系和相互作用，确保各项工作相互促进、相得益彰。

（三）长期性：廉政文化建设的持久战略与历史使命

廉政文化的培育是一个长期而艰巨的历史任务。它要求通过持续的教育、宣传和实践，使廉洁成为个体和组织的内在品质和行为习惯。这种长期性特征要求我们在推进廉政文化建设时，必须树立长期作战的思想准备，将其纳入常态化管理轨道，确保各项措施落到实处、取得实效。同时，还需要保持战略定力，不因一时的困难或挫折而动摇决心。廉政及廉政文化建设是关乎国家长治久安和中华民族伟大复兴的历史使命，需要我们一代又一代人的共同努力和持续奋斗。

（四）参与性：廉政文化建设的社会基础与民主精神体现

廉政文化建设强调广泛的社会参与，这是其民主精神的生动体现。它鼓励政府、企业、社会组织、公民个体等多元主体积极投身廉政实践，形成全社会共同抵制腐败的强大合力。这种参与性特征不仅增强了廉政文化建设的社会基础，还促进了公民社会的发育和民主精神的提升。通过广泛的社会参与，可以激发社会各界的积极性和创造性，形成上下联动、左右协调的良好局面。同时，还可以增强公民的责任感和使命感，使他们更加积极地参与到国家治理和社会建设中。

（五）创新性：廉政文化建设的时代特征与活力源泉

创新是廉政文化建设的灵魂和动力所在。廉政文化建设需要不断创新方法和手段，以适应社会发展和时代变迁。它要求利用现代科技手段提高廉政教育的针对性和有效性，探索新的廉政监督模式，以及创新廉政制度和文化表达形式。通过不断创新，可以使廉政文化建设更加符合时代要求和社会实际，增强其吸引力和感染力。同时，还可以激发社会各界的创新精神和创造力，为廉政文化建设注入新的活力和动力。

（六）实效性：廉政文化建设的目标导向与科学评估机制构建

廉政文化建设目标导向明确，旨在培育崇廉拒腐的社会风尚，推动形成干部清正、政府清廉、政治清明、社会清朗的良好局面。为确保廉政文化建设的实效性，必须构建科学的评估机制，并根据实际情况进行调整和优化。这种实效性特征强调了廉政文化建设的目标导向和评估机制的重要性。通过科学的评估和调整，可以确保廉政文化建设不断向着预定目标推进，并取得实实在在的成效。

三、廉政文化建设的意义

全面从严治党，既要靠治标，猛药去疴，重典治乱；也要靠治本，正心修身，涵养文化，守住为政之本。必须站在勇于自我革命、保持党的先进性和纯洁性的高度，持续加强廉政文化建设，为推进全面从严治党向纵深发展提供重要支撑。

（一）加强廉政文化建设是培育和弘扬清正廉洁价值理念的现实需要

党的十八大以来，全面从严治党取得了历史性、开创性成就，产生了全方位、深层次影响，必须长期坚持、不断前进。全面从严治党，既要

注重规范惩戒、严明纪律底线，更要引导人们向善向上，发挥理想信念和道德情操引领作用；要弘扬和践行忠诚老实、公道正派、实事求是、清正廉洁等价值观，以良好政治文化涵养风清气正的政治生态。与全面从严治党新任务新要求相比，当前一些地方和单位还存在对廉政文化建设重要性认识不足、精力投入不足、活动实效性不强、阵地建设管理不力等问题。加强廉政文化建设，有利于推动各级党组织提高政治站位、强化思想认识，把新时代全面从严治党伟大实践中的有效做法和成功经验上升为制度规范，把党章党规中有关廉洁自律的要求进一步具体化，推动全面从严治党向更广范围、更深层次推进，既教育引导党员干部永葆清正廉洁的政治本色，又重视塑造崇廉拒腐、崇德向善的社会环境，不断从量的积累迈向质的突破，实现干部清正、政府清廉、政治清明、社会清朗，实现海晏河清、朗朗乾坤。①

（二）加强廉政文化建设是不断推进党的自我革命、坚持全面从严治党战略方针、永葆党的先进性和纯洁性的必然要求

党的十九届六中全会总结党的百年奋斗重大成就和历史经验，把坚持自我革命作为党的百年奋斗的一条宝贵经验，强调以伟大自我革命引领伟大社会革命。习近平同志指出，全面从严治党是新时代党的自我革命的伟大实践，开辟了百年大党自我革命的新境界。踏上全面建设社会主义现代化国家的新征程，必须发扬彻底的自我革命精神，坚持全面从严治党战略方针，坚决清除一切损害党的先进性和纯洁性的因素，确保党不变质、不变色、不变味。加强廉政文化建设，有利于强化各级党组织全面从严治党永远在路上的政治自觉，主动运用党的百年奋斗历史经验，不断推进自我革命，教育引导党员、干部特别是领导干部从思想上正本清源、固本培元，夯实理想信念根基，提高党性觉悟，筑牢思想道德防线，增强拒腐防

① 参见窦克林：《一体推进“三不”的基础性工程——学习贯彻〈关于加强新时代廉洁文化建设的意见〉》，《中国纪检监察》2022 年第 5 期。

变能力，增强“四个意识”、坚定“四个自信”、做到“两个维护”，始终保持共产党人政治本色。①

（三）加强廉政文化建设是不断实现不敢腐、不能腐、不想腐一体推进战略目标的重要举措

一体推进不敢腐、不能腐、不想腐，不仅是反腐败斗争的基本方针，也是新时代全面从严治党的重要方略。在“三不”中，“不想”是根本，要靠加强理想信念教育，靠提高党性觉悟，靠涵养廉洁文化，夯实不忘初心、牢记使命的思想根基。持续深化不敢腐、不能腐、不想腐一体推进，惩治震慑、制度约束、提高觉悟一体发力，努力取得更多制度性成果和更大治理成效。加强廉洁文化建设有利于推动各级党组织坚持系统施治、标本兼治，总结运用一体推进不敢腐、不能腐、不想腐的经验做法，抓住“不想”这个根本，加强理论武装、坚定信仰信念信心、强化党内政治文化引领、厚植廉洁文化基础、培养廉洁操守、推进廉洁教育、弘扬廉洁社会风尚，教育引导党员、干部自觉抵制腐败、杜绝腐败、远离腐败，使不敢腐、不能腐、不想腐一体化推进释放出更多治理成效。②

第二节　廉政文化建设的时代境遇

廉政文化作为社会主义先进文化的重要组成部分，既是拒腐防变的第一道防线，也是实现社会公平正义、维护社会稳定和谐的基石。在新时代背景下，随着全面从严治党的深入推进和国家治理体系的不断完善，廉政文化建设迎来了新的发展机遇和挑战。

---

① 参见窦克林：《一体推进“三不”的基础性工程——学习贯彻〈关于加强新时代廉洁文化建设的意见〉》，《中国纪检监察》2022 年第 5 期。

② 参见窦克林：《一体推进“三不”的基础性工程——学习贯彻〈关于加强新时代廉洁文化建设的意见〉》，《中国纪检监察》2022 年第 5 期。

一、廉政文化建设的时代背景

（一）全球化背景下的国际反腐败新趋势

全球化不仅促进了经济、文化的交流，也使腐败问题成为国际社会共同面临的挑战。各国纷纷加强反腐败合作，构建国际反腐败新秩序。在这一背景下，中国作为负责任的大国，积极参与国际反腐败合作，推动构建更加公正合理的国际反腐败体系，为廉政文化建设提供了国际视野和外部动力。

（二）国家治理现代化的内在要求

构建国家治理现代化要求建立健全的权力运行制约和监督体系，而廉政文化建设正是这一体系的重要支撑。廉政文化建设通过培育公民的廉洁意识、价值观和行为习惯，为权力运行的规范化、透明化提供文化土壤，是实现国家治理现代化的必要条件。

（三）社会主要矛盾转化的现实需求

随着中国社会主要矛盾转化为人民日益增长的美好生活需要和不平衡不充分的发展之间的矛盾，人民群众对公平正义、清廉政治的需求日益增强。廉政文化建设作为回应这一需求的重要途径，对于提升政府公信力、促进社会和谐具有重要意义。

二、廉政文化建设的时代机遇

在当前时代背景下，廉政文化建设面临着前所未有的发展机遇。这些机遇不仅深植于国内政治、经济、社会的深刻变革之中，也与国际反腐新趋势和全球化进程紧密相连。

（一）我国政治生态的优化为廉政文化建设提供了有力支撑

随着全面从严治党的深入推进，我国政治生态发生了显著变化，反腐败斗争取得了压倒性胜利并全面巩固。这一政治环境的净化为廉政文化建设扫清了障碍，提供了更加广阔的空间。同时，国家治理体系和治理能力现代化的不断推进，也为廉政文化建设提供了新的发展契机。在这一背景下，廉政文化建设可以更加深入地融入国家治理各个环节。

（二）经济社会的快速发展为廉政文化建设创造了有利条件

经济社会的发展不仅提高了人民群众的生活水平，也促进了人们思想观念的转变。随着教育水平的普遍提高和公民素质的不断提升，越来越多的人开始关注社会公正、公平和政府廉洁问题。这为廉政文化建设提供了广泛的社会基础和群众基础，使廉政文化的推广更加顺畅，也更容易形成全社会共同参与的良好氛围。同时，经济社会的快速发展也为廉政文化建设提供了更多的物质保障和传播渠道。例如，新媒体的兴起为廉政文化的传播提供了新的平台，使廉政文化的理念和价值观能够更加深入地渗透到社会各个层面。

（三）国际反腐败新趋势和全球化进程为廉政文化建设带来了新机遇

在全球化背景下，国际反腐败合作不断加强，各国纷纷加大反腐败立法和执法力度，构建国际反腐败新秩序。这一趋势为中国的廉政文化建设提供了重要的外部动力和借鉴经验。中国可以积极参与国际反腐败合作，学习借鉴其他国家和地区在廉政文化建设方面的成功经验，如透明国际等组织的反腐败倡议和实践，推动本国廉政文化的创新发展。同时，全球化进程促进了不同文化之间的交流和融合，也为廉政文化的国际化传播提供了有利条件。中国可以通过国际文化交流、教育合作等方式，将廉政文化的理念和价值观传播到更广泛的国际社会中，提升国际形象和影响力。

三、廉政文化建设的现实挑战

（一）文化层面的深层次挑战

1. 价值观念的多元化与冲突。一方面，全球文化交融具有复杂性。全球化背景下，不同文化、价值观的交融加剧了思想领域的多元化和复杂性。西方个人主义、拜金主义等价值观与国内传统廉政文化产生冲突，部分公职人员和公众在价值观念上产生困惑和动摇。另一方面，本土文化中

存在消极因素。封建文化中的“官本位”“家长制”“人治”等消极思想在某些地区和领域仍然存在，对廉政文化建设构成深层次的障碍，影响了廉政文化的有效传播和践行。

2. 廉政文化认同感的缺失。一方面，文化认同构建具有长期性。廉政文化的认同感不是短时间内可以形成的，需要长期的教育、宣传和实践积累。当前，有一些党员干部和部分民众对廉政文化的内涵、意义及重要性认识不足，缺乏主动参与和践行的动力。另一方面，文化渗透力不足。廉政文化在社会各层面的渗透力有待提高，特别是在基层、农村和边远地区，廉政文化的传播和普及存在一定困难，与形成广泛的社会共识还有差距。

（二）制度层面的结构性挑战

1. 制度设计的滞后性与不适应性。尽管我国在反腐败和廉政建设方面已经建立了一系列法律法规和制度，但面对不断变化的腐败形式和手段，制度设计仍存在滞后性和不适应性。此外，一些地方和部门在制度执行上存在形式主义、官僚主义等问题，这不仅削弱了制度的权威性，也影响了廉政文化建设的成效。

2. 监督机制的局限性。一方面，当前监督机制在主体多元化、信息共享、协同配合等方面仍存在不足；另一方面，网络监督的双刃剑效应逐步显现，新媒体时代的到来为网络监督提供了便利条件，但同时也带来了信息传播的复杂化和碎片化。如何有效引导网络舆论、防止虚假信息和谣言的传播成为亟待解决的问题。

（三）社会层面的现实挑战

1. 社会环境的复杂多变。一方面，经济利益的诱惑增多。随着社会主义市场经济的深入发展，经济利益的诱惑日益增多。一些公职人员在面对金钱、权力等诱惑时容易丧失原则，走上腐败的道路。另一方面，社会风气的潜移默化。社会风气对廉政文化建设具有重要影响，当前，有的行业和领域存在不正之风，如“关系学”“潜规则”等，这些不良风气对廉政文化建设构成了现实挑战。

2. 公众参与度的提升难题。提升公众参与度需要培养公众的廉政意识和参与意识。然而，当前公众在这方面的意识还不够强，需要通过长期的教育和宣传来逐步培养和提高。

（四）国际层面的外部挑战

1. 反腐败国际合作的难题。在司法协助方面，不同国家在法律体系、司法制度等方面存在差异，这给国际反腐合作带来了困难。在跨境追逃追赃、资产追回等方面需要克服国家之间的法律差异和司法协助难题。在信息共享与情报交流方面，信息共享的范围、程度以及保密性等问题需要妥善解决。

2. 外部势力的干扰与渗透。一些西方国家利用文化霸权对我国进行意识形态渗透和攻击，试图通过抹黑中国形象、歪曲中国制度等方式破坏我国的政治稳定和社会和谐。这对我国廉政文化建设构成了外部威胁和挑战。在国际舆论场上，一些西方媒体和势力对我国廉政建设进行片面报道和歪曲解读，给我国在国际上的形象和声誉带来负面影响。

第三节　推进中国特色社会主义新时代廉政文化建设

加强新时代廉政文化建设，要坚持以习近平新时代中国特色社会主义思想为指导，全面贯彻党的二十大和二十届二中、三中全会精神，增强“四个意识”、坚定“四个自信”、深刻领悟“两个确定”、做到“两个维护”，不忘初心、牢记使命，坚持思想建党和制度治党同向发力，坚持依法治国和以德治国相结合，以理想信念强基固本，以先进文化启智润心，以高尚道德砥砺品格，惩治震慑、制度约束、提高觉悟一体发力，推动廉政文化建设实起来、强起来，不断实现干部清正、政府清廉、政治清明、社会清朗。

一、廉政文化建设的目标要求

习近平总书记在二十届中央纪委四次全会上强调，新时代以来，推进全面从严治党和反腐败斗争力度之大前所未有，成效有目共睹。要始终保持反腐败永远在路上的坚韧执着，保持战略定力和高压态势，一步不停歇、半步不退让，一体推进不敢腐、不能腐、不想腐，坚决打好这场攻坚战、持久战、总体战。新征程上，面对依然严峻复杂的反腐败斗争形势，要以习近平文化思想为指引，更加注重正本清源、固本培元，持续深化中国特色社会主义廉政文化建设，激发共产党员崇高理想追求，把以权谋私、贪污腐败看成极大的耻辱，夯实清正廉洁的思想根基。

（一）提升党员、干部的廉洁自律意识

党员、干部是廉政文化建设的重要对象。需要通过培训和教育活动，提升党员、干部的廉洁自律意识，增强其拒腐防变的能力。这包括开展廉政教育培训，组织党员、干部学习廉政法律法规和职业操守，加强党员、干部的道德教育和职业操守培养，鼓励党员、干部积极践行廉政文化，做到廉洁奉公、勤政为民。

（二）建立健全廉政制度体系

制度建设是廉政文化建设的重要保障。短期内，需要建立健全反腐倡廉相关法律法规和制度体系，为廉政文化建设提供有力的法制保障。这包括完善反腐败法律法规，确保法律的严密性和可操作性；制定廉政准则和职业操守，明确公职人员的行为规范和道德要求；建立权力运行监督和制约机制，确保权力在阳光下运行，防止腐败现象的发生。通过这些制度的建设和完善，构建不敢腐、不能腐、不想腐的有效机制。

（三）营造浓厚的廉政文化氛围

从长期来看，廉政文化建设的重要目标是使廉政文化深入人心，成为社会公众普遍认同和崇尚的价值观念，成为中国特色社会主义社会文化的重要组成部分。为此，需要将廉政文化融入教育体系，从小培养学生的廉

洁意识和道德观念，使其成为学生综合素质教育的重要内容。同时，还需要通过社会宣传和教育活动，不断弘扬廉政文化，使其成为社会公众普遍崇尚的价值观念，形成全社会共同抵制腐败的强大合力。

（四）推动构建风清气正的政治生态

廉政文化建设与政治生态紧密相连，从长远来看，廉政文化建设的目标是促进政治生态持续好转。这需要通过廉政文化的持续熏陶和制度建设的不断完善，形成风清气正的政治环境。为此，需要不断加强反腐败斗争，严肃查处腐败行为，维护政治生态的纯洁性。

二、廉政文化建设的总体思路

党的十八大以来，习近平总书记带领全党以前所未有的决心力度推进全面从严治党，创造性提出一系列具有原创性、标志性的新理念新思想新战略，形成习近平关于党的自我革命的重要思想，指引百年大党开辟了自我革命的新境界。在二十届中央纪委三次全会上，习近平总书记深刻总结新时代全面从严治党丰富实践经验和重要理论成果，深刻阐述党的自我革命的重要思想，科学回答了我们党为什么要自我革命、为什么能自我革命、怎样推进自我革命等重大问题，明确提出推进自我革命“九个以”（以坚持党中央集中统一领导为根本保证，以引领伟大社会革命为根本目的，以习近平新时代中国特色社会主义思想为根本遵循，以跳出历史周期率为战略目标，以解决大党独有难题为主攻方向，以健全全面从严治党体系为有效途径，以锻造坚强组织、建设过硬队伍为重要着力点，以正风肃纪反腐为重要抓手，以自我监督和人民监督相结合为强大动力）的实践要求。这是我们党坚持“两个结合”推进马克思主义理论创新取得的新成果，是习近平新时代中国特色社会主义思想的新篇章，标志着我们党对马克思主义政党建设规律、共产党执政规律的认识达到新高度，为新征程上纵深推进全面从严治党提供了根本遵循和行动指南。

在深化中国特色社会主义廉政文化建设中，要深入学习贯彻习近平同

志关于党的自我革命的重要思想，准确把握这一重要思想的精髓要义、丰富内涵、实践要求，学深悟透党的自我革命的根本保证、根本目的、根本遵循、战略目标、主攻方向、有效途径、重要着力点、重要抓手和强大动力，自觉将其贯彻到廉政文化建设全过程各方面，在融入党的自我革命实践中提高站位、明确方位、找准定位、聚焦点位，坚定廉政文化建设的正确政治方向，进一步发挥指引、教育、感化、凝聚、约束、示范等功能，不断促进干部清正、政府清廉、政治清明、社会清朗。

（一）顶层设计与基层探索相结合

在廉政文化建设中，既要注重国家层面的整体规划和指导，确保廉政文化建设的方向和目标与国家发展战略相契合，又要鼓励地方和基层的创新实践，充分发挥其在廉政文化建设中的积极性和创造性。通过顶层设计与基层探索的有机结合，形成上下联动、共同推进的廉政文化建设格局。具体而言，国家层面应制定廉政文化建设的总体规划和政策导向，明确廉政文化建设的指导思想、基本原则、目标任务和主要措施，为地方和基层提供指导和支持；而地方和基层则应结合本地实际，积极探索适合本地区的廉政文化建设模式和路径，如开展廉洁机关、廉洁社区、廉洁学校、廉洁企业等创建活动，为国家层面的顶层设计提供实践经验和反馈。

（二）教育引导与制度约束相结合

廉政文化建设既要注重教育引导，通过广泛深入的廉洁教育，提升人们的廉洁意识和法治观念，又要注重制度和法律约束，通过建立健全廉政方面的有关制度，规范党员干部、公职人员的行为，防止腐败现象的发生。在教育引导方面，应通过开展多种形式的廉洁教育活动，如廉洁讲座、展览、演出等，普及廉洁知识，传播廉洁文化理念。同时，加强对党员干部的廉洁教育培训，增强其廉洁自律意识和拒腐防变能力。在制度约束方面，应建立健全廉政风险防控机制、权力运行制约和监督体系等，确保权力在阳光下运行，杜绝腐败行为。此外，还应加强对制度执行情况的监督检查，确保制度得到有效执行。

（三）文化传承与时代创新相结合

在廉政文化建设中，既要挖掘和传承中华优秀传统文化中的廉洁元素，弘扬中华民族崇廉尚洁的传统美德，又要结合时代特点进行创新和发展，将廉洁文化与社会主义核心价值观相融合，形成具有时代特色的廉洁文化。具体而言，应加强对中华优秀传统文化中廉洁元素的挖掘和整理，通过编纂廉洁文化教材、开展廉洁文化主题活动等方式，将其融入现代社会的价值体系中。同时，鼓励和支持文化创新，推动廉洁文化与社会主义核心价值观的深度融合，如利用现代科技手段创作廉洁文化作品、开发廉洁文化游戏等，形成具有时代特色的廉洁文化品牌和产品。

（四）党内引领与社会共治相结合

廉政文化建设需要党内引领和社会共治的有机结合。在党内，要发挥党员先锋模范作用，通过加强党员干部的廉洁自律，树立清正廉洁的形象，引领社会风气。在社会上，要广泛动员社会各界参与廉政文化建设，形成全社会共同推进的合力。具体而言，党内应加强对党员干部的廉洁教育和监督管理，确保其始终保持清正廉洁的政治本色；同时，要积极向社会公众传播廉洁文化理念，推动形成全社会崇廉尚洁的良好氛围。社会各界则应积极响应党内引领，参与廉政文化建设活动，如投放廉洁公益广告、建立廉洁社会组织等，共同推动廉洁文化的深入发展。

三、廉政文化建设的具体措施

（一）新时代廉政文化建设的理论指导

1. 习近平新时代中国特色社会主义思想的引领

强化思想政治引领，是廉政文化建设的重要内容。当前，有的党员、干部不注重强化理论武装，理论学习兴趣不浓、学不进去，存在一知半解、学用脱节的问题，与真学真信真用、学懂弄通做实的要求还存在差距。针对当前存在的问题，在深化中国特色社会主义廉政文化建设中，要把学习宣传贯彻习近平新时代中国特色社会主义思想作为长期的重

要政治任务，作为廉政文化建设的鲜明主线，坚持不懈用党的创新理论凝心铸魂，教育引导广大党员、干部坚定对马克思主义的信仰、对中国特色社会主义的信念、对实现中华民族伟大复兴中国梦的信心，筑牢信仰之基、补足精神之钙、把稳思想之舵，永葆共产党人清正廉洁的政治本色。

2. 党的廉政理论和制度建设的支撑

党的廉政理论和制度建设是新时代廉政文化建设的重要支撑。通过总结历史经验、借鉴国际先进做法，我们党形成了一系列具有中国特色的廉政理论和制度。这些理论和制度为廉政文化建设提供了坚实的基础和保障。新时代廉政文化建设必须紧密结合党的廉政理论和制度建设实践，不断创新和完善廉政文化建设的体制机制。同时，要注重将党的廉政理论和制度建设成果转化为广大党员干部和人民群众的自觉行动，形成全社会共同参与廉政文化建设的良好氛围。

3. 中华优秀传统文化的滋养

习近平同志指出："如果没有中华五千年文明，哪里有什么中国特色？如果不是中国特色，哪有我们今天这么成功的中国特色社会主义道路？"优秀传统文化是中华民族的根和魂，是中华民族凝聚力和向心力的精神纽带，也是中华民族生存和发展的精神动力。中华优秀传统文化中蕴含着丰富的廉政思想，如"崇德尚廉""廉为政本""廉洁奉公""清正廉洁"等思想。这些思想为新时代廉政文化建设提供了宝贵的文化滋养。在廉政文化建设过程中，要着力推动中华优秀传统文化创造性转化、创新性发展，注重挖掘和传承中华优秀传统文化中的廉政元素，通过创新方式将其融入现代社会，使其在新时代焕发出新的生机和活力。

（二）新时代廉政文化建设的制度规范

加强党内法规制度建设，是我们党推进党的建设的一条重要历史经验，是全面从严治党的长远之策、根本之策。党的十八大以来，以习近平同志为核心的党中央坚持思想建党和制度治党同向发力，注重党内法规同国家法律衔接协调，聚焦加强党的领导和党的建设推进制度创新，构建以党章为根本、配套党内法规为支撑的党内法规制度体系。现行近 4000 部有效党内法规中，近 10 年新制定修订的占 70% 以上。我们党形成比较完善的党内法规体系，是党的建设史上的一个重要里程碑，标志着我们党管党治党全面实现了有规可依、有章可循。①

习近平同志在二十届中央纪委四次全会上强调，“要深化纪检监察体制改革，坚持授权和控权相结合，把权力关进制度的笼子。”在二十届中央政治局第十五次集体学习时，他从五方面对进一步健全全面从严治党体系做出系统部署，强调要健全科学完备、有效管用的制度体系。党的二十届三中全会通过的《中共中央关于进一步全面深化改革、推进中国式现代化的决定》也明确指出，“坚持以制度建设为主线，加强顶层设计、总体谋划，破立并举、先立后破，筑牢根本制度，完善基本制度，创新重要制度”，“聚焦提高党的领导水平和长期执政能力，创新和改进领导方式和执政方式，深化党的建设制度改革，健全全面从严治党体系”。当前，在深化中国特色社会主义廉政文化建设中，要深入学习贯彻习近平总书记重要讲话精神，贯彻落实党的二十届三中全会决策部署，坚持制度治党、依规治党，聚焦健全全面从严治党体系，聚焦健全科学完备、有效管用的制度体系，推动完善一体推进不敢腐、不能腐、不想腐工作机制，健全加强对“一把手”和领导班子监督配套制度，推进反腐败国家立法，等等，促进监督制度优势更好转化为国家治理效能，推动全面从严治党在法规制度轨道上向纵深发展。

1. 完善廉政法规制度体系

建立健全廉政法规制度体系是新时代廉政文化建设的重要内容。要围绕权力运行的重点领域和关键环节，制定和完善一系列廉政法规制度，形成用制度管权、管事、管人的长效机制。这包括加强党内法规制度建设，

① 李鹃：《健全科学完备有效管用的制度体系》，中央纪委国家监委网站 2024 年 7 月 10 日，https://www.ccdi.gov.cn/pln/202407/t20240710_360617.html。

完善反腐败国家立法，完善惩治和预防腐败体系，以及推进政务公开、加强社会监督等方面的制度建设。同时，要加强廉政法规制度的宣传教育和执行力度，确保各项制度得到有效贯彻落实。通过制度规范的建设和执行，为廉政文化建设提供有力的法治保障。

2. 强化权力监督和制约机制

强化权力监督和制约机制是新时代廉政文化建设的重要保障。要建立健全党内监督、人大监督、民主监督、行政监督、司法监督、审计监督、社会监督和舆论监督体系，形成监督合力。这要求各级党组织和党员干部必须自觉接受监督，习惯在受监督和约束的环境中工作和生活。同时，要加强对领导干部特别是“一把手”的监督，防止权力滥用和腐败行为的发生。要注重发挥群众监督的作用，鼓励和支持人民群众参与反腐败斗争，形成全社会共同参与监督的良好氛围。

3. 深化体制改革，优化权力配置

要进一步深化政治体制、经济体制、社会体制等领域的改革，优化权力配置，减少权力寻租和腐败滋生的空间。通过推进简政放权、放管结合、优化服务等改革措施，降低制度性交易成本，提高政府服务效率和透明度，为廉政文化建设创造更加有利的制度环境。

（三）新时代廉政文化建设的教育普及

1. 加强党员干部廉政教育

党员干部是廉政文化建设的主体力量。要加强对党员干部的廉政教育，通过举办培训班、开展专题讲座、组织廉政知识竞赛等形式，增强党员干部的廉政意识和拒腐防变能力。一是要深入开展党性党风党纪教育，把党性、党风、党纪作为一个有机整体一起抓，一体推进锤炼党性、纯洁党风、严明党纪，教育引导广大党员干部经受思想淬炼、精神洗礼，更加自觉弘扬伟大建党精神，传承党的光荣传统和优良作风，涵养积极健康的党内政治文化，弘扬忠诚老实、公道正派、实事求是、清正廉洁等价值观，认真学纪、知纪、明纪、守纪，严格用党规党纪校正思想和行动，要坚持公正用权、依法用权、为民用权、廉洁用权，始终做到忠诚干净担当。二是注重把家风建设作为领导干部作风建设重要内容。推动廉洁教育融入家庭日常生活，教育领导干部注重家庭家教家风，从严管好配偶亲属子女，严格执行个人有关事项报告制度，防范涉外行为风险，规范领导干部配偶、子女及亲属经商办企业行为，决不允许领导干部的家属亲友利用特殊身份牟取非法利益。注重从优秀传统家训家规中汲取营养，开展红色家风传承活动，把对党忠诚纳入家庭家教家风建设。深化以案为鉴，警醒领导干部吸取家风不正的教训，正确处理职权和特权、原则和感情的关系，过好家庭关、亲情关。加强对领导干部身边工作人员的教育和约束，督促他们守德、守纪、守法。同时，要注重教育的针对性和实效性，针对不同层次、不同岗位的党员干部制定个性化的教育方案，确保教育效果的最大化。

2. 面向社会公众普及廉政知识

廉政文化建设需要全社会的共同参与和支持。要通过各种渠道和方式向社会大众普及廉政知识，提高人民群众对反腐败斗争的认识和支持度。可以通过在媒体平台发布廉政公益广告、开展廉政知识宣传月活动等形式，营造全社会崇廉尚洁的良好氛围。同时，要注重发挥学校教育的作用，将廉政教育纳入学校课程体系，从小培养青少年的廉洁意识和道德观念。此外，还可以通过举办社区活动、融入企业文化等方式将廉政知识普及至更广泛的社会层面，形成全社会共同倡导和实践廉政文化的良好风尚。

3. 创新廉政教育方式方法

要不断创新廉政教育方式方法，提高教育的吸引力和感染力。要运用现代科技手段，如虚拟现实、人工智能等，打造沉浸式、互动式的廉政教育体验，让党员干部和人民群众在参与中感受廉政文化的魅力。同时，要注重发挥典型示范作用，通过宣传廉洁自律、勤政为民的先进典型，引导广大党员干部见贤思齐、廉洁从政。

（四）新时代廉政文化的传播弘扬

1. 创新廉政文化传播方式

要充分利用新媒体平台创新廉政文化传播方式。通过制作廉政文化短视频、微电影、公益广告等以更加生动、形象的方式展现廉政文化。同时要注重线上线下相结合，通过举办廉政文化展览、讲座、研讨会等活动形成全方位、多层次的传播格局。此外，还可以利用社交媒体、短视频平台等新媒体工具扩大廉政文化的传播范围和影响力，吸引更多人的关注和参与。在传播过程中，要注重内容的创新性和趣味性，以更加贴近人民群众生活的方式传递廉政文化的核心价值观。

2. 弘扬优秀廉政文化传统

我国丰富的廉政文化传统资源是新时代廉政文化建设的重要源泉。要深入挖掘和整理优秀廉政文化传统资源，既可以从历史文献、文化经典、文化古迹中发掘廉洁思想，也可以系统梳理古圣先贤、清官廉吏的嘉言懿行，不断用中华优秀传统文化涵养克己奉公、清廉自守的精神境界。同时，注重将优秀廉政文化传统与新时代特点相结合，赋予其新的时代内涵和表现形式，使其更加符合现代社会的发展需要。在弘扬优秀文化传统过程中，要注重与传统文化的融合和创新，形成具有中国特色的廉政文化品牌。

3. 创作廉政文化精品

要与时俱进丰富形式、创新载体，着力打造一批兼具思想性、艺术性和观赏性的廉洁文化书籍、优秀剧目、影视作品和微视频作品等，充分运用新媒体技术手段和平台，推动廉政文化资源数字化，大力宣传廉洁理念、廉洁典型，将富含廉洁元素的“源头活水”转化为激励党员干部廉洁从政的精神力量，实现宣传入眼、教育入脑、廉洁入心。

（五）新时代廉政文化建设的社会参与

1. 鼓励社会各界广泛参与

廉政文化建设需要社会各界的广泛参与和支持。要鼓励和支持党政机关、企事业单位、社会组织、媒体机构等积极参与廉政文化建设活动。同时，要注重发挥公众人物和先进典型的示范引领作用，通过他们的言行举止影响和带动更多的人参与到廉政文化建设中。此外，还可以通过志愿服务、公益活动等形式吸引更多社会力量的参与和支持，形成全社会共同参与廉政文化建设的良好局面。

2. 拓宽廉政文化建设参与渠道

通过开展廉政文化进社区、进学校等活动，让人民群众更加深入地参与到廉政文化建设中。同时，要注重听取人民群众的意见和建议，及时反馈处理，形成政府与社会共同推进廉政文化建设的良好机制。

（六）新时代廉政文化建设的国际合作交流

党的十八大以来，以习近平同志为核心的党中央发扬彻底的自我革命精神，深入推进全面从严治党，开展了史无前例的反腐败斗争，不敢腐、不能腐、不想腐一体推进，“打虎”“拍蝇”“猎狐”多管齐下，反腐败斗争取得压倒性胜利并全面巩固，走出了一条中国特色反腐败之路，为惩治腐败这个世界性、历史性难题提供了中国方案、贡献了中国智慧。

习近平总书记指出，要加大国际追逃追赃力度，把惩治腐败的天罗地网撒向全球，让已经潜逃的无处藏身，让企图外逃的丢掉幻想，决不让腐败分子躲进“避罪天堂”、逍遥法外。习近平同志无论在国内还是国外、多边还是双边场合，都深刻阐述中国反腐败理念和实践，带头讲好中国反腐败故事，推动反腐败成为全球治理重要议程。从 2014 年 11 月亚太经合组织部长级会议通过《北京反腐败宣言》，到 2015 年 4 月“天网”行动启动，发布“百名红通人员”全球通缉令；从 2016 年 9 月二十国集团领导人杭州峰会一致通过《二十国集团反腐败追逃追赃高级原则》，到 2019 年 4 月发起《廉洁丝绸之路北京倡议》：反腐败国际合作不断深化，取得一系列新的重大成果。反腐败国际合作的广泛开展，既为巩固发展反腐败斗争取得压倒性胜利并全面巩固的局面提供了有力支撑，也为全球反腐败治理贡献了中国智慧和中国方案，成为推进中国特色大国外交、构建

人类命运共同体的重要内容。①

当前，在深化中国特色社会主义廉政文化建设中，要把讲好反腐败中国故事作为题中应有之义，用国际社会理解、接受的话语体系，向全世界生动讲述今天的中国故事，不仅是和平、繁荣、开放、创新、文明的故事，更是干净、廉政、奋进、有为的故事，回答好反腐败问题的世界之问、时代之问，促进国际社会对中国反腐败道路的理解和认识，不断提高中国反腐败的国际影响力、认可度和话语权。

1. 积极参与反腐败全球治理

要深刻把握反腐败国际合作的时与势，统筹国内国际两个大局，持续加强在联合国、二十国集团、亚太经合组织、金砖国家等多边机制下的反腐败国际合作，强化拒绝腐败“避风港”、共同打击跨境腐败的政治共识，通过举办面向发展中国家的反腐败研修班、深化“一带一路”廉洁建设、完善反腐败涉外法律法规体系、拓展反腐败司法执法合作等方式，继续积极宣介中国反腐败理念、道路和主张，对外讲好追逃追赃、廉洁丝绸之路建设等故事，不断拓展反腐败全球伙伴关系网络，壮大反腐败国际朋友圈，纵深推进反腐败国际合作高质量发展。

2. 深化国际廉政文化交流互鉴

构建国际廉政文化合作网络，与世界各国和地区共同推动廉政文化的传播与发展。通过举办国际研讨会、交流会等活动，与国外专家学者和实务工作者开展反腐败经验交流，互学互鉴，探讨廉政文化建设的路径和措施，共同推动全球廉政文化建设的发展。在此过程中，要注重展示我国在廉政文化建设方面取得的成果和经验，发挥我国在国际廉政文化合作网络中的引领作用，不断提升我国在反腐败治理领域的影响力、感召力、塑造力。

---

① 中央纪委国家监委新闻传播中心:《百年廉论》，中国方正出版社 2023 年版，第 188—189 页。

（七）廉政文化建设的组织实施

1. 制订实施计划，明确目标任务

要将新时代廉政文化建设纳入党和国家工作大局中进行谋划和部署，制订详细的实施计划，明确目标任务和时间节点。各级党委和政府要切实担负起主体责任，将廉政文化建设作为重要工作来抓，确保各项任务得到有效落实。同时，要注重将廉政文化建设与经济社会发展、党的建设等工作相结合，形成相互促进、共同发展的良好局面。

2. 加强组织领导，形成工作合力

要加强党的统一组织领导，建立健全廉政文化建设的工作机制，形成党委统一领导、纪委组织协调、党政齐抓共管、部门各负其责、群众积极参与的廉政文化建设格局。各级领导干部要带头示范，以身作则，推动形成风清气正的政治生态。

3. 强化监督检查，确保取得实效

要加强对新时代廉政文化建设工作的监督检查，建立健全考核机制，把廉政文化建设纳入党风廉政建设责任制考核、精神文明创建考评等，确保各项工作取得实效。对于在工作中表现突出的单位和个人要给予表彰和奖励，对于工作不力、敷衍塞责的单位和个人要严肃批评和问责。同时，要注重发挥社会监督的作用，鼓励和支持人民群众、媒体机构等积极参与对廉政文化建设工作的监督，形成全社会共同推进廉政文化建设的浓厚氛围。

小结

廉政文化是中国特色社会主义文化的重要组成部分，是实现干部清正、政府清廉、政治清明、社会清朗的基础所在。加强廉政文化建设具有重大而深远的意义。在新时代新征程上，推进中国特色社会主义廉政文化建设，既要把握好时代机遇，又要有力应对文化层面、制度层面、社会层面、国际层面等方

面的现实挑战，明确目标要求，按照顶层设计与基层探索相结合、教育引导与制度约束相结合、文化传承与时代创新相结合、党内引领与社会共治相结合的总体思路，从理论指引、制度规范、教育普及、传播弘扬、社会参与、国际交流合作、组织实施等方面综合施策，着力增强党员领导干部清正廉洁的思想自觉，营造崇廉拒腐的社会风尚，为推进全面从严治党向纵深发展提供重要文化支撑。

思考题

1. 廉政文化建设的概念、特征和意义是什么？
2. 廉政文化建设的时代机遇与现实挑战是什么？
3. 如何推进中国特色社会主义新时代廉政文化建设？

阅读文献

1.《马克思恩格斯选集》第一至四卷，人民出版社 2012 年版。

2.《马克思恩格斯文集》第一至十卷，人民出版社 2009 年版。

3.《列宁选集》第一至四卷，人民出版社 2012 年版。

4.《毛泽东选集》第一至四卷，人民出版社 1991 年版。

5.《邓小平文选》第一至二卷，人民出版社 1994 年版。

6.《邓小平文选》第三卷，人民出版社 1993 年版。

7.《江泽民文选》第一至三卷，人民出版社 2006 年版。

8.《胡锦涛文选》第一至三卷，人民出版社 2016 年版。

9.《习近平谈治国理政》第一卷，外文出版社 2018 年版。

10.《习近平谈治国理政》第二卷，外文出版社 2017 年版。

11.《习近平谈治国理政》第三卷，外文出版社 2020 年版。

12.《习近平谈治国理政》第四卷，外文出版社 2022 年版。

13.《习近平著作选读》第一至二卷，人民出版社 2023 年版。

14.《习近平新时代中国特色社会主义思想学习纲要》，学习出版社、人民出版社 2019 年版。

15.《习近平新时代中国特色社会主义思想三十讲》，学习出版社 2018 年版。

16.《习近平总书记重要讲话文章选编》，中央文献出版社、党建读物出版社 2016 年版。

17.《习近平总书记系列重要讲话读本（2016 年版）》，学习出版社、人民出版社 2016 年版。

18.《习近平关于社会主义政治建设论述摘编》，中央文献出版社2017年版。

19.《习近平关于全面依法治国论述摘编》，中央文献出版社2015年版。

20.《习近平关于全面从严治党论述摘编》，中央文献出版社2016年版。

21.《习近平关于严明党的纪律和规矩论述摘编》，中央文献出版社、中国方正出版社2016年版。

22.《习近平关于党风廉政建设和反腐败斗争论述摘编》，中央文献出版社、中国方正出版社2015年版。

23.《十八大以来重要文献选编》（上、中、下），中央文献出版社2014年版、2016年版、2018年版。

24. 中共中央党史和文献研究院编：《习近平关于加强党的作风建设论述摘编》，中央文献出版社2025年版。

25. 中共中央组织部编写：《习近平总书记关于党的建设的重要思想概论》，党建读物出版社2025年版。

26.《建设部关于加强建设系统廉政文化建设的指导意见》（中国共产党建设部党组2006年6月22日印发）。

27. 中共中央办公厅法规局，中共中央纪委法规室，中共中央组织部办公厅编：《中国共产党党内法规选编（2007—2012）》，法律出版社2014年版。

28. 中共中央党史研究室：《中国共产党历史》第二卷（1949—1978）（上、下册），中共党史出版社2011年版。

29. 习近平：《论中国共产党历史》，中央文献出版社2021年版。

30.《中央党内法规和规范性文件汇编（1949年10月—2016年12月）》，法律出版社2017年版。

31.《中国共产党党内重要法规汇编》，党建读物出版社2019年版。

32.《中国共产党党内法规选编（1978—1996）》，法律出版社2009年版。

33.《中国共产党党内法规选编（1996—2000）》，法律出版社2009年版。

34.《中国共产党党内法规选编（2001—2007）》，法律出版社2009年版。

35.《中国共产党党内法规选编（2007—2012）》，法律出版社2014年版。

36.《中国共产党党内法规选编（2012—2017）》，法律出版社2019年版。

37.《中国共产党党内法规选编（2017—2022）》，法律出版社2024年版。

38.《中国共产党章程》（中国共产党第二十次全国代表大会部分修改，2022年10月22日通过）。

39.《中国共产党廉洁自律准则》（中共中央2015年10月18日印发）。

40.《关于加强新时代廉洁文化建设的意见》（中共中央办公厅2022年2月24日印发）。

41.《中国共产党纪律处分条例》（中共中央2023年12月19日印发）。

42.《决胜全面建成小康社会夺取新时代中国特色社会主义伟大胜利——在中国共产党第十九次全国代表大会上的报告》，人民出版社2017年版。

43.《高举中国特色社会主义伟大旗帜 为全面建设社会主义现代化国家而团结奋斗——在中国共产党第二十次全国代表大会上的报告》，人民出版社2022年版。

44.《十八大以来廉政新规定（2024年版）》，人民出版社2024

年版。

45. 宋功德，张文显主编：《党内法规学》，高等教育出版社 2020 年版。

46. 张晋藩：《中国法制史》，商务印书馆 2010 年版。

47. 张晋藩：《中国法律的传统与近代转型》，法律出版社 2019 年版。

48. 周卫东：《廉政理论研究》，中央编译出版社 2005 年版。

49. 陈全生编：《廉政文化建设概论》，红旗出版社 2008 年版。

50. 麻承照：《廉政文化概论》，中国方正出版社 2011 年版。

51. 贺文华编著：《中外廉政制度比较》，中国政法大学出版社 2016 年版。

52. 项继权，李敏杰，罗峰：《中外廉政制度比较》，商务印书馆 2015 年版。

53. 马进甫，王天星等：《德国廉政制度与文化研究》，中国法制出版社 2017 年版。

54. 韩阳编著：《北欧廉政制度与文化研究》，中国法制出版社 2015 年版。

55. 孟庆顺编著：《澳门廉政制度研究》，中国方正出版社 2013 年版。

56. 倪星，肖滨编：《中国廉政制度创新研究》，中山大学出版社 2012 年版。

57. 倪星，李泉编：《廉政制度创新的中国经验》，中山大学出版社 2013 年版。

58. 王晖：《香港廉政制度体系》，中国方正出版社 2005 年版。

59. 王箫轲，任慕：《日本廉政制度建设及其对中国的启示》，世界知识出版社 2020 年版。

60. 李光明，寇学军：《权力监督与廉政制度建设研究》，经济日报出版社 2009 年版。

61. 焦健：《当代中国廉政制度预设新论》，天津人民出版社 2006

年版。

62. 余华青，杨希义等：《中国古代廉政制度史》，上海人民出版社 2007 年版。

63. 严维耀：《日本廉政制度建设理论与实践》，中国方正出版社 2004 年版。

64. 申险峰，周洁等编著：《日本廉政制度与文化研究》，中国法制出版社 2017 年版。

65. 杨富斌编著：《美国廉政制度与文化研究》，中国法制出版社 2016 年版。

66. 余华青编：《中国廉政制度史论》，人民出版社 2007 年版。

67. 田湘波，杨燕妮等：《我国廉政制度适应性效率研究》，湖南大学出版社 2015 年版。

68. 中共甘肃省委宣传部编：《中国廉政史话》，甘肃文化出版社 2016 年版。

69. 张仲裁译注：《廉吏传》，中华书局 2020 年版。

70. 靳文泉主编：《中华传统廉政文化十三篇》，民主与建设出版社 2021 年版。

71. 张晋藩主编：《中国古代监察制度史》，中国方正出版社 2012 年版。

72. 张晋藩主编：《中国古代监察法制史》，江苏人民出版社 2017 年版。

73. 林月恩主编：《朱子全书廉洁章句辑要》，商务印书馆 2023 年版。

74. 林月恩主编：《八闽廉箴备要》，商务印书馆 2024 年版。

75. 林月恩主编：《廉洁让大学更美好——福建师范大学廉洁文化论集》，福建人民出版社 2024 年版。

76. 焕力主编：《宋代廉政监察纵横》，武汉大学出版社 2021 年版。

77. 本书编写组编：《党风廉政建设和反腐败法规制度选编（纪法衔接

卷）》，中国方正出版社 2020 年版。

78. 朱福惠：《新时代国家监察制度建设的理论与实践》，中国社会科学出版社 2023 年版。

79. 蔡志强：《健全党和国家监督制度研究》，中国方正出版社 2023 年版。

80. 张玉洁：《宪法监督制度研究》，上海人民出版社 2021 年版。

81. 本书编写组编：《坚持和完善党和国家监督体系重要法规制度精编》，中国方正出版社 2022 年版。

82. 江国华：《国家监察权力运行及其监督机制研究》，中国政法大学出版社 2020 年版。

83. 李勇：《传承与创新：新中国检察监督制度史》，中国检察出版社 2010 年版。

84. 吕志奎：《新时代权力监督制度体系构建研究》，厦门大学出版社 2023 年版。

85. 吉卫国：《人大监督制度》，中国民主法制出版社 2024 年版。

86. 尤光付：《中外监督制度比较》，商务印书馆 2024 年版。

87. 严中卿编：《人大监督制度研究》，中国民主法制出版社 2017 年版。

88. 李莉：《巡视制度探究：中国特色党内监督制度的创新与发展》，中共中央党校出版社 2021 年版。

89. 赵彦飞：《新时期权力监督制度创新研究》，云南人民出版社 2013 年版。

90. [清] 阮元校刻：《十三经注疏 · 尚书正义》，中华书局 1980 年版。

91. [清] 阮元校刻：《十三经注疏 · 毛诗正义》，中华书局 1980 年版。

92. [清] 阮元校刻：《十三经注疏 · 仪礼注疏》，中华书局 1980

年版。

93.［清］阮元校刻：《十三经注疏·礼记正义》，中华书局1980年版。

94.［清］阮元校刻：《十三经注疏·周礼注疏》，中华书局1980年版。

95.［清］阮元校刻：《十三经注疏·春秋左传正义》，中华书局1980年版。

96.［清］阮元校刻：《十三经注疏·论语注疏》，中华书局1980年版。

97.［清］阮元校刻：《十三经注疏·孟子注疏》，中华书局1980年版。

98.［春秋］孙武：《孙子集注》，中国书店出版社2019年版。

99. 陈鼓应：《老子注译及评介》，中华书局1984年版。

100. 黎翔凤撰：《管子校注》，中华书局2004年版。

101. 吴毓江撰，孙启治点校：《墨子校注》，中华书局1993年版。

102.［清］王先谦撰，王星贤点校：《荀子集解》，中华书局1980年版。

103. 吴则虞：《晏子春秋集释》，中华书局1982年版。

104.［清］王先慎撰，钟哲点校：《韩非子集解》，中华书局1998年版。

105. 李维琦点校：《国语·战国策》，岳麓书社2006年版。

106. 睡虎地秦墓竹简整理小组编：《睡虎地秦墓竹简》，文物出版社1978年版。

107.［汉］贾谊著，阎振益、钟夏校注：《新书校注》，中华书局2000年版。

108.［汉］司马迁：《史记》，中华书局1982年版。

109.［汉］班固：《汉书》，中华书局1962年版。

110. [汉]许慎撰，[宋]徐铉校，王宏源新勘：《说文解字（现代版）》，社会科学文献出版社2005年版。

111. [汉]刘向著，向宗鲁校证：《说苑校证》，中华书局1987年版。

112. [汉]王充著，黄晖校释：《论衡校释》，中华书局1990年版。

113. [清]孙星衍等辑，周天游点校：《汉官六种》，中华书局1990年版。

114. [南朝宋]范晔：《后汉书》，中华书局1965年版。

115. [晋]陈寿撰，[宋]裴松之注：《三国志》，中华书局1982年版。

116. [唐]房玄龄：《晋书》，中华书局1974年版。

117. [梁]沈约：《宋书》，中华书局1974年版。

118. [北齐]魏收：《魏书》，中华书局1974年版。

119. [北魏]崔鸿：《十六国春秋》，商务印书馆1937年版。

120. [唐]令狐德棻等撰：《周书》，中华书局1971年版。

121. [唐]魏征等撰：《隋书》，中华书局1973年版。

122. [唐]长孙无忌等撰，刘俊文点校：《唐律疏议》，中华书局1983年版。

123. [唐]杜佑：《通典》（校点本），中华书局1988年版。

124. [唐]李林甫：《唐六典》，中华书局1992年版。

125. [唐]吴兢撰，谢保成集校：《贞观政要》，中华书局2003年版。

126. [唐]柳宗元：《柳宗元集》，中华书局1979年版。

127. [唐]陆贽撰，王素点校：《陆贽集》，中华书局2006年版。

128. [宋]欧阳修，宋祁：《新唐书》，中华书局2000年版。

129. [宋]李焘：《续资治通鉴长编》，中华书局2004年版。

130. [宋]黎靖德编：《朱子语类》，中华书局1986年版。

131.［宋］洪迈:《容斋四笔》，中华书局 2005 年版。

132.［宋］佚名撰，司义祖整理:《宋大诏令集》，中华书局 1962 年版。

133. 曾枣庄，刘琳编:《全宋文》，上海辞书出版社 2006 年版。

134.［元］脱脱:《宋史》，中华书局 2000 年版。

135.［清］毕沅:《续资治通鉴》，中华书局 1957 年版。

136.［明］宋濂等:《元史》，中华书局 2011 年版。

137.［明］柯维骐:《宋史新编》，四库全书存目本，齐鲁书社 1996 年版。

138.［明］张居正:《张太岳集》，上海古籍出版社 1984 年版。

139.［明］顾炎武:《日知录校释》，岳麓书社 2011 年版。

140.［清］夏燮:《明通鉴》，中华书局 1980 年版。

141.［清］徐松:《宋会要辑稿》，中华书局 1957 年版。

142.［清］蒋良骥:《东华录》，齐鲁书社 2005 年版。

143.［清］孙承泽:《天府广记》，北京古籍出版社 1982 年版。

144.［清］黄宗羲著，李伟译注:《明夷待访录译注》，岳麓书社 2008 年版。

145.［清］王夫之:《读通鉴论》，中华书局 1975 年版。

146.［清］赵翼:《廿二史札记校证》，中华书局 1984 年版。

147.［清］沈家本:《寄簃文存》，商务印书馆 2015 年版。

148. 上海商务印书馆编译所编:《大清光绪新法令》，商务印书馆 1908 年版。

149. 中华书局编:《清实录 · 宣统政纪》，中华书局 1987 年影印版。

150. 康有为撰，姜义华、吴根梁编校:《康有为全集》，上海古籍出版社 1987 年版。

151. 梁启超著，吴松等点校:《〈饮冰室文集〉点校》，云南教育出版社 2001 年版。

152. 严复著，汪征鲁、方宝川、马勇主编：《严复全集》，福建教育出版社 2014 年版。

153.《孙中山全集》，人民出版社 2015 年版。

154. 刘海年，杨一凡主编：《中国珍稀法律典籍集成》，科学出版社 1994 年版。

155.［清］苏舆：《春秋繁露义证》，中华书局 1992 年版。

156. 杨明照著：《抱朴子外篇校笺》（上），中华书局 1991 年版。

157. 张连科，管淑珍校注：《诸葛亮集校注》，天津古籍出版社 2008 年版。

后 记

本书为高校纪检监察学科教材，由林月恩研究员提出研究思路与内容框架、拟定写作提纲并统纂各章书稿。国务院学位委员会纪检监察学科评议组成员、中国人民大学纪检监察学院学术委员会主任，中国人民大学原党委副书记、纪委书记、国家监委驻中国人民大学监察专员吴付来教授，南方科技大学党委副书记、纪委书记、监察专员，纪检监察研究院院长，中国纪检监察协会纪检监察学科建设分会特邀研究员姚文胜教授拨冗审阅书稿并提出宝贵意见建议。参与本书写作人员分工如下：绪论：陈金章研究员、陈超凡教授，第一章：施志源教授，第二章：施志源教授、杨垠红教授，第三章：田振洪教授，第四章：田振洪教授、盛子同副研究员，第五章：林艺芳副教授、朱丹副研究员，第六章：林艺芳副教授、肖恒讲师，第七章、第八章：李治莹副教授、丘启林助理研究员，第九章：邱子键讲师、黄永茂助理研究员，第十章：陈清波助理研究员、洪钟贤助理研究员。

主要著作者简介：

1. 林月恩，福建师范大学廉政研究院院长，研究员。福建师范大学纪委书记、福建省监察委员会驻福建师范大学监察专员、福建省纪检监察协会副会长、纪检监察学科建设分会会长。已出版著述及发表文章超 200 万字。多年从事纪检监察及巡视巡察实务工作和学术研究，多篇文章获学习强国全国平台、新华社分享页、人大报刊复印资料全文转载，致力推进福建师范大学纪检监察学科建设、理论研究和实践探索，成效得到实务界和学术界肯定。

2. 施志源，福建师范大学法学院、纪检监察学院副院长，教授，博士生导师。入选中宣部评选的宣传思想文化青年英才，福建省级高层次人才，福建省新世纪人才，福建师范大学“宝琛计划”高端人才。主持国家社科基金重点项目、国家社科基金青年项目等国家级、省部级项目10余项，已出版专著4部，参与编撰著作、教材11部，发表论文50余篇。

3. 林艺芳，福建师范大学法学院、纪检监察学院副教授。承担国家社科基金项目2项，承担中国法学会课题、最高人民检察院理论研究课题、省社科基金等其他课题10余项。出版《监察法与刑事诉讼法衔接机制研究》《监察委员会职务犯罪调查研究》等专著3部，主编参编其他著作及教材10余部。在《国家行政学院学报》《中国刑事法杂志》等期刊发表论文30余篇。

4. 田振洪，福建师范大学法学院、纪检监察学院副院长，教授。中国法律思想史研究会理事，福建省法学会教育法治研究会常务理事。承担国家社科基金项目、教育部人文社科基金项目、中国法学会研究课题项目、福建省社科基金项目等省部级以上研究项目6项。出版专著、参编教材4部，在《人民日报》《光明日报》《东方法学》等报刊上发表论文20余篇。

5. 李治莹，福建师范大学法学院、纪检监察学院副教授，福建省高层次人才（C类），福州市“榕博汇智库”社会治理专委会成员。主持福建省省级社科基金项目1项，参与国家社科基金重大项目、教育部人文社科年度项目、司法部重点项目等课题多项，主讲“宪法学”“廉政文化与制度”等课程。

纪检监察学是一门新兴学科，廉政文化学是廉政学建设的重要新课题和学科子项目，本书是2022年9月国务院学位委员会增设纪检监察学一级学科后的首部廉政文化学教材。由于编者能力水平有限，书中不足和差错在所难免。恳请广大读者批评指正，以助今后进一步修改完善。

图书在版编目（CIP）数据

廉政文化学 / 林月恩主编 . -- 北京 : 商务印书馆,
2025. -- ISBN 978-7-100-25477-9

Ⅰ. D630.9

中国国家版本馆 CIP 数据核字第 2025JF4179 号

廉政文化学

林月恩 主编

商 务 印 书 馆 出 版

（北京王府井大街 36 号 邮政编码 100710）

商 务 印 书 馆 发 行

北京中科印刷有限公司印刷

ISBN 978 - 7 - 100 - 25477 - 9

2025 年 7 月第 1 版　　开本 710 × 1000　1/16

2025 年 7 月北京第 1 次印刷　　印张 21½　插页 2

定价：98.00 元